贵州非遗
融入课后乐童服务
路径研究

代春莉 ◎ 著

GUIZHOU FEIYI
RONGRU KEHOU LETONG FUWU
LUJING YANJIU

中央民族大学出版社
China Minzu University Press

图书在版编目（CIP）数据

贵州非遗融入课后乐童服务路径研究 / 代春莉著. --北京：中央民族大学出版社，2025. 7. --ISBN 978-7-5660-2527-2

Ⅰ. G613. 2

中国国家版本馆 CIP 数据核字第 2025VJ8026 号

贵州非遗融入课后乐童服务路径研究

著　　者　代春莉
责任编辑　舒　松
封面设计　舒刚卫
出版发行　中央民族大学出版社
北京市海淀区中关村南大街 27 号　邮编：100081
电　话：(010)68472815(发行部)　传真：(010)68932751(发行部)
(010)68932218(总编室)　(010)68932447(办公室)
经 销 者　全国各地新华书店
印 刷 厂　北京鑫宇图源印刷科技有限公司
开　　本　787×1092　1/16　印张：20. 5
字　　数　310 千字
版　　次　2025 年 7 月第 1 版　2025 年 7 月第 1 次印刷
书　　号　ISBN 978-7-5660-2527-2
定　　价　80. 00 元

序　言

在全球化与现代化浪潮的冲击下，非物质文化遗产（以下简称“非遗”）的保护与传承面临着前所未有的挑战。与此同时，基础教育如何结合本土传统文化，进而培养学生的文化认同和文化自信，也成为教育领域的重要议题。贵州作为我国民族文化资源最为丰富的省份之一，其“非遗”的多样性与独特性为教育方法创新提供了宝贵的资源。本书正是在这样的背景下应运而生，它不仅是“非遗”教育与基础教育有机融合的有益尝试，更为贵州乃至全国的教育实践提供了可资借鉴的路径。

贵州是一个多民族聚居的省份，苗族、布依族、侗族、水族等世居少数民族在此创造了丰富多彩的文化遗产。从侗族大歌的悠扬旋律到苗族银饰的精湛工艺，从水族端节的古老习俗到布依族八音坐唱的独特表演，贵州“非遗”不仅承载各民族的历史记忆，更体现人与自然和谐共生的智慧。这些“非遗”资源具有鲜明的地域性、活态性和集体性，其传承方式往往依赖口传心授、生活实践，而非书面记录。因此，如何让这些珍贵的文化遗产在当代社会焕发新的生命力，成为一项紧迫的任务。

本书敏锐地洞察“非遗”传承融入基础教育的可行性，提出将“非遗”融入课后乐童服务的创新模式。课后服务作为“双减”政策下的重要举措，旨在丰富学生的课余生活，促进全面发展。而贵州“非遗”的实践性、互动性和审美性，恰恰契合课后服务的目标。例如，苗绣的图案设计可以培养学生的艺术创造力，侗族大歌的合唱训练可以增强团队协作能力，而传统节日的体验活动则能加深学生对本土文化的理解。本书通过翔实的案例分析和理论探讨，生动证明“非遗”完全可以从“遗产”转化为“活教材”，从而为学生的成长注入文化养分。

贵州的基础教育发展当前还面临一些挑战。一方面，城乡基础教育存在差距，乡村学校的教育资源相对匮乏，学生的学习条件和教育资源有限；另一方面，在现代化进程中青年一代对传统文化的认同出现偏差。如何利用本土文化资源弥补教育资源的不足，进而增强学生的文化自信，成为贵州教育工作者亟须解决的问题。

本书正是对上述问题的积极回应。作者带领团队成员深入贵州多个民族地区，通过田野调查和案例研究，深入探索“非遗”融入课后服务的具体路径。书中所呈现的实践案例，如“非遗工坊”“民族歌舞社团”“传统手工艺研学”等，不仅丰富了课后服务的内容，更让“非遗”传承人走进校园，使学校教育与社区文化形成良性互动。这种模式不仅提升了学生的文化素养，也为“非遗”传承人提供了新的传播平台，实现教育与文化的双赢。

尤为可贵的是，本书并未停留在经验总结的层面，而是从教育学、文化学、人类学等多学科视角，构建了“非遗+教育”的理论框架。书中提出的“文化浸润式教育”“非遗活态传承教学法”等概念，既有学理深度，又具有很强的实践性，为相关政策制定和课程开发提供了重要参考。

本书的出版具有重要的学术价值和实践意义。在学术层面，它突破了传统“非遗”研究偏重保护而忽视应用的局限，将“非遗”置于教育创新的语境中，探讨其现代转型的可能性。同时，本书进一步丰富了开发地方课程与校本课程的教育理论，为“在地化教育”提供了新的思路。在实践层面，本书汇集了贵州多所中小学校的乐童服务实践成果，博采众长，内容丰富。例如，某民族中学通过引入侗族大歌教学，不仅提高了学生的音乐素养，还促进了跨年级、跨班级的交流；某乡村小学开设苗绣兴趣班后，学生的专注力和动手能力明显提升，部分作品甚至成为社区文化展览的亮点。这些案例充分证明，“非遗”教育并非简单的文化灌输，完全可以成为激发学生潜能、促进全面发展的有效途径。

总之，《贵州非物质文化遗产融入课后乐童服务实践研究》是一部兼具理论水平与实践深度的著作。在文化多样性日益受到重视的今天，本书的出版恰逢其时，它为贵州“非遗”的保护与传承开辟了新路径，也为基础教育方法创新作了有益探索。期待本书能够启发更多读者，共同关注“非遗”与教育的融合问题，让贵州丰富的文化资源真正成为滋养下一代的精神沃土。唯有如此，我们才能在全球化的浪潮中守护文化的根脉。

是为序。

龙海燕

目　录

绪 论

习近平总书记2020年在广东考察时指出，要加强非物质文化遗产保护和传承，积极培养传承人，让非物质文化遗产绽放出更加迷人的光彩。[①]贵州省作为中国西南多民族文化交融的典型区域，非物质文化遗产（以下简称“非遗”）资源丰富且独具特色。苗绣、侗族大歌、布依族转场舞等“非遗”项目不仅是民族文化记忆的载体，更是乡村社会可持续发展的重要文化资本。随着“双减”政策全面推进，课后服务成为基础教育改革的关键环节，将“非遗”传承与课后乐童服务体系有机融合，既是缓解乡村素质教育资源匮乏的实践命题，也是推动民族文化活态传承的创新路径。以贵州为例，多地通过“非遗进校园”探索课后服务特色化模式：如松桃苗族自治县将“寨英滚龙”融入社团活动，赤水市以竹编技艺串联劳动教育，三都水族自治县依托水族马尾绣开设美育课程。这些实践不仅缓解了乡村学校师资与课程的单一化困境，更通过“非遗”的创造性转化，激发了青少年文化认同与创新能力，为民族文化振兴注入新动能。在此背景下，系统性研究“非遗”融入课后服务的机制构建，兼具教育公平、文化传承与乡村振兴的三重现实意义。

当前，学界对“非遗”与教育融合的关注度持续提升，研究多聚焦于校本课程开发、传承人参与路径及政策支持等维度。例如，国内学者结合贵州省《“十四五”非物质文化遗产保护规划》，论证了“非遗”普及教

---

① 光明日报. 以更大魄力在更高起点上推进改革开放 在全面建设社会主义现代化国家新征程中走在全国前列创造新的辉煌［EB/OL］.（2020-10-16）. https://news.gmw.cn/2020-10/16/content_34272855.htm.

育对铸牢中华民族共同体意识的作用；实践层面，册亨县民族中学编撰《布依转场舞》教材，赤水市文华学校推行“非遗传承人驻校制”等案例，为区域性经验积累提供了范本。然而，现有研究多局限于单一案例描述或政策解读，对资源整合机制、师资协同模式、动态评价体系等核心问题的探讨尚未形成系统框架，尤其缺乏对政府、学校、社区、公益组织多方联动机制的深度剖析，导致理论指导与实践需求之间存在断层。

基于此，本书采用田野调查法、案例分析法、访谈法等力图构建“非遗”融入课后服务的系统性机制。同时，系统梳理贵州“非遗进校园”相关政策文本，结合教育学与文化人类学理论，探讨贵州“非遗”融入课后乐童服务的必要性与紧迫性。

一、选题背景和意义

将贵州“非遗”系统融入课后乐童服务体系的研究，其紧迫性与价值源于多维背景与现实意义的交织。政策驱动构成核心推力，国家“双减”政策深化与贵州省教育高质量发展的双重需求，亟待课后服务内容与模式创新。社会痛点表现为“三点半难题”已升级为对优质素质教育的广泛诉求，课后服务承载的育人功能亟待强化。与此同时，文化危机凸显，贵州“非遗”面临代际传承断裂与核心技艺濒危的严峻挑战，亟须新的传承路径。这直接驱动了教育创新——课后服务亟待从基础的“托管看护”转向深度的“文化育人”，为“非遗”活态传承提供教育新场景。乡村振兴战略更赋予其双重使命，既支撑本土文化根脉延续，又需协同特色产业发展。然而，当前研究薄弱地带显著体现于系统化的融入机制构建与科学评价体系建立的缺失，其实践价值核心在于激活地方乡村振兴内生动力与文旅融合新动能。

基于此背景，本书具有多重意义。理论意义在于丰富“非遗”传承与课后服务深度融合的交叉研究；实践意义在于同步破解“非遗”“后继乏人”的传承困境与课后服务“提质增效”的现实难题；其社会价值体现为通过青少年文化认同培育赋能乡村文化振兴，形成双向促进；文化教育意义则是通过将“非遗”精髓转化为适龄教育资源，在课后服务场景中实现文化启蒙与技艺传习，为“非遗”的可持续传承奠定代际基础。因此，探索贵州“非遗”融入课后乐童服务的有效机制，兼具理论开拓、实践突破、社会赋能与文化续脉的双重价值，是回应时代需求的关键研究议题。

（一）选题背景

当前，将贵州“非遗”融入课后乐童服务体系的研究与实践，正面临多维度背景驱动与迫切需求。政策驱动层面，国家“双减”政策深入推行与贵州省教育高质量发展要求形成双重推力，亟待课后服务内容与形式创新。社会痛点表现为传统“三点半难题”已升级为对优质素质教育的普遍需求，课后服务需承担更重育人使命。文化危机则凸显贵州“非遗”面临代际传承断裂与核心技艺失传的严峻挑战。在此背景下，教育创新要求课后服务从基础的“托管看护”向深度的“文化育人”功能转型，为“非遗”传承提供新路径。乡村振兴战略进一步赋予其文化传承支撑与特色产业发展协同推进的双重任务。然而，现有研究薄弱地带集中于有效融入机制的系统构建及科学评价体系建立的缺失。因此，深入探索贵州“非遗”融入课后乐童服务体系的实践价值，不仅关乎文化根脉延续，更是激活地方乡村振兴与文旅融合内生动力的关键所在，其机制研究具有显著必要性与紧迫性。

1. 政策驱动：国家与地方教育改革的双重需求

近年来，国家层面持续推动基础教育改革与“非遗”保护的双轨并行，为“非遗”融入课后服务提供了政策契机。2017 年国务院《关于实施中华优秀传统文化传承发展工程的意见》首次明确要求“将非遗传承贯穿于国民教育始终”，强调通过学校教育实现“非遗”的活态传承。2021 年 7 月，中共中央办公厅、国务院办公厅印发《关于进一步减轻义务教育阶段学生作业负担和校外培训负担的意见》，明确提出“提升学校课后服务水平，满足学生多样化需求”。这一政策不仅要求教育系统重构课后服务生态，更强调通过文化资源挖掘实现素质教育创新。并且“双减”政策进一步提出“拓展课后服务素质教育内容”，要求学校在课后时段提供多样化、特色化的教育活动，这为“非遗”项目进入校园提供了直接的政策窗口。与此同时，中共中央《关于实施中华优秀传统文化传承发展工程的意见》将“非遗”保护提升至国家文化安全高度。“作为非遗大省，贵州非遗项目数量位居全国前列，涵盖民族戏曲、传统技艺、民俗服饰等多个领域，现拥有国家级非遗代表性项目 99 项 159 处、省级非遗代表性项目 628 项 1025 处。”① 2021 年 8 月，中共中央办公厅、国务院办公厅印发《关于进一步加强非物质文化遗产保护工作的意见》，表示“非遗”是中华优秀传统文化的重要组成部分，是中华文明绵延传承的生动见证，是连结民族情感、维系国家统一的重要基础，保护好、传承好、利用好“非遗”，对于延续历史文脉、坚定文化自信、推动文明交流互鉴、建设社会主义文化强国具有重要意义。贵州省积极响应国家号召，2022 年发布《关于深化课后服务工作的实施意见》，明确要求“开发地方特色课程，将民族文化、传统技艺纳入课后服务内容”。2023 年，贵州省民政厅印发《贵州省农村留守儿童和困境儿童关爱服务质量提升三年行动实施方案》的通知，要求进一步提高农村留守儿童和困境儿童关爱服务质量，健全农村留守儿童关爱服务体系，完善困境儿童保障制度，不断提升农村留守儿童和困境儿童获得感、幸福感、安全感。在此双重背景下，探索“非遗”与课后服务的融合机制，成为落实国家战略、回应时代命题的关键切入点。政策叠加效应下，贵州“非遗”与课后服务的结合成为落实国家文化传承战略和教育减负目标的创新实践。然而，当前政策执行中仍存在资源整合机制不完善、课程开发标准缺失等问题，亟须系统性研究以打通政策落地的“最后一公里”。

2. 社会痛点：从“三点半难题”到素质教育的需求升级

随着城市化进程加速，双职工家庭普遍面临学生放学后“监管真空”的困境。贵阳市 2018 年启动的“乐童计划”最初以解决“三点半难题”为核心目标，通过免费托管服务保障学生安全。但单纯的看护模式难以满

① 贵州省文化和旅游厅. 千寨千面展风采！解锁贵州民族特色村寨出圈密码 [EB/OL]. (2025-4-17). https://mp.weixin.qq.com/s/eO-uGdXU4qckE77to4CJvw.

足家长对素质教育的期待，具体表现为课后服务缺少知识性与趣味性，尤其在传统托管课程中手工、艺术类内容占比不足。与此同时，贵州“非遗”资源与教育需求存在天然契合性，苗族蜡染、侗族大歌等“非遗”项目兼具实践性、文化性与美育价值，能够有效弥补课后服务的内容不足等问题。因此，“非遗”融入不仅是文化传承的必然选择，更是破解课后服务“低质化”困局的关键路径。

（1）“三点半难题”的持续性与多维矛盾激化

“三点半难题”作为中国基础教育领域长期存在的结构性矛盾，本质上是教育供给与社会需求错位的集中体现。[①] 在贵州，这一矛盾因城乡二元结构、民族文化多样性等因素呈现特殊复杂性。一是城乡服务供给失衡。贵阳市通过“乐童计划”实现财政补贴与收费机制结合，但黔东南等民族地区因财政能力有限，课后服务仍高度依赖基础性托管。二是家长参与成本攀升。在城镇化进程中，农村留守儿童占比较多的县域（如台江、雷山），祖辈监护人难以承担课后辅导职能，导致“隐性失管”现象加剧。三是学生发展需求分层。城市家庭对素质拓展课程需求旺盛（如贵阳修文县将学科知识融入游戏设计的探索），而乡村学校受师资限制，仍以作业辅导为主，加剧教育公平鸿沟。此背景下，“双减”政策对课后服务的提质要求与贵州实际服务能力间的张力持续扩大，传统解决方案已难以满足多元化需求。

（2）素质教育需求升级与资源供给的结构性矛盾

随着“双减”深化，家长与学生对课后服务的期待已从“看护刚需”转向“素质培育”，但现有服务体系面临三重瓶颈。首先是课程同质化困境。全省较多学校课后服务内容集中于体育、美术等常规项目，苗绣、侗族大歌等民族特色“非遗”资源开发率严重不足。凯里三小虽通过蜡染、陶艺社团实现突破，但其“非遗课程师资依赖传承人个人经验”的模式难以规模化复制。其次是评价体系缺位。现有服务多采用“活动打卡”形

① 吴朝举.“双减”政策背景下贵州黔东南地区小学课后体育延时服务研究［D］. 西北民族大学，2023.

式，缺乏对文化认同、创新能力等素养的量化评估。赤水市“教育轻骑兵”等创新实践尚未建立与中高考综合素质评价的衔接机制。最后是资源转化低效。贵州所拥有的“非遗”工坊与民族文化特色学校数量较多，但校际资源共享平台缺失，如三都水族自治县“非遗+研学”模式主要服务外来游客，在地化教育转化率不足。这种“优质资源沉睡”与“素质教育饥渴”并存的局面，暴露了民族文化资源教育转化机制的系统性缺失。

（3）“非遗”传承断代风险与教育载体的功能弱化

贵州“非遗”活态传承正面临“双重脱节”危机，凸显将其嵌入教育体系的紧迫性。一是传承人群代际断层。全省“非遗”传承人平均年龄较大，青少年习得意愿较低，传统“师徒制”与当代青少年认知习惯存在鸿沟。平寨小学蜡染社团虽培养大部分学生掌握基础技艺，但高阶创作能力培养仍依赖外部美术教师。二是文化认同感淡化。城镇化进程中，苗族、侗族青少年对本民族语言、技艺的掌握程度急剧下降，“非遗”教育成为防止文化根脉断裂的关键防线。三是创新传承路径缺失。现有“非遗进校园”多停留在展演观摩层面，缺乏“创作—应用—传播”的完整链路。丹寨县古法造纸课程虽实现材料包标准化，但未能构建“学生作品—市场转化—收益反馈”的可持续生态。

（4）机制建设滞后性与多元主体协同困境

实践表明，单纯政策驱动难以破解深层矛盾，亟须构建多方协同的创新机制。困难首先体现在跨部门协作梗阻。教育、文旅、民宗等部门资源未有效整合，如黔南布依族苗族自治州“劳动教育双驱动模式”虽纳入政府考核，但“非遗”教育仍未被系统对接。其次是师资培养体系断层。高校“非遗”研究（如贵州民族大学）与基础教育需求脱节，全省仅有少数中小学教师接受过民族文化教学培训。最后是社会力量参与不足。企业、“非遗”工坊与学校合作多停留于短期项目，雷山县“银饰课程+家庭工坊”的产教融合案例尚未形成普适性经验。

当前社会痛点的本质，是工业化教育模式与民族文化生态适应性之间的矛盾。将贵州“非遗”基因系统性植入课后服务体系，既可破解“三点半难题”升级版，即从“时间填补”到“质量供给”的转型压力，也能构建“文化传承—素养培育—经济发展”的价值闭环。这一研究直指民族地区教育现代化的核心命题，为全球多民族国家解决文化传承与教育公平难题提供中国方案。

3. 文化危机：“非遗”活态传承的代际断裂与技术失传

贵州作为“非遗”大省，“非遗”项目数量位居全国前列，但传承人老龄化与技艺断层问题日益严峻，年轻一代因经济回报低、学习周期长而参与意愿薄弱。传统“师徒制”年均培养人数严重不足，难以适应现代社会传播需求。与此同时，工业化与城镇化进程加速了民族文化生态的变迁，“非遗”赖以生存的村落共同体逐渐瓦解。例如，侗族大歌的传统“歌班”数量十年间急剧减少，青少年更倾向于追逐流行文化。在此背景下，学校成为“非遗”传承的新阵地。研究表明，通过课后服务开展“非遗”教学的学校中，学生对本民族文化的认同感得分比未参与者高。教育系统的大规模覆盖能力为“非遗”提供了规模化传播渠道，但当前实践中存在“重技艺轻文化”“重展示轻内涵”等问题，导致传承流于形式，亟须通过机制研究实现“非遗”教育的深度转化。

4. 教育创新：课后服务从“托管看护”到“文化育人”的转型需求

“双减”政策实施后，课后服务的功能定位从“基础看护”向“素质拓展”升级。“非遗”项目的融入为这一转型提供了突破口：其技艺实践所需的连续性（如蜡染的染色周期）与课后服务时段高度适配。例如，遵义市某小学设计“分段式非遗课程”，前30分钟讲解蜡染纹样文化，后60分钟进行扎染操作，使碎片化时间转化为深度学习过程。此外，“非遗”蕴含的多学科知识为跨学科教学提供可能。赤水市某校将竹编课程分解为几何构图（数学）、竹材特性（生物）、纹样美学（艺术）三大模块，实现“一课多育”目标。但现有实践多局限于个案探索，缺乏标准化课程体系与师资培养机制，制约了“非遗”教育的规模化推广。

5. 乡村振兴：文化传承与产业发展的双重需求

贵州“非遗”融入课后乐童服务体系的实践，不仅是文化传承的创新路径，更是乡村振兴战略的重要抓手。“非遗”教育通过课后服务渗透，不仅能够重塑乡村文化自信与社会凝聚力，使“非遗”成为村民日常生活的精神纽带，推动“文化自觉”向“文化自信”转化，促进文化传承与发展，与此同时，“非遗”融入课后乐童服务也能够为乡村人才振兴提供条件，加强技能传承与人才储备，这种“教育反哺产业”的模式，解决了乡村人才断层问题，形成可持续发展的人力资源池。贵州“非遗”融入课后乐童服务体系的机制创新，本质上是通过文化、经济、教育、人才的系统性联动，破解乡村“空心化”“文化断层”“产业单一”等困境。其核心逻辑在于：以“非遗”为媒介，激活乡村内生资源；以教育为纽带，重构城乡价值对流；以产业为杠杆，撬动乡村全面振兴。这种“文化—教育—经济”三位一体的模式，不仅为乡村振兴提供了“贵州方案”，更彰显了传统文化在现代化进程中的自适应能力与创新潜能。

6. 研究软肋：机制构建与评价体系的学术缺位

尽管“非遗”进校园已成为学界热点，但现有研究多聚焦个案描述或单一维度分析。国内学者对“非遗”教育的研究主要呈现三方面不足：一是机制研究缺失，未能厘清政府、学校、传承人、社区等主体的权责关系。例如，凯里市某小学蜡染社团因传承人与教师职责不清导致课程中断。二是评价体系缺失，现有评估多依赖参与人数、作品数量等表层指标，缺乏对文化认同度、技艺掌握度的科学测量。三是地域适配性研究不足，未能充分考虑贵州多民族聚居区的文化差异性。例如，黔东南侗族大歌与黔西南布依族八音坐唱的教学模式需差异化设计，但现有课程开发多采用“一刀切”模式。这些学术缺口使得“非遗”融入课后服务长期停留于实践摸索阶段，亟须通过系统性机制研究实现理论突破与实践指导的双重价值。

7. 实践价值：乡村振兴与文旅融合的地方发展动能

“非遗”教育的社会效益超越文化传承范畴，正在成为地方经济发展的新引擎。三都水族自治县某校组织学生制作马尾绣书签，通过电商平台年实现创收，且将部分收益用于学校课后服务经费；雷山县将学生蜡染作品转化为旅游文创产品，2023 年带动相关产业增收。这种“教育—文化—经济”的闭环模式，不仅增强了社区对“非遗”传承的认同感，更为乡村振兴注入新动能。此外，“非遗”教育催生了“非遗课程设计师”“数字化传承技术员”等新兴职业，2023 年贵州省培训相关专职教师，间接带动传承人年均收入增加。然而，当前经济赋能效应尚未形成稳定机制，需通过研究探索可持续的产业化路径。

贵州“非遗”融入课后乐童服务体系，既是应对文化传承危机的创新举措，也是深化教育改革、服务社会发展的重要实践。在政策驱动、社会需求与文化危机的多重背景下，这一选题具有鲜明的时代价值与现实紧迫性。通过构建科学的实施机制，不仅能实现“非遗”的活态传承与课后服务的提质升级，更能为民族地区教育与文化协同发展提供“贵州方案”。

（二）选题意义

本书聚焦于贵州“非遗”融入课后乐童服务体系的机制探索，其核心价值集中体现于四个维度的选题意义。主要体现在：理论意义层面，该研究致力于推动“非遗”传承教育与课后服务系统化融合的交叉领域学术研究步伐，为构建本土化的文化教育理论提供新支点；实践意义突出表现为同步破解两大现实困境，一方面纾解“非遗”“传承断代”与“技艺失传”的紧迫危机，另一方面推动课后服务从基础看护向“提质增效”的素质教育转型升级；社会价值在于实现“双向赋能”，通过青少年对本土“非遗”的文化认同培育，激活乡村文化振兴的内生动力，同时以文化传承反哺社区凝聚力，形成乡村振兴的可持续循环；文化教育意义则聚焦于教育本质——将贵州“非遗”的精髓创造性转化为适龄化教育资源，在课后服务场景中实现文化启蒙、技艺传习与价值熏陶，为“非遗”的代际延续奠定认知与情感基础。因此，本研究不仅具有拓展学术疆域的理论前瞻性，更是回应文化传承危机、教育提质诉求与社会发展需求的系统性实践方案，对推动文化、教育与社会协同发展具有枢纽性价值。

1. 理论意义：推动非遗教育与课后服务交叉研究的学术研究步伐

当前学术界关于“非遗”传承与课后服务的研究多呈“双轨并行”状态，“非遗”教育研究集中于校园课程开发，课后服务研究则聚焦政策执行与资源整合，但二者深度融合的机制构建仍属理论薄弱地带。本书通过构建“非遗+课后服务”的系统化理论框架弥补深度融合研究的不足。

一是机制创新。现有文献对“非遗”融入课后服务的实践描述较多，但未阐明政府、学校、传承人、社区等主体间的协同逻辑。本书基于公共治理理论，提出“政策引导—资源整合—课程开发—评价反馈”的闭环机制，为跨领域协同提供理论支撑。

二是评价体系突破。当前课后服务评价多依赖参与率、满意度等表层指标，缺乏对“非遗”教育核心价值（如文化认同、技艺掌握度）的测量。本书结合 CIPP 模型（背景—输入—过程—成果），构建涵盖“文化认知”“实践能力”“创新转化”的三维评价体系，推动评估范式从“量”到“质”的转变。

三是地域理论适配。贵州作为多民族聚居区，“非遗”项目呈现“一村一品”特征，具有研究多套用东部地区“标准化课程”模式。本书通过田野调查提炼黔东南侗族大歌“歌班制”与黔西南布依族八音坐唱“家庭传承制”的差异化融入路径，为民族地区“非遗”教育提供本土化理论框架。

2. 实践意义：破解“非遗”传承与课后服务的双重困境

一是“非遗”活态传承的实践路径创新。通过改变“非遗”传承人的传统人才培养模式，使得代际传播效率提升。传统“非遗”传承依赖“师徒制”，年均培养人数较少，通过课后服务规模化教学，转变传统的传承人培养模式，加快传承人培养步伐。本书提出的“三师联动”机制（学校教师、传承人、高校专家协同授课），可进一步解决技艺标准化与文化内涵传递的平衡问题。运用数字化传承突破。针对高危非遗项目（如苗族银饰锻制），研究引入 VR 虚拟仿真技术。试点数据显示，学生通过 VR 系统学习锻造流程后，实操失误率有效降低，且使得文化认知测试得分提升。这一技术路径为濒危“非遗”的“去风险化”传承提供解决方案。

二是课后服务质量的全面升级。一方面，要实现素质教育资源扩容。贵阳市“乐童计划”初期课程中，文体类活动占比达较高，但具有文化深度的项目不足，“非遗”融入后效果大大改观。遵义某小学开发“非遗课程超市”，包含 12 类项目，学生自主选课率有效提升，家长对课程文化价值的认可度提升。另一方面，要推动跨学科教学实践得到发展。“非遗”

项目天然蕴含多学科知识。例如，赤水竹编课程分解为几何构图（数学）、竹材特性（生物）、纹样美学（艺术）三大模块，使学生在实践中掌握跨学科思维能力，并且通过设计“非遗 STEAM 课程包”，推动课后服务从“兴趣拓展”向“核心素养培育”转型。

三是政策执行的优化指导。一要资源整合模式创新。针对校外资源参与不足问题，研究提出“政府购买服务+公益众筹”双轨筹资机制。如凯里市通过政府购买支付传承人课时费（150 元/课时），同时引入企业赞助“非遗”工具包，使课程成本降低。二要动态调整机制构建。现有政策缺乏弹性，如贵阳市“乐童计划”规定托管时长固定为 2 小时，难以适应蜡染（需间歇染色）、地戏（需连贯排练）等“非遗”项目的时序需求。本书设计“弹性托管时段+模块化课程”组合方案，使不同“非遗”项目适配度提升。

3. 社会价值：文化认同与乡村振兴的双向赋能

一是青少年文化认同的建构。一方面，实现了认知—情感—行为的三维提升，参与“非遗”课后服务的学生中，大部分学生能准确描述本土文化符号（如侗族鼓楼建筑智慧），并且主动参与社区“非遗”活动，形成“校园学习—社区实践”的行为闭环。另一方面，文化自信培育得到强化，长期学习使得学生有着较强“民族文化自豪感”，这种认同感迁移至语言、服饰等日常生活领域，有效抵制文化同质化冲击。

二是推动了乡村振兴的地方实践。第一，能够产生经济赋能效应。三都水族自治县某校组织学生制作马尾绣书签，通过电商平台获得收益，并且将部分收益用于反哺课后服务经费，形成“技艺传承—产品开发—收益反哺”的良性循环。第二，能创造更多的就业岗位。“非遗”教育催生“非遗课程设计师”“数字化传承技术员”等新兴职业，使得部分村寨青年返乡就业。

三是民族团结与社会治理。其一，促进文化共同体构建。在六盘水多民族混居学校，通过共同学习芦笙舞、侗族大歌等“非遗”项目，汉族与少数民族学生互动频率增加，使得文化误解事件减少。其二，推动社区治理创新。安顺某小学将地戏排练与社区节日相结合，使家长参与课后服务管理的比例提升，家校矛盾下降，“非遗”成为连接学校与社区的“文化纽带”。

四是学科交叉价值，实现了教育学与文化学的范式融合。第一，推动教育学研究边界的拓展。传统课后服务研究局限于教育管理视角，本书引入文化人类学的“深描”方法，通过记录学生制作苗绣时的“身体记忆”形成过程，揭示“非遗”教育对具身认知发展的独特价值。第二，推动“非遗”研究的方法论创新。突破民俗学“静态保护”范式，提出“教育化生存”理论，即通过课程转化、技术赋能、资本反哺实现“非遗”的可持续发展。例如，侗族大歌从“村寨歌班”到“校园合唱团”的形态嬗变，既保留核心文化基因，又适应现代传播规律。

4. 文化教育意义

贵州“非遗”融入课后乐童服务体系的实践，通过大中小学不同教育阶段的协同联动，构建了“文化基因解码—价值内化—创新传承”的全链条教育生态，其文化教育意义体现在以下五个维度。

第一，文化认同与民族自信的深层塑造。“非遗”教育通过具象化的技艺体验与历史叙事，强化青少年对本土文化的归属感与认同感。例如，松桃苗族自治县寨英镇落满完小将有600年历史的“寨英滚龙”引入课后服务，学生在学习编扎、舞龙的过程中，不仅掌握技艺，更理解其背后承载的苗族迁徙历史与族群精神，形成“技艺习得—文化认知—情感共鸣”的闭环。贵阳二十八中的蜡染社团则通过纹样设计实践，让学生破译蝴蝶纹的生殖崇拜密码，将抽象的传统文化符号转化为可感知的文化记忆，培养民族自豪感。贞丰县凤山学宫将蜡染、制陶等“非遗”融入美术与劳动课程，学生通过亲手制作器物，感受“一针一线皆历史，一陶一染总关情”的文化厚重性。赤水市文华学校通过竹编课程，让学生体验“挑一压一”的经纬编织，感受传统工艺的智慧与美感，从而增强对本土文化的认同感。这种具象化的学习方式，使“非遗”不再是静态的展品，而是融入青少年日常生活的“活态基因”，有效培养了民族自豪感与文化自信。

第二，素质教育与核心素养的全面提升。贵州“非遗”融入课后服务体系的实践，以传统技艺为载体，通过多维度的课程设计与实践路径，有效实现了青少年素质教育与核心素养的全面提升。首先，“非遗”教育通过艺术实践激活学生的审美感知与创造力。例如，贞丰县凤山学宫的蜡染课程中，学生在纹样设计中需理解苗族“蝴蝶妈妈”创世神话的象征意义，将神话叙事转化为几何图案。这种“文化解码—艺术表达”的过程，使学生的审美素养从单纯的视觉欣赏升华为文化理解。贵阳二十八中则突破传统框架，将蜡染与编程结合，学生通过编写代码控制机械臂绘制传统纹样，创造出融合苗族八角星纹与分形几何的现代作品。此类实践不仅培养了跨领域创新能力，更是印证了“非遗”教育的创新价值。其次，实践能力与工匠精神的深度培育。“非遗”技艺的传承强调“手脑并用”，成为劳动教育的天然载体。在施秉县马号镇黄古小学的苗族扎染课程中，学生需经历“选布—绘图—浸染—固色”全流程操作，单次实践耗时6—8小时，这种高强度的技能训练显著提升了专注力与耐心。更为重要的是，课程融入“三分染七分修”的工艺理念，学生在修补染色瑕疵的过程中，领悟精益求精的工匠精神。再次，社会情感与价值观的隐性建构，“非遗”教育通过集体协作与文化认同促进学生社会化发展。在大方县绿塘乡恒大第十小学的芦笙合奏课程中，留守儿童需分工完成乐器制作、曲谱记忆与团队演奏，这种协作模式使学生的沟通能力提升。麻江县宣威小学的苗药种植课程则更具深意，学生在辨识何首乌、黄精等药材时，同步学习“山林馈赠，取用有度”的生态伦理，将环保意识内化为行为准则。最后，跨学科思维与问题解决能力的系统提升，“非遗”项目天然具备多学科融合属性，为复杂问题解决能力培养提供场景。遵义市老城小学的竹编课程即为例证，学生需运用数学知识计算经纬交织角度，通过物理实验测试竹片韧性，最后结合美学设计编制器物。这种“STEM+非遗”的模式，使学生在2022年全球青少年发明挑战赛中，凭借可降解竹编环保包装设计获得金奖。贵州师范大学附属中学将侗族大歌引入音乐与地理跨学科课程，通过分析多声部唱法与喀斯特地貌回响特征的关系，培养学生系统思维，其研究成果被《中学地理教学参考》收录。

第三，大中小学一体化阶梯式传承体系。贵州“非遗”融入课后服务体系的实践，通过“兴趣启蒙—技艺深化—创新转化”的阶梯式传承机制，构建了大中小学有机衔接的“非遗”教育生态。这一体系不仅破解了“非遗”传承人断层的困境，更通过系统性培养路径，实现了传统文化基因的活态延续与现代转化，形成了具有贵州特色的文化教育模式。首先，小学阶段教育起到兴趣启蒙与文化感知的作用，小学教育以激发兴趣为核心，通过“非遗”体验活动播撒文化种子。例如，松桃苗族自治县寨英镇落满完小开设“滚龙”社团，四至五年级学生在传承人指导下学习600年历史的滚龙编扎与舞龙技巧，从手足无措到熟练表演，孩子们在寓教于乐中感受“非遗”魅力。赤水市文华学校则将竹编技艺引入课堂，四年级学生通过“挑一压一”的经纬编织实践，亲手制作竹编作品，直观理解传统工艺的智慧。此类课程设计注重趣味性与参与性，如贞丰四小的“竹扎彩灯”活动，通过手工制作激发学生对“非遗”的初步认知，形成文化认同的萌芽。其次，中学阶段进行技艺深化与文化探究，中学教育侧重“非遗”技艺的系统化学习与文化内涵挖掘。贵阳市花溪区燕楼镇中心完小将安顺地戏融入课后服务，学生不仅学习表演技巧，更通过英语、美术等跨学科社团活动探究安顺地戏的历史背景与符号意义，形成“技艺+文化”的双重学习路径。施秉县马号镇黄古小学将苗族扎染纳入课程，学生在传承人指导下完成选布、绘图、浸染全流程操作，并参与文创产品开发，作品在省级赛事中屡获佳绩，验证了实践教育的有效性。此外，天柱县高酿镇中学将侗族月牙镋武术改编为健身体操，既强健体魄，又通过动作解析传递“刚柔并济”的哲学理念，实现“非遗”的现代转化。最后，大学阶段进行学术研究与创新转化，高等教育聚焦“非遗”的学术化研究与产业化探索。贵州师范大学“青蓝匠心”工作室联合中小学开发“非遗”课程，将高校研究成果转化为基础教育资源，例如将蜡染纹样的象征意义解析纳入中学美术教材，形成“大学研发—中小学实践”的协同模式。遵义职教中心打造“非遗传习基地”，培养技能人才，学生作品通过“非遗工坊”转化为文旅商品，如通草堆画、仡佬族刺绣等，推动“非遗”进入产业链。此外，从江一中侗族大歌传承基地与高校合作，近五年帮助多名学生通过少数民族音乐类专业考试进入高校，实现“技艺传承—升学就业—文化反哺”的闭环。通过“非遗”融入课后乐童服务的实践，形成大中小学一体化的阶梯式传承体系，通过“启蒙—深化—创新”的递进逻辑，不仅解决了“非遗”技艺的活态传承问题，更将传统文化转化为青少年核心素养培育的载体。当小学生舞动滚龙、中学生设计扎染文创、大学生研发“非遗”IP时，“非遗”教育正成为连接传统与现代、乡村与城市、教育与产业的文化纽带，为全球“非遗”保护提供“贵州范式”。

第四，社区联动与乡村振兴的文化赋能。贵州“非遗”融入课后乐童服务体系的实践，通过“学校—社区—产业”的协同联动，构建了文化传承与乡村振兴深度融合的生态网络。“非遗”教育不仅成为社区文化认同的纽带，更通过产业化路径激活乡村内生动力，形成“文化反哺经济、教育赋能人才、社区凝聚共识”的可持续模式。其一，“非遗”教育驱动社区文化振兴。“非遗”教育通过课后服务与社区活动联动，重塑乡村文化认同。例如，松桃苗族自治县寨英镇落满完小引入“寨英滚龙”社团，学生与村民共同参与编扎、舞龙活动，将600年历史的滚龙文化融入日常生活。这种“校园+社区”的协作模式，使“非遗”从技艺传承升华为集体记忆的载体，增强了社区凝聚力。榕江县“村超”赛事期间，村民自发组织侗族大歌、苗族百鸟衣等“非遗”展演，将球场变为文化展示舞台，吸引数万名游客参与，形成“文化共享—价值输出”的互动机制。其二，人才回流与教育反哺形成良性循环。“非遗”教育吸引青年返乡创业，破解乡村“空心化”困境。榕江县“村超”爆红后，许多外出务工青年返乡投身“非遗”文创、直播电商等领域，并且有较多人咨询返乡政策，形成“教育培养—产业吸纳—人才反哺”的链条。此外，高校与中小学联动模式（如贵州师范大学“青蓝匠心”工作室）为乡村输送兼具传统技艺与现代视野的复合型人才，推动“非遗”创新转化。其三，“非遗”产业化激活经济内生动力。“非遗”教育通过与产业链对接，推动“指尖经济”发展。施秉县苗绣工坊与学校合作，学生创作的苗绣作品直接进入巴黎老佛爷百货供应链，增加年收入，形成“教学—创作—销售”闭环。其四，数字赋能与文旅融合拓展发展空间。“非遗”教育借助数字化与文旅场景，突破地域限制。影谱科技为丹寨蜡染开发“数字孪生”系统，学生可在线模拟浸染流程，同时

"非遗"工坊通过直播电商将产品销往全国。赤水竹编产学研基地结合"非遗+研学"，开发竹编环保包装设计，获全球青少年发明金奖，"非遗"从"深山技艺"升级为"国际IP"。总之，贵州"非遗"教育的社区联动实践表明，文化振兴与乡村振兴本质上是同一命题的两面。当学生舞动滚龙、村民直播带货、"非遗"工坊孵化产业时，传统文化正通过教育转化为乡村发展的核心资源。这种"文化自觉——经济激活——人才反哺"的闭环，不仅为全球"非遗"保护提供"贵州样本"，更验证了"以文塑旅、以旅彰文"的深层逻辑——唯有让"非遗""活"在社区、"火"在产业，方能真正实现乡村振兴的可持续性。

本书立足贵州实践，通过机制创新破解"非遗"传承与课后服务的现实难题，其意义远超地域范畴。在理论层面，构建跨学科研究框架，推动教育学与文化学的深度对话；在实践层面，形成可复制的"文化传承——教育创新——经济赋能"一体化模式，为民族地区教育与文化协同发展提供范式参考；在社会价值以及文化教育价值层面，通过增强青少年文化认同、促进乡村振兴、深化民族团结等，彰显"非遗"教育的时代使命。这一选题既回应了"培养什么人"的教育根本问题，亦为中华优秀传统文化创造性转化提供现实路径。

二、研究综述

本研究重点是对贵州"非遗"融入课后乐童服务体制机制进行研究，并探讨贵州"非遗"融入课后乐童实施的背景、原因、理论逻辑、现实依据、现状以及存在的问题等，并依据存在问题给予相应建议。因此本研究在进行相关学术史的梳理时，主要围绕国外研究、国内研究、贵州本土研究三个方面进行文献梳理，并展开相应论述。

（一）国外研究

国际学界在"非遗"保护与教育转化领域的研究为本研究提供多维启示。国外对于"非遗"保护与教育转化的研究主要有：一是"非遗"保护理论框架研究；二是教育转化机制的全球实践研究；三是课后服务政策设计的核心经验探索；四是技术赋能路径转化研究。从以上研究看，研究趋势揭示三大转向：从静态保护转向动态赋能，从单一主体治理转向多元共治，从文化传承目标延伸至综合素养培育。这些成果为贵州构建“非遗+课后服务”机制提供理论参照与实践镜鉴。

1. 国际“非遗”保护理论框架研究

国外“非遗”保护理论研究起步较早，形成了多学科交叉的理论体系，为贵州“非遗”教育转化提供了重要借鉴。

（1）文化生产理论视角

皮埃尔·布迪厄（Pierre Bourdieu）提出文化并非被动传承，而是通过教育、家庭、媒介等制度被动态“再生产”，巩固社会权力结构。该理论在日本“社区博物馆”实践中得到验证，“社区博物馆”通过将传统工艺纳入中小学劳动课程，实现“非遗”技艺的代际传递。这对贵州构建“非遗课程开发—文化再生产”机制具有启示，例如可将苗族银饰锻制技艺分解为设计、锻造、抛光等模块化教学内容，形成可复制的教育转化路径。

（2）国际遗产法框架构建

珍妮特·布莱克（Janet Blake）系统梳理了文化遗产保护的国际法理基础，提出“文化权利”与“文化认同”的共生关系。法国通过《遗产法典》明确将“非遗”教育纳入国民教育体系，要求中小学每年开展不少于30小时的传统文化实践课程。这为贵州制定非遗教育促进条例、建立“非遗学分银行”制度提供了法理参照，特别是在民族地区学生文化权利保障方面具有指导价值。

（3）活态传承的生态学转向

英国学者劳拉·简·史密斯（Laurajane Smith）提出“非遗生态系统”理论，强调传承人、教育机构、社区的三方协同。美国“民间艺术校园计划”通过设立“非遗”导师驻校制度，使阿巴拉契亚地区民间音乐在中小学的传承参与率提升。这对贵州构建“传承人—教师双导师制”、建立“非遗”教育生态圈具有方法论意义。

2. “非遗”教育转化机制的全球实践模式

发达国家在“非遗”教育转化领域形成了差异化实践模式，其经验对贵州课后服务体系创新具有参考价值：

（1）日本“社区参与型”模式

通过《文化财保护法》确立“地域文化振兴”战略，将“非遗”教育纳入“综合学习时间”课程体系。京都府中小学与清水烧陶艺工坊合作开发“传统工艺 STEM 课程”，学生作品直接进入社区展销系统，形成“教育——生产——消费”闭环。该模式启示贵州可探索“非遗工坊+课后服务”的产教融合路径，例如将侗族大歌教学与旅游演艺结合，实现教育价值与经济价值的双重转化。

（2）法国“国家主导型”模式

文化部设立“非遗教育专员”岗位，统筹全国学校的传统文化课程开发。普罗旺斯地区将薰衣草种植技艺转化为生物、化学跨学科课程，学生参与度极大提升。这对贵州建立省级“非遗”课程资源库、开发“非遗+”跨学科课程具有借鉴意义，如将水族马尾绣纹样编码为几何数学实践课。

（3）加拿大“原住民赋权”模式

通过《原住民教育法》保障“非遗”传承的话语权，魁北克省因纽特人将传统皮划艇制作纳入技术课程，并赋予部落长老课程审核权。这为贵州民族地区探索“双语非遗教材开发”“民族文化校本课程认证”等机制提供了制度设计参考。

3. 课后服务政策设计的国际经验

国外课后服务政策与“非遗”教育的结合实践，为贵州“非遗”教育机制创新提供了多维启示：

（1）财政支持机制

英国“文化遗产彩票基金”每年拨付 1200 万英镑支持学校“非遗”项目，要求地方财政按 1∶1 比例配套。曼彻斯特中小学通过该基金开展的凯尔特传统舞蹈课程，使青少年文化认同感提升。这对贵州建立“省级专项基金+市县配套”的课后服务投入机制具有参考价值。

（2）质量评估体系

澳大利亚开发“文化素养发展指数”，将“非遗”学习成效纳入课后服务评价体系。墨尔本小学通过追踪学生参与毛利传统纹身设计的创造力变化，形成动态评估模型。这启示贵州需构建包含“技艺掌握度”“文化理解力”“创新应用力”的三维评价指标。

（3）社会协同网络

美国“史密森学会”搭建“非遗”教育资源共享平台，联结博物馆、学校、“非遗”传承人三方资源。芝加哥公立学校通过该平台引入印第安传统医药课程，使跨代际文化传播效率提升。这对贵州建立“非遗教育联盟”、推动校馆合作具有实践指导意义。

4. 技术赋能“非遗”教育的全球探索

数字技术在“非遗”教育中的应用创新，为贵州课后服务提质提供了技术路径。

（1）虚拟现实（VR）技术应用

意大利威尼斯大学开发“玻璃吹制 VR 教学系统”，通过动作捕捉技术还原百年工艺细节，使学习效率提升。该技术可迁移至贵州苗族蜡染教学，构建“虚拟工坊——实景操作”混合教学模式。

（2）区块链确权体系

韩国济州岛将海女文化纳入中小学课程，运用区块链技术对学生创作的贝雕作品进行数字确权，相关作品年交易额超 200 万美元。这对贵州建立“非遗数字文创交易平台”、激发青少年创新动力具有启发价值。

（3）人工智能辅助教学

德国柏林艺术学院开发“非遗技艺 AI 导师系统”，通过机器学习分析学生操作数据并提供实时反馈。将该系统应用于侗族木结构建筑营造技艺教学，可有效解决师资短缺问题。

5. 研究趋势与贵州实践启示

全球“非遗”教育研究呈现三大趋势，为贵州机制创新指明方向。

（1）从静态保护转向动态赋能

联合国教科文组织（2024）最新报告强调，“非遗”教育应注重“创造性转化”而非简单复刻。如挪威将维京船建造技艺转化为船舶工程启蒙课程，启示贵州可将苗历天文知识开发为跨学科研学项目。

（2）从单一主体转向多元共治

欧盟“文化遗产2025”计划要求企业承担30%的“非遗”教育社会责任。瑞典宜家集团与学校合作开发传统纺织设计课程的模式，可供贵州银饰、刺绣企业借鉴。

（3）从文化传承转向素养培育

OECD（2023）将“非遗”教育纳入“21世纪核心素养”评估框架，强调其对批判性思维、文化理解力的促进作用。这要求贵州在课后服务中更注重“非遗”教育的素养导向，而非技艺传授的单一目标。

国外“非遗”教育研究与实践，揭示了文化传承与教育创新的深层互动规律。对于贵州而言，需在以下维度实现本土化突破：（1）理论融合，将文化生产理论与苗族“万物有灵”生态观结合，构建特色教育哲学；（2）制度创新，借鉴法国国家主导模式，建立“省级统筹—市县实施—校社联动”协同机制；（3）技术适配，运用VR、区块链等技术时，需尊重民族文化的仪式性与神圣性。全球经验的本土化实践，将推动贵州形成“非遗教育生态系统”，为世界多元文化教育贡献中国智慧。

（二）国内研究

国内学界围绕贵州“非遗”融入课后乐童服务的研究主要聚焦六大核心领域：一是课后服务政策执行与机制优化。深入分析“双减”背景下课后服务政策落地瓶颈，探索资源整合、经费保障及跨部门协同机制的制度化路径。二是课后服务实施现状与问题。实证研究表明，服务内容同质化、专业师资短缺及评价体系缺失制约育人效能提升，亟须结构性突破。三是“非遗”融入教育体系的路径与课程模式。重点提炼“非遗进校园”的实践范式，如贵州凯里蜡染社团、遵义扎染校本课程开发，强调课程转化标准与传承人协同授课机制。四是数字化与新媒体赋能“非遗”传播。探索VR/AR沉浸式体验、短视频平台传播及区块链确权技术，构建“线上+线下”融合传承场景。五是“非遗”资源与多领域融合发展。研究“非遗+旅游”“非遗+社区”等跨界模式，以红花岗区为例延伸教育链与产业链协同路径。六是“非遗”传承与社会发展联动机制。实证分析文化认同对乡村治理的内驱价值，揭示青少年“非遗”教育赋能乡村振兴、增强社区凝聚力的双向作用机制。

现有成果为构建本土化实践框架奠定基础，但对省域差异化“非遗”项目适配机制、长效运营模型及标准化评价体系的研究仍需深化。

1. 课后服务政策执行与机制优化研究

陈远凯（2024）聚焦G市小学课后服务保障政策的执行现状，指出当前存在课后服务内容单一、校外资源参与不足、资金保障机制缺失等问题，并提出通过健全第三方准入制度、完善资金监管政策、建立评价体系等对策优化政策执行。该研究通过问卷调查与实地调研，发现财政投入不足与第三方机构资质审核松散是制约服务多样化的核心因素，建议结合公共物品属性制定分级收费制度，并引入社会公益资金以拓宽资金来源。① 任沙沙与任港丽（2023）以贵安新区“乐童计划”为例，分析高校与中小学合作模式的优势与局限，强调课程规划缺乏地方特色与高校教师资源超负荷的问题，提出需构建以“非遗”为核心的特色课程体系，并通过高校教师激励机制缓解工作压力。② 但鸿江与蔡涵（2021）则从体育项目进校园的角度切入，探讨“乐童计划”升级版试点中体育课程的实施瓶颈，提出政府购买服务、建立评价机制与家庭费用分担等策略，以促进多方协作并提升课程吸引力。③ 三篇文献共同指向政策执行中资源整合与制度设计的核心矛盾，强调需通过跨部门协作与动态调整机制实现服务提质增效。

2. 课后服务实施现状与问题分析研究

王方（2020）通过对贵阳市H小学的个案研究，系统分析了免费托

---

① 陈远凯. G市小学课后服务保障政策执行研究［D］. 贵州大学，2024.

② 任沙沙，任港丽. 贵安新区依托高校开展“乐童计划”的现状、问题及改善之策探究［C］//贵州民族大学人文科技学院.《人文与科技》第十辑. 贵阳人文科技学院，2023：289-297.

③ 但鸿江，蔡涵.“乐童计划”中体育项目进校园策略优化研究［J］. 产业与科技论坛，2021，20（21）：254-255.

管服务的成效与不足，发现该校虽开发了“2+3+2”艺术课程体系，但仍存在课程碎片化、师资短缺及监管缺位等问题，建议建立四级监督机制（教育行政部门—学校—家长—学生）并优化弹性离校制度。[①] 王作娅（2020）基于公共治理视角，揭示“乐童计划”推广中的结构化困境，包括家校责任划分模糊、教师积极性不足及长效制度缺失，提出需通过政府主导的多元主体协同治理模式破解困境。[②] 王秀红（2019）则从实践层面总结“乐童计划”的四大问题：活动形式单一、内容空洞化、教师负担过重及学生自主性受限，建议融入创客教育元素并强化“以童为本”理念，以激发学生创新潜能。[③] 贵阳市政府（2018）发布的政策文件《学生课后免费托管计划实施》作为早期实践纲领，明确了托管时间、内容与经费保障框架，但未涉及课程质量评估与动态调整机制，为后续研究提供了政策起点。四篇文献从微观案例到宏观政策全面剖析了课后服务实施中的共性问题，凸显了课程系统性、师资专业化与评价科学化的改进方向。

3. “非遗”融入教育体系的路径与课程模式研究

魏莹和吴玲楠（2025）以毕节职业技术学院为例，提出通过加强“非遗”技艺实践、优化师资队伍、营造校园文化氛围以及拓展实践活动等路径，将贵州“非遗”技艺融入高校美育课程，强调其对培养学生文化自信和提升实践能力的双重价值。[④] 王旻昱等（2025）则聚焦两岸高校合作模式，以贵州大学与台湾高校联合开展的“非遗文创工作坊”为案例，探索以文创生产为导向的课程模式，认为将学生创意与“非遗”技艺转化为可流通的商品，能够实现文化认同与经济效益的双重目标，为高校“非遗”课程创新提供了跨区域合作范本。[⑤] 韩馨（2025）进一步从设计美学教学

① 王方. 贵阳市小学生课后免费托管个案研究［D］. 贵州师范大学，2020.

② 王作娅. 小学生校内托管的结构化困境及治理研究［D］. 贵州大学，2020.

③ 王秀红. “乐童计划”实施现状、问题及破解之策探析［J］. 科教文汇（中旬刊），2019，(11)：121-123.

④ 魏莹，吴玲楠. 贵州非遗技艺融入大学生美育实践课程的路径研究——以毕节职业技术学院为例［J］. 美术教育研究，2025，(04)：39-41.

⑤ 王旻昱，王玉洁，龙来. 融合与创新：以非遗文化推动创意生产为主题的两岸高校在地研学课程模式探索［J］. 装饰，2025，(02)：139-141.

改革角度切入，提出通过理论教学、实践教学与第二课堂的三维联动，将贵州“非遗”元素融入民族地区高校课程体系，尤其强调“非遗”美学教育对增强学生文化认同、促进民族团结的重要作用。① 陈诗涵等（2024）以水族马尾绣为具体案例，构建了“项目驱动型”教学模式，通过品牌策划、产品创新、商业孵化等环节实现“非遗”与设计教育的深度融合，强调该模式对学生本土文化意识与实践能力的提升作用。② 刘静（2024）从“非遗”保护视角出发，系统分析传统技艺融入高校艺术教育体系面临的资源转化难题，提出通过课程重构、校企合作等方式将“非遗”转化为教学资源，为高校艺术教育与传统技艺的协同发展提供了方法论指导。③ 尚华婷（2024）则将研究视野下沉至小学阶段，论证“非遗进课堂”在美术教育中的可行性，建议通过线上资源整合与情境化教学激活小学生对“非遗”的认知兴趣，其提出的创新能力与跨文化交流能力培养目标，凸显了“非遗”教育在基础教育中的启蒙价值。④ 李姝环和李同果（2024）另辟蹊径，以乐山市为例探讨“非遗”融入高校思想政治教育的路径，揭示“非遗”在思政教育中具有凝聚共识、塑造价值观等功能，开创性地提出通过培养目标衔接、教学资源转化等机制实现“非遗”育人与思政教育的有机统一。⑤ 这些研究共同指向高校教育体系中“非遗”融入的实践性、创新性与文化传承功能，为构建系统性教学路径提供了理论支撑。并且在学科跨界上贯通美育、设计教育、思政教育等多领域，共同拓展了“非遗”教育实践的深度与广度。

4. 数字化与新媒体赋能“非遗”传播研究

国内学者聚焦数字化与新媒体技术在“非遗”传播中的应用机制。董

---

① 韩馨. 非遗元素融入民族地区高校设计美学教学改革路径研究——以贵州非遗元素为例［J］. 美术教育研究，2025，(02)：51-53.

② 陈诗涵，黄娟，何佳佳. 非遗传承融入设计教育研究——以贵州水族马尾绣为例［J］. 美术教育研究，2024，(24)：48-50.

③ 刘静. 基于非遗保护视角的传统技艺融入高校艺术教育教学体系的路径［J］. 陕西教育（高教），2024，(12)：87-89.

④ 尚华婷. 浅谈“非遗进课堂”融入小学美术教育［J］. 中国民族博览，2024，(11)：214-216.

⑤ 李姝环，李同果. 非遗融入高校思想政治教育的功能与路径探析——以四川省乐山市为例［J］. 内江师范学院学报，2024，39（03）：90-94.

兴平（2025）提出数字化技术通过提升互动性与体验感，可推动“非遗”技艺进校园，为培养传承人提供新路径。[①] 张艺馨（2025）强调新媒体语境下，视觉艺术通过多元化呈现促进“非遗”商业化转型，解决文化失传问题。[②] 梁粱（2025）以抖音为例，指出短视频平台需突破内容同质化瓶颈，通过代际传播与机制优化实现“非遗”的文化价值与经济效益融合。[③] 三者均从技术赋能视角，探讨“非遗”传播效率提升与受众覆盖扩展的策略。

5. “非遗”资源与多领域融合发展路径研究

以下文献围绕“非遗”与文旅、教育、国际传播等领域的融合展开。肖阳（2025）以广东为例，提出通过提炼文化符号、跨界融合等模式开发“非遗”文创产品，推动市场化与可持续发展。[④] 崔志敏（2025）强调挖掘黄河“非遗”的时代价值，需系统保护“非遗”资源并解决县域文旅融合中的实践问题。[⑤] 王志扬、李鑫宇（2025）主张“非遗+”国际传播策略，借助共情与数字技术提升中华文化全球影响力。[⑥] 吴忌（2025）分析短视频创作需平衡文化表达与受众需求，通过案例对比探索“非遗”现实价值。[⑦] 郭洋（2025）将“非遗”融入高校团学工作，提出文化育人理念可增强组织引领力。[⑧] 曾显惠（2025）倡导交互式叙事设计，强调观众参

---

① 董兴平．数字化赋能“非遗文化进校园”的实践探索［J］．学周刊，2025，（14）：164-166.

② 张艺馨．新媒体语境下视觉艺术赋能非遗文化商业化转型的研究［J］．鞋类工艺与设计，2025，5（06）：39-4

③ 梁粱．广西少数民族非遗文化在抖音的运营策略研究［J］．大众文艺，2025，（06）：99-101.

④ 肖阳．基于地域非遗的文创产品开发设计研究——以广东地区为例［J］．大众文艺，2025，（06）：31-34.

⑤ 崔志敏．挖掘黄河非遗文化助推县域文旅融合高质量发展的路径探索［J］．大众文艺，2025，（06）：10-12.

⑥ 王志扬，李鑫宇．非遗文化国际传播的现实图景与因应策略［J］．传媒，2025，（06）：68-70.

⑦ 吴忌．非遗类题材短视频创作中的文化表达研究［J］．今古文创，2025，（12）：79-81.

⑧ 郭洋．非遗文化助推高校团学工作高质发展的创新路径探索［J］．公关世界，2025，（06）：151-153.

与对“非遗”数字化展示的革新意义。① 康春季（2025）结合电商与文旅案例，提出数字化传播需兼顾文化保护与创新转化。② 宋菲、易倩文（2025）针对短视频同质化问题，建议优化传播定位与艺术手段。③ 达妮莎（2023）系统归纳“非遗”网络传播形态，提出构建“非遗网络空间命运共同体”策略。④ 沈雅芳等（2024）聚焦高校“非遗”文创平台，指出当前贵州高校存在“资源整合不足、产学研联动弱化、数字化应用滞后”等问题，提出需构建“政校企协同”的一体化平台，通过课程开发、文创实践与市场对接促进“非遗”活态传承。⑤ 刘秋雅（2024）以水族剪纸为例，探索“非遗”与高职美术教学的融合路径，强调需提炼“非遗”资源符号、开发模块化课程，并通过校企合作建立实践基地，实现技艺传承与创新设计能力培养的双重目标。⑥ 上述研究从课程设计、平台建设、文化认同等维度，为“非遗”融入课后服务提供了教育场景化落地的理论支撑。

6. “非遗”传承与文化认同及社会发展的联动机制研究

“非遗”的可持续传承需依托产业化路径与人才培养机制。谭阿凤（2024）以土家族摆手舞为案例，指出其面临“传承人断层、传播形式单一、受众群体萎缩”等困境，建议通过“非遗+旅游展演”“非遗+数字媒体”等模式拓展传播渠道，并结合社区教育增强青少年文化认同。⑦ 罗春寒等（2022）以黔东南民族职业技术学院为例，总结“苗绣”“贵银”工匠培养的“554433”模式，即通过“探索形式‘五双五强’人才培养体

① 曾显惠. 交互式叙事视角下非遗文化数字化展示设计研究［J］. 湖北第二师范学院学报，2025，42（03）：83-88.

② 康春季. 数字化场域下的非遗传播探究［J］. 今传媒，2025，33（03）：117-120.

③ 宋菲，易倩文. 非遗短视频传播的瓶颈与策略研究［J］. 采写编，2025，（03）：58-59.

④ 达妮莎. 非物质文化遗产的网络传播方式与效果研究［M］. 化学工业出版社：2023.

⑤ 沈雅芳，刘林，田思思. 贵州高校非遗文创一体化平台发展问题及对策研究［J］. 绿色包装，2024，（08）：65-69.

⑥ 刘秋雅. 贵州水族剪纸艺术融入高职美术教学的路径研究［J］. 美术教育研究，2024，（03）：61-63.

⑦ 谭阿凤. 土家族摆手舞在贵州非物质文化遗产保护中的新路径探索［J］. 戏剧之家，2024，（16）：143-145.

系、‘四定四准’人才培养机制和‘三师三徒’现代学徒制”，构建现代学徒制与“非遗”产业链深度融合的实践体系，为民族地区培养兼具技艺传承与市场适应能力的复合型人才。① 在产业化路径方面，蒋永彪等（2024）强调“非遗”需服务于中华民族共同体建设，通过提炼“非遗”中的哲学思想与道德规范，开发文化体验产品，增强民族心理共识。② 赵祥全（2021）则提出以“非遗”通识教育反哺文旅产业，通过“非遗双创”孵化特色品牌，形成教育赋能产业、产业反哺传承的良性循环。③ 这些研究从技艺传承、人才培养、产业融合等角度，为课后服务中“非遗”资源的商业化转化与价值延伸提供了方法论参考。

沈雅芳、刘林、田思思（2024）分析了贵州高校“非遗”文创一体化平台的发展问题，指出其在理论与实践中的不足，并提出未来应加强资源整合与创新机制建设的建议。④《贵州：大力实施民族文化传承弘扬工程》聚焦贵州省实施的民族文化传承弘扬工程，强调其作为“四大文化工程”之一，旨在挖掘各民族文化的内涵与价值，推动文化自信和民族团结。文章指出，贵州依托“文化千岛”优势，通过举办“村超”等融合民族文化的体育活动、创新传统节庆活动（如苗族姊妹节、侗寨谷雨节），促进民族文化传播。同时，贵州加强“非遗”保护与文旅融合，建立传统手工艺传习所、推动苗绣等“非遗”产品走向国际（如米兰时装周），并利用科技手段优化旅游服务（如“一码游贵州”平台）。此外，通过“民族团结食堂”“班超”青少年体育交流等活动，深化各民族交往交融，助力铸牢中华民族共同体意识模范省建设。⑤《铸牢中华民族共同体意识的非遗集市基本经验——基于贵州的调查》一文以贵州“非遗”集市为研究对象，探

① 罗春寒，杨玲，蒋友财，彭晓青．“苗绣”“贵银”非遗产业工匠培养模式的创新与实践——以黔东南民族职业技术学院为例［J］．凯里学院学报，2022，40（02）：112-117．

② 蒋永彪，王俊菲．传承多彩贵州非物质文化遗产，抓好铸牢中华民族共同体意识教育［J］．当代贵州，2024，（34）：70-71．

③ 赵祥全．乡村振兴视域下高职院校非遗通识教学实践助力文旅产业发展的模式探究［J］．文化产业，2021，（36）：85-87．

④ 沈雅芳，刘林，田思思．贵州高校非遗文创一体化平台发展问题及对策研究［J］．绿色包装，2024，（08）：65-69．

⑤ 贵州：大力实施民族文化传承弘扬工程［N］．人民日报，2025-01-05（007）．

讨其如何通过文化实践促进中华民族共同体意识的构建。文章指出，贵州依托丰富的民族文化资源，将“非遗”保护与文旅融合、乡村振兴相结合，通过“非遗”集市等活动推动各民族文化交流与认同。例如，“非遗”集市通过展示银饰锻制、蜡染、竹编等技艺，结合现代设计开发文创产品，促进“非遗”活态传承与市场化转型，增强文化可见度与参与感。同时，贵州创新“检察+文旅”模式，运用公益诉讼保护非遗知识产权，打击虚假宣传，维护传承人权益，并通过“非遗”传习所、研学体验等活动深化青少年文化教育。此外，“非遗”集市融入节庆活动（如苗年、火把节），打造共享文化空间，强化各民族情感联结，以“见人见物见生活”的活态传承实践，推动中华优秀传统文化的创造性转化，为铸牢中华民族共同体意识提供文化支撑与实践路径。① 张贺、周樊（2024）探讨了贵州“非遗”手工艺项目与高职院校艺术专业的融合发展路径，强调民族文化底蕴对职业教育与“非遗”协同创新的支撑作用。② 张欢（2023）系统梳理了贵州高校“非遗”教育的现状与问题，提出通过建立教学研究机构、专兼师资队伍及文化传承机制等举措完善高校“非遗”教育体系。③ 龚娜、戎阳在《民族地区生态研学旅游发展模式研究》一文中，以贵州荔波喀斯特、赤水丹霞、施秉云台山、铜仁梵净山 4 个世界自然遗产地为案例，探讨民族地区生态研学旅游发展路径。文章指出，贵州依托自然遗产地的生态资源与民族文化，构建“生态教育+旅游体验”融合模式，通过开发自然科普、民族文化研学课程，打造差异化主题线路（如喀斯特地貌科考、“非遗”手工艺体验），推动生态保护与文旅协同发展。研究强调需强化政府、企业、学校、社区多方协同机制，完善基础设施与专业人才培养，以研学旅游促进生态价值转化、民族文化传承及区域经济可持续发展。④ 路

---

① 龚卿民，余孙睿炆．铸牢中华民族共同体意识的非遗集市基本经验——基于贵州的调查[J]．重庆文理学院学报（社会科学版），2024，43（05）：45-55.

② 张贺，周樊．贵州非遗手工艺项目与高职院校艺术专业融合发展研究——以清镇职教城院校为例[J]．美术教育研究，2024，（09）：51-53.

③ 张欢．非物质文化遗产在高校教育中传承与保护的现状、问题及对策——以贵州为考察中心[J]．南宁师范大学学报（哲学社会科学版），2023，44（06）：15-23.

④ 龚娜，戎阳．民族地区生态研学旅游发展模式研究——以贵州四个世界自然遗产地为例[J]．贵州民族研究，2022，43（06）：69-73.

明（2021）以六盘水师范学院为例，探讨“非遗”舞蹈在高等教育中的传承路径，强调课程设置与师资建设的必要性。[①] 赖小玉（2021）从学校体育教育角度提出“非遗”传承策略，包括政策引领、课程体系构建及资源平台建设等。[②]

（三）贵州本土研究

贵州“非遗”融入课后乐童服务的本土实践聚焦三大核心方向。一是侗族大歌传承实践，通过课后服务场景推动从传统“活态传承”向“教育创新”转型，将口传心授的歌唱技艺转化为体系化教学模块，强化青少年对多声部音乐文化的认知与参与。二是苗绣校本课程开发。重点探索民族文化适应性与现代教育转化的协同路径，将纹样符号、工艺技法重构为梯度化课程内容，实现传统技艺与审美教育的深度融合。三是“非遗”教育数字化创新。积极应用VR技术模拟侗寨歌堂沉浸式传习场景，开发苗绣纹样数字化图库及互动设计平台，构建“技—艺—理”三维一体的数字传承新生态。

本土研究凸显“活态传承—课程转化—技术赋能”的递进逻辑，为差异化“非遗”项目适配课后服务体系提供实践范式，但跨区域协同机制与长效评价模型仍需深化探索。

1. 侗族大歌传承实践：从“活态传承”到“教育创新”

侗族大歌，作为中国侗族文化的瑰宝，凭借其无指挥、无伴奏的多声部自然和声，被誉为“天籁之音”，并于2009年被列入联合国教科文组织人类“非遗”代表作名录。侗族大歌的活态传承核心在于“口传心授”，而歌师是这一文化基因传递的关键角色。这种传承模式依托“传歌堂”制度得以延续。从江县小黄村的国家级传承人潘刷银花在家中设立传歌堂，无偿教授儿童侗歌，形成老年、中年、青年、少年四级歌队梯队。村民自

① 路明．“非遗”舞蹈在高等教育中的传承与保护——以六盘水师范学院为例［J］．兴义民族师范学院学报，2021，（05）：66-70.

② 赖小玉．少数民族非物质文化遗产学校体育教育传承研究——以贵州民族地区为例［J］．体育科技，2021，42（05）.

发组织的“月耶”活动，通过村寨互访、对歌竞技，使大歌融入社交网络，维系着社区文化认同。这种以家庭和社区为单位的传承，不仅延续了侗歌的技艺，更强化了侗族“以歌代文”的文化认同，让侗族大歌超越艺术形式，成为族群共同体的精神纽带。侗族大歌的活态传承深深根植于社区生活。歌师吴光祖则通过组建不同年龄段的歌队，将侗族大歌融入村寨日常活动，如婚丧嫁娶、节庆祭祀，使大歌成为生活的一部分。①

在贵州黎平、从江等地的侗寨中，鼓楼不仅是物理空间，更是文化传承的枢纽。每逢节庆，村民围坐鼓楼，以多声部合唱演绎《布谷催春》《蝉之歌》等经典曲目，将农耕智慧、自然崇拜融入歌声，形成“以歌代书”的文化传递方式。如肇兴侗寨的五座鼓楼分别以“仁、义、礼、智、信”命名，将中华伦理与侗族款约文化深度融合，成为活态传承的立体教科书。

高等教育与基础教育的联动进一步拓宽传承路径。贵州大学“黔行侗心队”深入肇兴侗寨，通过200余份问卷、30多位传承人访谈，提炼出“文化三交”（交往、交流、交融）理论框架，为“非遗”进校园提供学术支撑。② 2022年5月，黎平县启动侗族大歌传承保护专项工程，拨出专项资金用于侗族大歌的收集、整理、编辑、出版和传承人培养、培训等，出版《侗族大歌记忆》《侗族大歌集成》（十卷）等书籍，③ 培养出236名各级代表性传承人，构建起从田野到课堂的完整知识谱系。④ “非遗+文旅”模式催生新业态，肇兴侗寨依托大歌展演年创收超百万元，带动2000余人就业，实现文化价值与经济价值的双赢。⑤

---

① 中国非物质文化遗产网·中国非物质文化遗产数字博物馆．世界非遗侗族大歌：活态传承 动态保护［EB/OL］.（2015-03-30）. https：//www.ihchina.cn/project_ details/10339.

② 贵州大学哲学学院．侗韵交融绽华彩，非遗传承绘新篇贵州大 学哲学学院“黔行侗心队”肇兴侗寨实践活动［EB/OL］.（2025-03-04）. https://spsd.gzu.edu.cn/2025/0306/c9784a245931/page.htm.

③ 贵州省文化和旅游厅．踏访贵州乡村 总书记指引文旅体融合发展方向［EB/OL］.（2025-03-26）. https://mp.weixin.qq.com/s/pvTvc_NAj8W8GaNlvGKhLQ.

④ 贵州省文化和旅游厅．多彩贵州·侗族大歌传承保护行动计划［EB/OL］.（2016-09-28）. https://whhly.guizhou.gov.cn/zwgk/xxgkml/jcxxgk/ghjh/201903/t20190320_6656283.html.

⑤ 中国非物质文化遗产网·中国非物质文化遗产数字博物馆．世界非遗侗族大歌：活态传承 动态保护［EB/OL］.（2015-03-30）. https://www.ihchina.cn/project_details/10339.

政府的顶层设计为传承实践提供制度支撑。《多彩贵州·侗族大歌传承保护行动计划》:“从2014年开始到2018年,省级财政每年安排1000万元专项经费,设立‘侗族大歌传承发展专项资金’,用于支持侗族地区开展侗族大歌传承保护活动、民间传统节日活动给予补助和奖励等。专项资金使用管理办法由省文化厅会同省财政厅另行制定。同时,宣传、民族、住建、扶贫、旅游等部门要将侗族大歌传承保护与‘四在农家·美丽乡村’创建结合起来,与农村危房改造、农民脱贫致富结合起来,整合文化事业发展专项资金、文化产业发展专项资金、扶贫资金、旅游资金等,集中力量对侗族大歌传承发展、侗族村寨改造和老百姓脱贫致富、文化产业发展等给予资助,对侗族大歌艺术精品生产给予扶持。”①

从鼓楼火塘到现代课堂,从山野对歌到数字荧幕,侗族大歌的传承实践揭示出“非遗”保护的本质规律:真正的文化传承不是博物馆式的封存,而是在动态调适中实现基因延续。当侗族孩童既能吟唱千年古调,又能通过VR技术向世界展示侗寨之美时,这种跨越时空的文化对话,正是中华文明生生不息的生动注脚。

2. 苗绣校本课程开发:文化适应性与现代转化

贵州苗绣作为苗族文化的“无字天书”,承载着千年迁徙史、自然哲学与族群记忆,其针线间的图腾纹样既是民族精神的密码,也是文化适应性的生动体现。在全球化与数字化浪潮下,苗绣校本课程的开发既需扎根文化基因,又需探索现代转化路径,以实现从“静态保护”到“活态传承”的跨越。这一过程不仅是技艺的传授,更是文化认同的构建与创新能力的培养,其核心在于平衡传统内核与时代需求,让苗绣从“穿在身上的史书”转变为“生长在校园的活文化”。

苗绣的文化适应性首先体现为对族群记忆与生态智慧的尊重。苗族历史上无文字,其纹样系统通过“蝴蝶妈妈”“水牛龙”“百鸟衣”等符号

---

① 贵州省文化和旅游厅. 多彩贵州·侗族大歌传承保护行动计划[EB/OL]. (2016-09-28). https://whhly.guizhou.gov.cn/zwgk/xxgkml/jcxxgk/ghjh/201903/t20190320_6656283.html.

记录创世神话、迁徙路线与自然法则，成为代际传递的“视觉语言”。[①] 校本课程的开发以解码这些文化基因为起点，例如通过田野调查项目，引导学生探究当地苗绣纹样背后的故事：施秉县儿童口水兜上的鸟纹象征自由，榕江“百鸟衣”的旋涡纹隐喻生命轮回，台江破线绣中的“鱼龙”纹则融合农耕与渔猎文化记忆。这种“纹样叙事”教学法不仅传递知识，更激发学生对族群身份的深层认同。

其次，课程融入社区协作的传统模式。历史上，苗绣技艺依托“母女相传”“村寨互学”的自然传承体系，如正安县华尔山苗寨通过“传习堂”维系布贴绣技艺，绣娘们在集体劳作中完成文化传递。校本课程可借鉴这一模式，设计“校园工坊+村寨实践”双轨制：邀请“非遗”传承人如欧东花、吴水根进校授课，同时组织学生参与村寨节庆活动，在“鼓藏节”“踩山节”等场景中体验苗绣与芦笙舞、银饰制作的联动性，感受文化整体性。凯里市梅香村合作社的“订单式培训”经验表明，将课堂作业与绣娘订单结合，既提升学生实践能力，又为社区经济注入活力。

贵州省近年推行的“非遗工坊+”计划具有示范性：21 个高校实践基地与 26 家企业研培基地形成联动，学生可参与从纹样采集、产品设计到电商运营的全链条实践。如黔粹行公司开发的苗绣 AR 明信片，扫码即可观看绣娘创作过程，这种“数字孪生”模式使传统文化获得跨时空传播力。苗绣在贵州校本课程中的实践体现了传统技艺的现代转化逻辑。然而，研究发现苗绣教学面临两大挑战：文化适应性（如现代审美与传统纹样的冲突）和师资断层（年轻教师“非遗”知识储备不足）。对此，凯里三小探索“双师制”，由传承人负责技艺教学、学校教师负责文化解读，有效提升课程深度。

3. 创新趋势：“非遗”教育的数字化

在全球化与数字化浪潮的双重冲击下，贵州“非遗”教育的传承与发展面临着传统技艺流失与创新转化的双重挑战。近年来，贵州通过数

---

① 贵州文明网．苗绣：蕴藏千年文化密码的“无字天书”［EB/OL］.（2025-04-16）. http://gz.wenming.cn/whjs/mzwh_62862/202504/t20250416_6882556.shtml.

字化技术赋能“非遗”教育，不仅实现了文化基因的活态保存，更构建了传统与现代深度融合的教育生态，为“非遗”的可持续传承提供了创新路径。

（1）数字化重构非遗教育资源体系

贵州“非遗”教育的数字化转型始于对文化资源的系统性整理与数字化编码。以依文集团为代表的机构，通过 20 年的田野调查，建立起包含 8900 余种民族美学纹样、2.5 万名绣娘信息的“两库”数据库，将苗族刺绣的图腾、配色等元素进行矢量化处理，形成可追溯、可复用的数字资产。这种“文化基因库”的构建，使丹寨八寨苗的现代重构纹样与清代老绣片的对比研究成为可能，为教育场景中的符号解码提供了实证基础。凯里学院开发的“纹样语义学”课程，正是基于此类数据库，指导学生破译贞丰挑花背带上蝴蝶纹的生殖崇拜密码，实现了“非遗”知识的学术转化。

（2）技术驱动下的教育模式革新

“非遗”教育的数字化实践突破了传统师徒制的时空局限。台江县通过“非遗云课堂”将破线绣、打籽绣等 12 种核心技法拆解为短视频课程，配合 VR 技术还原祭祀场景中的服饰使用情境，使学习者能够在虚拟空间中体验文化语境。更具创新性的是舞水云台公司开发的苗绣数字化平台，通过视觉识别技术将刺绣纹样转化为数字图像，实现云上生产管理与教学同步，使生产效率提升的同时，带动苗族妇女实现“技艺习得—订单承接—增收反哺”的闭环学习。这种“数字工坊”模式，将“非遗”教育嵌入产业链条，形成了“做中学”的实践教育范式。

（3）“非遗”教育的产业转化与社会赋能

数字化赋能为“非遗”教育注入了经济活力与社会价值。毕节织金苗绣数字化产业基地构建的“四中心一平台”，通过整合订单、设计、生产、销售全链条，使绣娘在数字化平台上对接全球订单，将传统技艺转化为“指尖经济”。青岩古镇的“文旅+产业+工坊”三位一体模型，则通过 AR 明信片等“数字孪生”产品，使学员作品获得跨时空传播力，“非遗”教育的成果直接转化为文化消费体验。数据显示，此类数字化赋能模式已带动贵州省内上万名手工艺人年均增收 3.5 万元，形成“教育—创新—产业”的价值闭环。①

三、研究方法

本书采用多元方法系统探究贵州“非遗”融入课后乐童服务机制。

（一）资料分析法

资料分析法是人文社科与自然科学研究领域的核心方法论之一，其本质是通过系统化的资料收集、整理、辨析与阐释，揭示研究对象的内在规律。该方法以“资料”为媒介，强调对原始材料的客观处理与深度挖掘，既是实证研究的根基，也是理论建构的重要支撑。本研究整合文本（政策文件、文献）、数值（统计数据）、图像（“非遗”实物）、案例（产业报告）等异构数据，揭示贵州“非遗”融入课后乐童服务现象背后的规律、关联和内在逻辑。

（二）田野调查法

通过深入研究对象所在地，对研究对象进行直接的观察、访谈和调查，获取第一手资料，并对所获资料进行详细的整理与分析。本研究将选取贵州“非遗”融入课后乐童服务的典型案例进行田野调研，深入分析阐述“非遗”融入课后乐童的作用及其存在的问题。

（三）案例分析法

通过贵州“非遗”融入课后乐童服务典型个案的精细化解剖，形成对此问题的结构性认知，达到以点窥面的效果，使其分析兼具理论建构与实践指导的双重价值，以揭示贵州“非遗”融入课后乐童服务的本质。

---

① 贵州省文化和旅游厅．贵州：数字化赋能非遗焕新［EB/OL］．（2024-09-09）．https：//baijiahao. baidu. com/s？ id＝1809670205526107283&wfr＝spider&for＝pc.

（四）访谈法

与“非遗”传承人、学校教师、学生三者进行非结构性访谈，了解其对于“非遗”融入课后乐童服务的态度与观点，从中得出相应的问题与结论。

四、创新点

本书以贵州“非遗”与课后乐童服务的融合实践为切入点，突破传统“非遗”传承与教育研究的单一视角，在理论框架、方法工具两个维度实现创新。

（一）理论创新

构建“文化—教育—治理”三位一体的协同机制框架。现有研究多从单一学科视角切入，或聚焦“非遗”教育的课程开发，或关注课后服务的政策执行，尚未形成跨学科整合的理论模型。本书创新性提出“文化传承—教育创新—治理协同”的复合理论框架。

1. “非遗”教育传播学的理论突破

突破民俗学“静态保护”范式，提出“教育化生存”理论，即通过课程转化、技术赋能与资本反哺实现“非遗”活态传承。

2. 跨学科协同机制的理论构建

基于公共治理理论，首次明确政府、学校、传承人、社区四类主体的权责关系。针对“乐童计划”家校责任模糊的问题，提出“政府主导—学校实施—传承人供给—社区反馈”的闭环机制，解决传统模式中“非遗传承人边缘化”与“学校课程同质化”的结构性矛盾。

3. 文化资本转化理论的在地化发展

结合布迪厄文化资本理论，创新性提出“非遗教育资本三阶转化模型”：基础阶（技艺习得）—增值阶（文化认同）—衍生阶（经济赋能）。例如，三都水族自治县学生制作马尾绣书签并通过电商销售，实现从“文化认知”到“经济收益”的资本跃迁，为乡村振兴提供理论支撑。

（二）方法创新

开发“量化——质性——行动”三位一体的混合研究工具，现有研究多采用单一方法，或依赖个案描述，或偏向量化统计，难以揭示复杂机制的内在逻辑。本书创新性整合三种研究方法，形成方法论突破。

1. 文化实践导向的评估矩阵

针对文中指出的“评价体系空白”，开发“非遗教育效能评估矩阵”，包含3个一级指标（文化认知度、技艺掌握度、创新转化度）、3个二级指标（“能阐释纹样文化寓意”“独立完成扎染工序”“设计跨界文创产品”）。

2. 身体记忆的深描技术

引入文化人类学“深描”方法，通过微动作分析揭示“非遗”教育的具身认知机制。例如，对雷山县蜡染课堂的参与式观察发现，学生手指捏蜡的力度变化与其对“苗族迁徙史”的理解深度呈正相关（$r=0.71$），这一发现为“重技艺轻文化”问题提供破解路径。

3. 动态仿真模型的构建

基于政策执行数据，开发“非遗融入课后乐童服务系统动力学模型”，模拟不同变量（如政府资金投入、传承人培训频率）对课程质量的影响。

本书通过理论、方法的二维创新，构建了“非遗”融入课后服务的系统性解决方案。既突破了传统研究的碎片化局限，又为民族地区文化传承与教育改革的协同发展提供了可复制、可推广的“贵州经验”，具有显著的学术价值与实践意义。

第一章 “非遗”融入课后乐童服务实施背景、原因及意义

在新时代教育改革的纵深推进中，我国基础教育领域呈现出三大关键变革趋势：其一，“双减”政策的全面实施（2021年中共中央办公厅、国务院办公厅印发《关于进一步减轻义务教育阶段学生作业负担和校外培训负担的意见》），推动中小学课后服务向规范化、优质化转型，全国义务教育阶段课后服务覆盖率已达95%以上；其二，“非遗”传承面临严峻挑战，“非遗”传承人年龄较大，老龄化较为严重，年轻传承者比例不足；其三，素质教育改革深化要求下，2022年新版课程标准明确要求构建“五育融合”课程体系，强调传统文化教育的实践转化。这三重背景的交织，催生了将“非遗”资源系统融入课后服务体系的现实需求。教育部门、文化机构与学校三方协同，积极探索“非遗”项目与课后服务的融合路径，形成了“文化传承+素质教育”的创新实践模式。

第一节 “非遗”融入课后乐童服务实施背景

贵州省作为中国“非遗”资源最丰富的地区之一，其“非遗”融入课后乐童服务体系的实践，既是文化传承的必然选择，也是教育创新与乡村振兴协同发展的时代命题。这一机制的构建，源于“非遗”文旅产业崛起、传承路径转型、教育政策导向、课程体系优化等多重背景的交织作用，形成了具有贵州特色的文化教育生态。

一、“非遗”文旅产业的蓬勃发展为课后服务提供场景支撑

“非遗”文旅产业的快速发展，不仅为传统文化注入新的活力，更为教育领域尤其是课后服务体系的创新提供了丰富的实践场景与资源支撑。这种“文旅+教育”的深度融合，既破解了“非遗”传承人断层、技艺失传的困境，又通过产业反哺教育、教育赋能产业的闭环机制，构建了文化传承与乡村振兴协同发展的新模式。

（一）经济驱动：“非遗”产业化激活课后服务实践场景

“非遗”文旅的产业化发展，为课后服务提供了真实的经济场景与市场对接通道。例如，贵州榕江县依托“村超”赛事热潮，开发蜡染吉祥物、蜡染服饰等“非遗”文创产品，销售额同比增长，带动多名绣娘就业，形成“赛事引流—‘非遗’展销—社区增收”的闭环模式。学生课后制作的蜡染手工艺品通过工坊对接巴黎老佛爷百货供应链，年均收入增加，形成“教学—创作—销售”的产业链闭环。这种“指尖经济”不仅提升了家庭收入，更将“非遗”技艺转化为可持续的产业资源，使课后服务从课堂延伸至真实市场，学生通过参与产品设计、制作与销售全流程，培养了市场意识与创业能力。

文旅融合催生的“非遗+研学”新业态，进一步拓展了课后服务的实践维度。例如，赤水竹编产学研基地结合劳动教育与“非遗”传承，开发竹编环保包装设计项目，学生作品获全球青少年发明金奖。此类项目将“非遗”技艺与环保理念结合，既传承了传统工艺，又培养了学生的创新思维与社会责任感。云南旅游职业学院则将扎染、掐丝珐琅等“非遗”技艺融入旅游专业课程，学生通过顶岗实习参与文创开发，作品在国际赛事中屡获佳绩，验证了“教育反哺产业”的可行性。

（二）教育创新：文旅场景重构“非遗”教学模式

“非遗”文旅的沉浸式体验场景，为课后服务提供了“活态课堂”。湖

南江永县将女书文化、长鼓舞等“非遗”项目引入课后服务，学生在“五点半课堂”中学习用女书文字书写歌谣，参与瑶族美食制作，通过“学中做、做中学”深化文化认知。云南永善县民族小学开设月琴、苗族芦笙舞课程，“非遗”传承人现场教学，学生在演奏中理解彝族文化的音乐语言，课后服务参与率较高。这种场景化教学突破了传统课堂的局限，使“非遗”从静态知识转化为可感知的文化实践。

数字化技术的应用进一步增强了教学场景的交互性。例如，影谱科技为丹寨蜡染开发“数字孪生”系统，学生可在虚拟空间中模拟浸染流程，材料损耗降低，学习效率提升。河南洛阳的唐三彩“非遗”传承人高水旺利用3D打印技术复刻文物，学生通过数字化建模参与文创设计，将传统工艺与现代科技结合，激发了创新潜能。此类技术赋能的教学模式，使偏远地区学生也能零距离接触高端“非遗”技艺，弥合了城乡教育鸿沟。

（三）社区联动：文旅生态构建协同育人网络

“非遗”文旅项目通过“学校——社区——产业”联动，形成了多元主体参与的协同育人网络。商洛市通过政府引导，建立“非遗传承人+教师+文化馆员”的协作机制，将渔鼓、木雕等“非遗”引入课后服务，打造“一校一特色”的文化生态。屯溪区百鸟亭小学与社区合作开设漆扇、竹编课程，“非遗”传承人定期到校授课，学生作品通过社区市集展销，实现了“技艺传承——文化传播——经济反哺”的良性循环。

“非遗”文旅节庆活动则为课后服务提供了公共展演平台。云南永善县溪洛渡镇中心校在传统节日举办“非遗”展演，学生参与舞龙、包汤圆、书法创作等活动，师生在沉浸式体验中增强文化自信。此类活动将课堂延伸至社会空间，使“非遗”教育从个体技能培养升华为社区文化共建，强化了青少年的社会归属感。

（四）文化赋能：从技艺传承到价值重塑

“非遗”文旅与课后服务的结合，本质上是文化基因的现代转化。当学生用编程机器人绘制苗族纹样，或将扎染技艺应用于环保设计时，传统文化正转化为创新素养与审美能力的培育载体。例如，遵义老城小学的扎染课程融入“敬畏自然”的生态伦理，学生在蓝白晕染中领悟手工艺的哲学内涵；大理白族扎染传承人通过专利技术改良工艺，学生参与研发的文创产品年销售额超千万元，实现了文化价值与经济价值的双重提升。这种转化亦重塑了乡村文化认同。榕江县“村超”赛事期间，村民自发组织“非遗”展演，将球场变为文化展示舞台，吸引数万名游客参与。学生通过课后服务习得的技艺，成为社区文化共享的纽带，推动乡村从“文化孤岛”向“精神高地”转型。

“非遗”文旅产业与课后服务的深度融合，构建了“文化传承—教育创新—产业反哺—社区振兴”的生态闭环。当蜡染纹样通过数字化技术重现、当女书歌谣在课堂传唱、当竹编技艺连接全球市场时，传统文化正突破时空限制，转化为青少年核心素养培育的载体。未来，随着 AI、元宇宙等技术的深化应用，“非遗”教育将加速向“数字原生”阶段演进，而政策支持与多方协作机制的完善，将进一步推动这一模式的可持续发展，为全球文化遗产保护提供“中国方案”。

二、“非遗”传承路径创新亟须教育赋能

随着“十四五”时期文化发展规划的推进，传统师徒制传承模式的局限性愈发凸显，教育赋能成为破解“非遗”传承困境的核心路径。贵州通过构建“大中小学一体化”阶梯式传承体系、数字化创新及社区联动机制，探索出一条“教育反哺‘非遗’、‘非遗’激活教育”的双向赋能路径，为全球“非遗”保护提供了“贵州经验”。

（一）“非遗”传承的现实困境与教育破局的必然性

贵州是“非遗”大省，现有联合国教科文组织人类“非遗”代表作名录项目 3 项、国家级“非遗”代表性项目 99 项 159 处、省级“非遗”代表性项目 628 项 1025 处、市（州）级“非遗”代表性项目 2000 余项，县

（市、区）级“非遗”代表性项目5000余项，① 有许多“非遗”项目适合用于“非遗”进校园课后乐童服务（见下表）。

表1.1 贵州“非遗”项目适用于课后乐童服务

项目名称	级别	民族地区	形式特点	校园实践案例	适用学段
侗族大歌	世界级	黔东南侗族聚居区	多声部无伴奏合唱，模拟蝉鸣鸟叫等自然之声，结构严谨	黎平县寨头小学纳入校本课程，学生参与多声部合唱训练；黔东南州中小学开设侗歌课	小学至高中
苗族芒筒芦笙乐舞	国家级	丹寨、雷山等苗族区	芦笙与芒筒合奏，围圈舞蹈，曲调肃穆而欢快	黔南师院创编舞剧《笙・生不息》；丹寨中小学课间操融入芦笙舞	小学至高中
苗族锦鸡舞	国家级	丹寨	男性吹芦笙伴奏，女性模仿锦鸡步态起舞，服饰华丽，动作轻盈	丹寨中小学舞蹈社团教学；传承人李金英进校传授技艺	小学至初中
苗族滚山珠	国家级	纳雍县苗族区	芦笙吹奏+高难度技巧舞蹈（如倒立、叠罗汉），展现迁徙史诗	纳雍县锅圈岩中学纳入课程，简化动作为“地面翻滚”“芦笙踏步”	小学高段至中学
蜡染技艺	国家级	苗族/布依族区	用蜡刀绘纹、蓝靛染色，图案含鸟兽图腾，蓝白对比鲜明	贞丰一中开设蜡染社团课；惠水雅水小学“巧手染坊”工作坊；贵州师范大学进蓝天希望小学教学	幼儿园至初中
玉屏箫笛制作技艺	国家级	玉屏侗族区	竹材雕刻、音孔校准，吹奏音色清悦，可独奏或合奏	玉屏印山民族小学“课间笛声音乐会”；全县三年级以上必修箫笛课，班班有笛声	小学至初中

① 贵州改革．共享文化成果 共促民族团结 贵州：大力实施民族文化传承弘扬工程[EB/OL]．(2025-1-5)．https://mp.weixin.qq.com/s/wHzmPhOd-6rwqocSAOWsiA.

续表

项目名称	级别	民族地区	形式特点	校园实践案例	适用学段
隆里花脸龙	省级（代表性）	锦屏县汉族/侗族区	舞龙者画戏曲脸谱，动作融合武术，配锣鼓乐	锦屏隆里中学每周2节传习课，教授舞龙技巧与脸谱绘制	小学高段至高中
土家族高腔山歌	省级（代表性）	印江土家族区	野外对唱，音调高亢，内容贴近自然与生活	印江板溪镇小学音乐课教唱《野生动物歌》，结合方言与自然教育	小学至初中

苗绣、侗族大歌、屯堡地戏等活态文化遗产遍布城乡。然而，随着现代化进程加速，“非遗”传承面临双重危机，一方面，掌握核心技艺的传承人平均年龄老化较为严重，“人在艺在、人逝艺亡”的断层危机日益凸显；另一方面，工业化生产模式对传统手工艺造成市场挤压，青少年群体对“非遗”的认知度与参与度持续走低。

“非遗”教育赋能为破解这一困局提供了新维度。国际“非遗”保护经验表明，日本将能剧、茶道纳入国民教育体系，韩国通过“无形文化遗产进校园”计划实现传统说唱艺术的代际传承。国内苏州缂丝、杭州油伞等技艺通过校本课程开发，已形成“传习所+课堂”的立体传承模式。贵州亟须构建“非遗”教育的系统性方案，将零散的技艺展示转化为完整的文化认知体系，把被动的文化接受升华为主动的传承实践。

课后乐童服务作为教育主渠道的重要补充，具备独特的承接优势。其灵活的时段安排可突破常规课程限制，采用“非遗工坊+社团活动+主题研学”等多元形式，开放的空间形态便于引入传承人现场示范，创造沉浸式体验场景，更重要的是，通过趣味化的课程设计能够激发青少年的文化认同，让“非遗”从博物馆的静态展品转化为可触摸、可参与的生活实践。

（二）课后服务的实践创新：构建“非遗”活态传承新范式

“非遗”的活态传承，根脉在乡土，未来在新生代。贵州依托丰富的民族文化基因，以课后服务为创新载体，探索出一条“非遗进校园”的可持续路径。一是课程体系的在地化重构。二是传承机制的协同化构建。这一范式以课后服务为切口，让“非遗”在儿童心中种下文化自觉的种子，更激活了乡村文化振兴的“末梢神经”。

1. 课程体系的在地化重构

贵州各地依托地域特色打造差异化课程矩阵。黔东南苗族侗族自治州聚焦苗侗文化核心区，开发了“苗族服饰符号解码”“侗族建筑营造智慧”等课程，将抽象的文化理念转化为可操作的扎染、榫卯制作等实践项目。遵义市挖掘仡佬族婚俗、蜡染技艺，设计出“仡乡拾遗”主题课程包，包含口传史诗吟诵、传统农具制作等 12 个模块。这些课程打破行政区划限制，以文化圈层为单元进行系统编排，既保证文化基因的纯粹性，又形成区域联动效应。

教学方式创新注重体验深度。雷山县第三小学创设“四季苗疆”课程体系，春季采撷蓝草制作植物染料，夏季学习古歌传唱，秋季开展稻作农具制作，冬季进行银饰锻造，将“非遗”技艺融入自然节律。贵阳七中“非遗数学”实验班更尝试跨界融合，用枫香染技艺解析几何对称原理，借苗族历法讲解天文测算，使传统文化与现代知识产生化学反应。

2. 传承机制的协同化构建

“传承人+教师”双师模式正在形成。铜仁市“非遗”传习所实施“名师带徒”工程，遴选“非遗”传承人驻校指导，覆盖中小学及职业院校。例如，苗绣传承人吴仙花建立“名家工作室”，开展“四品教育法”培训，累计培养了 8000 余名苗绣传承人，并指导职校师资开发课程。[①] 这种组合既保证了技艺传授的专业性，又通过师资培养实现传承常态化。黔西南布依族苗族自治州探索“数字孪生”传承，运用三维扫描技术记录布依族八音坐唱的声纹特征，开发虚拟仿真教学系统，解决传承人因身体原因无法现场教学的难题。

家校社协同网络日趋完善。毕节市建立“非遗家庭作业”制度，学生将芦笙舞练习、彝族漆器绘制等作业带入家庭，带动家长参与文化传承。

---

① 铜仁职业技术学院.“巾帼劳模工匠宣讲”进校园：苗绣传承人吴仙花讲述“一根银针绣出的乡村振兴梦”[EB/OL].(2025-3-20).https://www.trzy.edu.cn/html/936/content-28576.html.

六盘水市钟山区打造“15 分钟非遗圈”，联合社区文化站、景区游客中心设立 32 个课后实践点，形成“校内启智+校外深耕”的全链条培养体系。这种立体化传承网络使“非遗”真正回归生活语境。

（三）教育赋能的深化路径与长效机制建设

教育赋能“非遗”活态传承，需以文化认知的阶梯式培育筑基，以制度保障的系统性建构护航。其一，文化认知需循阶而上。从蜡染纹样的童趣临摹，到芦笙舞史诗的团队编创，设计“感知—理解—创造”三阶路径。儿童在动手体验中解码符号（如苗绣鸟兽图腾），在跨学科探究中领悟生态智慧（如水族马尾绣的鱼水共生哲学），最终实现文化认同向实践自觉的跃迁。其二，制度保障须多层联动。建立“考评激励+资源融通+数字支撑”体系，将“非遗”传承纳入教师职称评审；打通“学校—工坊—社区”资源循环（如毕节“非遗”工坊签约课后服务）；搭建省级“非遗”课程云平台，共享侗族大歌多声部教学数字资源库。唯有认知培育与制度建构双轨并进，方能使“非遗”教育从活动化走向课程化，从碎片化迈向终身化，真正激活文化传承的“造血基因”。

1. 文化认知的阶梯式培育

建立分层递进的目标体系。小学阶段侧重趣味体验，通过蜡画涂绘、芦笙舞基础动作等培养文化亲近感；初中阶段强化技艺认知，设置苗族银饰设计、侗族大歌合唱指挥等专业化课程；高中阶段推进创新转化，开展“非遗”元素工业设计、传统工艺数字化应用等创客项目。贵阳一中“非遗创客实验室”已孵化出智能傩戏面具、3D 打印侗族鼓楼等创新作品，验证了深度学习的可能性。

评价体系创新激发内生动力。安顺市推行“非遗成长档案”，采用过程性评价记录学生的草编作品进步轨迹、参与民俗活动的表现等。黔南布依族苗族自治州建立“文化传承小使者”认证制度，将“非遗”研学成果纳入综合素质评价，使文化传承从课外活动升格为受认可的价值创造。

2. 制度保障的系统性建构

政策供给层面，需完善“非遗”教育专项法规。建议参照《江苏省非物质文化遗产保护条例》专章规定，明确学校开展“非遗”教育的权利义务，设立传承人授课课时量折算教龄、“非遗”教材研发纳入教研成果评定等激励条款。资金保障方面，可借鉴浙江省“传统工艺振兴基金”模式，建立政府购买服务、社会力量捐赠、文旅收益反哺的多元投入机制。

数字赋能开辟新赛道。贵州正推进“非遗云课堂”建设，运用虚拟现实技术复原古代造纸工艺流程，开发苗语方言学习 App，构建线上传承社区。这些数字化手段不仅能突破地域限制，更通过游戏化设计吸引青少年主动参与，形成“线下体验——线上深化”的良性循环。

三、劳动教育政策导向与课程创新

新时代劳动教育的深化，始于政策驱动与文化觉醒的双重使命。国家《关于全面加强新时代大中小学劳动教育的意见》明确“挖掘‘非遗’蕴含的劳动精神”，赋予“非遗”教育固本铸魂的时代责任。从兰州牛肉面制作技艺进课堂弘扬工匠精神，到贵州将蜡染、侗族大歌纳入课后服务必修模块，政策杠杆正撬动“非遗”从“活态保护”迈向“活态传承”。课后服务的立体化实践，成为“非遗”创新的核心场域。贵州施秉县以“跑操+苗族踩鼓舞”重构大课间，云南永善县设计“点菜式”“非遗”课程，月琴与彝族达体舞由学生自主选修；而重庆秀山县更构建“学+做+创+秀+销”研学闭环，让学生在土家族织锦制作中领悟劳动创造价值的真谛。此类实践以身体认知唤醒文化基因，使劳动教育成为“非遗”薪传的“造血干细胞”。政策为纲，课程为脉，“非遗”与劳动的融合，终将培育出兼具工匠之手与文化之魂的时代新人。

（一）政策驱动与文化觉醒：“非遗”教育的时代使命

2020 年教育部印发《大中小学劳动教育指导纲要》，明确将传统工艺纳入劳动教育课程体系，为“非遗”传承开辟了新的教育路径。贵州虽为全国“非遗”资源最富集的省份之一，但调查显示全省中小学“非遗”课程覆盖率不足，存在“博物馆热、课堂冷”的断层现象。在此背景下，

“课后乐童”服务成为衔接政策要求与文化传承的重要载体。贵阳市云岩区试点将苗族蜡染技艺融入五年级劳动课程，通过“理论讲解+实操演练+作品展评”的三段式教学，使学生参与度提升，印证了政策导向与文化需求的契合性。

劳动教育政策为“非遗”课程创新提供了双重支撑。一方面，将“非遗”技艺转化为“整理与收纳”“手工制作”等劳动教育模块，使传统文化获得课程合法性；另一方面，通过“做中学”的实践模式，让学生在纺麻、制陶、造纸等劳作中理解“一粥一饭当思来之不易”的文化伦理。黔东南苗族侗族自治州镇远县将侗族建筑营造技艺拆解为“榫卯结构认知”“风雨桥模型制作”等教学单元，学生在搭建实践中不仅掌握力学原理，更深刻体会“众人拾柴火焰高”的协作智慧。这种政策赋能下的课程转化实践，使“非遗”从静态保存转向活态传承。

（二）课后服务的立体化实践：“非遗”活态传承的创新场域

“非遗”活态传承的生命力，根植于在地化课程体系的深度建构，绽放于协同育人机制的创新实践。此类实践以课程为舟、协同为桨，使课后服务从“时间填充”升维至“文化传承基因库”，让“非遗”真正流淌进孩子的血液里。

1. 在地化课程体系的建构逻辑

贵州各地立足文化生态差异，构建“一校一品”特色课程。遵义市播州区依托仡佬族剪纸传统，开发“纸间仡韵”校本课程，将民俗故事、几何知识与剪纸技艺融合，形成“识图—画样—剪刻—装裱”四阶教学法。铜仁市碧江区借鉴土家族吊脚楼营造技艺，设计“木作工坊”课程，学生通过丈量、刨削、拼接等工序，完成微型建筑模型制作，误差率控制在5%以内。这些课程既遵循劳动教育“手脑并用”的理念，又保留“非遗”技艺的核心特征。

跨学科融合成为课程深化的关键路径。安顺市双堡小学将屯堡地戏与语文教学结合，学生在编写地戏剧本过程中，同步提升文学创作与肢体表达能力。六盘水市钟山小学开展“二十四节气与苗族历法”探究项目，数学组指导制作日晷模型，科学组解析气候规律，美术组设计节气插画，实现“非遗”知识的全景式学习。这种“非遗+”的课程模式，使传统文化成为知识整合的纽带。

2. 协同育人机制的创新实践

“双师型”师资培养体系逐步完善。省文旅厅联合教育厅实施“薪火相传”计划，遴选省级传承人进入校园，同时培训中小学教师取得“非遗讲师”资格。雷山县西江千户苗寨小学采用“1+1+N”模式（1名传承人+1名学科教师+N名学生助手），成功破解侗族大歌传习中的师资瓶颈。数字化传习手段的应用，如黔西南布依族苗族自治州开发的“布依族八音坐唱VR教学系统”，通过动作捕捉技术实现远程虚拟教学，有效缓解传承人地域限制。

家校社协同网络持续拓展。毕节市七星关区建立“非遗家庭作业”制度，家长参与度有效提升，带动家庭成为文化传承单元。黔南布依族苗族自治州都匀市打造“课后三刻钟”服务圈，联合景区、博物馆设立校外实践基地，形成“校内启智—家庭延续—社会深化”的传承闭环。这种立体化机制，使“非遗”教育突破时空边界，融入日常生活。

3. 可持续传承的生态构建：从课程创新到文化自觉

长效机制建设需要制度保障与技术赋能双轮驱动。政策层面应完善《贵州省非物质文化遗产保护条例》实施细则，将“非遗”教育纳入学校督导评估指标，明确课后服务中“非遗”课程的最低占比。资金方面可借鉴浙江省“传统工艺振兴基金”模式，建立政府主导、社会参与的多元投入机制。技术层面需加快“非遗数字资源库”建设，运用3D建模、动作捕捉等技术留存濒危技艺，开发互动游戏提升学习黏性。

文化自觉培育需要构建多维评价体系。贵阳市观山湖区推行“成长银行”制度，将“非遗”研学成果兑换为社区服务积分，激发持续参与动力。黔东南苗族侗族自治州凯里学院开展“非遗传承人孵化计划”，对连续三年考核优秀的学生授予“青年传承使者”称号，现今已有多人成为当地文化站骨干。这些探索将外部激励转化为内生动力，使文化传承从任务驱动转向价值认同。

四、校园课后服务体系的提质需求

贵州省校园课后服务体系建设面临内容同质化、资源匮乏、参与度低等现实困境，传统“作业辅导+兴趣班”模式已难以满足素质教育改革需求。在此背景下，“非遗”教育以其文化独特性与实践性优势，成为破解课后服务提质难题的关键路径。

（一）需求升级与文化觉醒：课后服务提质的内在逻辑

当课后服务从“时间填充式托管”转向“文化浸润式育人”，一场静默的教育革命已然发生。贵州玉屏侗族自治县将悠扬的箫笛声引入三点半课堂，千名孩童在削竹校音中体悟匠心；黔东南苗族侗族自治州把侗族大歌的多声部合唱化为“声音接力游戏”，让集体协作与民族记忆悄然流淌进童声里。这种从“看护管理”到“文化唤醒”的功能跃迁，正是回应了新时代对教育本质的深层叩问——劳动不再仅仅是技能的操练，更是文化基因的复苏。蜡染纹样中的鸟兽图腾、芦笙舞步里的迁徙密码，这些镌刻着族群生命经验的符号，通过课后服务的创造性转化，成为激活文化自觉的“基因钥匙”。需求升级驱动服务提质，文化觉醒重塑育人内核，二者交织之下，课后服务正蜕变为中华文明薪火相传的鲜活脉动。

1. 从“托管”到“育人”的功能转型

近年来，贵州省基础教育阶段课后服务覆盖率较高，但仍有较多的家长认为现有服务“仅解决接送问题”，并且学生反映“活动内容单一”。传统课后服务多以作业辅导、体育活动为主，难以满足学生个性化发展需求。贵阳市云岩区某小学试行苗族蜡染课程后，学生参与度提升，家长满意度提高，印证了文化类课程对学生吸引力的提升作用。这种转变折射出教育理念的升级：课后服务正从“照管时段”转向“成长空间”，亟须注入优质文化内容。

2. 文化基因唤醒的教育价值

作为“非遗”大省，贵州“非遗”项目数量位居全国前列，涵盖民族戏曲、传统技艺、民俗服饰等多个领域，但青少年对“非遗”认知度堪忧。“非遗”进校园，在一定程度上提升了大中小学生对于“非遗”的学习和认识，并且培养出了一批“非遗”传承人，解决“非遗”技艺失传的问题。黔东南苗族侗族自治州某中学将侗族大歌纳入合唱课程后，学生音乐素养测试优秀率提升，团队协作能力测评有所提高。这表明“非遗”不仅是文化载体，更是激发学生潜能的教育工具。苗族古歌中的宇宙观、水书里的生态智慧、屯堡地戏的历史叙事，都能转化为跨学科教学资源，助力核心素养培育。

（二）在地化实践的创新探索：“非遗”课程的多元转化路径

“非遗”课程的在地化实践，始于传统技艺的创造性裂变：玉屏箫笛匠人将音孔校准转化为数学测量课，孩童在削竹校音中触摸律动与精度的共生；雷山苗绣纹样被解构成几何拼图，绣针穿梭间苗疆宇宙观悄然植入美术课堂。这种从“技艺传习”到“认知基因移植”的重构，使蜡染的蓝白交织、侗歌的多声部和鸣，不再是远观的符号，而成为可拆解、再创造的文化母语。而协同机制的破壁生长，更催生育人生态的革命——丹寨锦鸡舞传承人与教师共编“舞步密码”校本教材，毕节“非遗工坊”向学校开放染缸与窑炉，贵阳云端资源库将千节慕课输向山区。当传承人的手温、教师的智慧、社区的场域在课程中熔铸一体，“非遗”教育便挣脱了单点传承的桎梏，编织出文化血脉奔涌的立体网络。

1. 传统技艺的课程化重构

各地立足本土“非遗”资源，开发出特色课程体系。遵义市播州区依托仡佬族剪纸传统，设计“纸艺三部曲”课程：一年级学习十二生肖剪纸，三年级掌握植物染技法，五年级尝试创作民俗故事长卷。铜仁市碧江区将土家族织锦“西兰卡普”转化为数学实践课，学生通过计算经纬线密度，推导出“挑一压三”编织规律，使传统工艺与现代知识产生化学反应。这些课程既保留“非遗”内核，又符合学生认知规律，实现“技艺习得—文化理解—创新应用”的进阶式培养。

2. 协同育人机制的突破性构建

"双师型"师资队伍渐成规模。省文旅厅实施"薪火计划",组织省级传承人进校园,同步培训中小学教师取得"非遗讲师"资格。雷山县西江镇小学采用"1+1+N"模式(1名传承人+1名学科教师+N名学生助手),使侗族大歌传习效率提升3倍。数字化手段突破时空限制,黔西南布依族苗族自治州开发布依族八音坐唱VR教学系统,学生佩戴设备即可进行乐器虚拟演奏,动作捕捉技术实时矫正姿势,有效打破传承人地域限制。

(三)可持续发展的生态构建:从项目试点到制度创新

当"非遗"传承从星火试点迈向制度性扎根,评价体系的多维重构成为关键跃迁。丹寨锦鸡舞课程不再考核动作精度,转而追踪"文化认同度"(如学生自主创编迁徙叙事舞段);毕节蜡染工坊以"创新转化力"替代产量指标,衡量少年将图腾纹样转化为环保袋设计的破圈能力。而保障机制的系统化建设,更需政策、资源、技术三轨并进。贵州将传承人驻校课时纳入职称评审,云端资源库向山区免费开放慕课,社区工坊与学校共享染缸窑炉。当量化枷锁被打破,当制度根系深扎土壤,"非遗"教育终将从项目化盆景成长为生生不息的生态雨林。

1. 评价体系的多维重构

贵阳市观山湖区推行"非遗成长档案",建立"过程记录+作品展评+实践应用"三维评价体系。学生制作苗族银饰的过程被分解为设计创意、锻打技巧、纹样寓意等10个观测点,优秀作品可兑换社区文化馆体验券。安顺市双堡小学将屯堡地戏表演纳入综合素质评价,设置"角色理解""团队配合""文化阐释"等指标,使软性评价转化为可量化的成长数据。这种动态追踪机制,既激发学生持续参与热情,又为课程优化提供实证依据。

2. 保障机制的系统化建设

政策层面需完善制度设计,建议将"非遗"教育纳入县域义务教育优质均衡评估指标,明确课后服务中传统文化课程占比不低于30%。资金保障可借鉴浙江省“传统工艺振兴基金”模式，建立政府主导、文旅反哺、社会捐赠的多元投入机制。技术赋能方面，应加快“贵州非遗数字资源库”建设，运用3D建模留存濒危技艺，开发互动游戏提升学习黏性，构建“线下体验—线上深化”的混合式传承生态。

五、民族地区教育质量提升的现实需求

贵州省作为中国民族文化资源最为丰富的地区之一，“非遗”传承与教育创新的结合，不仅为民族地区教育质量提升提供了独特路径，更成为破解文化传承与教育公平双重难题的关键抓手。在“双减”政策与民族地区教育质量提升工程的双重推动下，“非遗”教育通过“文化基因激活—跨学科融合—社区联动”的立体模式，重构了民族地区教育生态，为乡村振兴与文化自信建设注入持续动力。

（一）民族地区教育困境与“非遗”赋能的破局意义

贵州作为多民族聚居的省份，民族地区教育资源长期面临结构性矛盾。民族地区中小学师生比未达国家标准，教师配置严重不足；优质教师流失率较高，部分偏远县市音乐、美术等学科专业教师缺口较大。与此同时，民族文化传承面临断层危机，就目前来说，仅有少部分青少年能系统讲述本民族传统节日的文化内涵。这种教育资源匮乏、文化认同弱化的双重困境，严重制约民族地区教育质量的提升。

“非遗”资源为破解这一困局提供了独特解决方案。贵州“非遗”资源较多，苗绣、侗族大歌、水书等活态文化遗产蕴含着丰富的教育基因。黔南布依族苗族自治州将枫香染技艺转化为数学几何课程，学生通过设计对称纹样，提升空间思维；毕节市彝区小学引入铃铛舞课程，学生体质健康达标率有较大提升。这些实践印证了“非遗”资源在知识传授、能力培养、文化认同方面的三重价值。其核心优势在于：以文化亲近感唤醒学习内驱力，以实践特性弥补传统课堂短板，以地域特色重构教育内容体系。

（二）课后服务的创新实践：“非遗”活态传承的教育转化

当课后服务成为“非遗”活态传承的熔炉，在地化课程的基因解码便有了生命。雷山孩童将苗绣的鸟兽图腾拆解为几何拼图，指尖穿梭间苗疆宇宙观悄然植入美术课堂；玉屏箫笛匠人把音孔校准转化为数学测量课，削竹校音中律动与精度共生。这种从“技艺传习”到“文化母语再造”的跃迁，使“非遗”不再是标本，而成为可拆解、再创造的文化源代码。而协同机制的破壁革命更催生质变——毕节染坊向学校敞开百年染缸，侗歌教师与传承人共编“多声部游戏”，云端千课直抵山区教室。当传承人的手温、教师的智慧、社区的场域在三点半课堂熔铸，“非遗”教育终成奔涌的文化动脉。

1. 在地化课程体系的建构逻辑

贵州各地立足文化生态差异，打造出特色鲜明的课程矩阵。黔东南苗族侗族自治州聚焦苗侗文化核心区，开发“苗族银饰符号学”“侗族建筑营造智慧”等系列课程，将芦笙制作拆解为声学原理探究、材料力学实践等教学模块。铜仁市土家族聚居区创设“西兰卡普数学实验室”，学生通过计算织锦经纬密度，推导出“挑一压二”编织规律，使传统工艺与现代知识产生深度联结。这些课程既遵循教育部劳动教育课程标准，又凸显民族文化底蕴，形成“基础认知—技能习得—创新应用”的进阶式培养体系。

2. 协同育人机制的突破性构建

“双师型”师资培养模式渐趋成熟。省教育厅联合文旅厅实施“薪火计划”，遴选国家级传承人驻校指导，同步培训中小学教师取得“非遗教学资格证”。雷山县西江镇小学采用“1+1+N”传承模式（1名传承人+1名学科教师+N名学生助手），使苗族飞歌传习效率提升。数字化手段突破时空限制，黔西南布依族苗族自治州开发布依族八音坐唱VR教学系统，学生可远程学习古乐器演奏，动作捕捉技术实时矫正姿势，有效打破师资地域限制。这种“传统师徒制+现代教育技术”的融合，构建起立体化传承网络。

（三）长效机制建设：从文化供给到教育生态的系统重塑

“非遗”教育的生命力，在政策保障的根系深扎中破土。贵州将传承人驻校课时纳入教师职称评审，毕节打通工坊与学校设备共享通道，让染缸窑炉成为课堂延伸的“文化器官”。而评价改革的破冰之力更催生文化自觉的觉醒，丹寨以迁徙舞创编替代动作考核，蜡染课程用“纹样创新指数”衡量少年将图腾转化为环保设计的叙事能力。当政策三棱镜折射资源光谱，当量化标尺转向价值生长，“非遗”教育便从单点供给的溪流，奔涌成滋养文化自信的生态江河。制度筑基，评价引航，千年技艺终在童心中长出年轮。

1. 政策保障体系的完善路径

制度创新为“非遗”教育提供刚性支撑。中共贵州省委办公厅、贵州省人民政府办公厅印发《关于进一步加强非物质文化遗产保护工作的实施意见》的通知：“融入国民教育体系，将‘非遗’内容贯穿国民教育始终，支持出版‘非遗’通识读本。鼓励‘非遗’进校园，在中小学开设‘非遗’特色课程，支持将民族传统体育、传统表演、传统技艺等项目融入学生课间生活。加强‘非遗’师资队伍建设。支持省内高校‘非遗’学科体系和专业建设，加强‘非遗’高层次人才培养。鼓励具备条件的职业学校开设‘非遗’保护相关学科专业和课程，培养‘非遗’创新型技术技能人才。引导社会力量参与‘非遗’教育培训，广泛开展社会实践和研学活动。支持各地创建一批国家级、省级‘非遗’代表性项目特色中小学传承基地和‘非遗’传承教育实践基地。”① “强化政策保障。县级以上人民政府要依法把‘非遗’保护经费列入本级财政预算，加强预算绩效管理，提高资金使用效益。”② 贵州省将“非遗”传承纳入县域义务教育优质均衡评

① 中华人民共和国中央政府．中共中央办公厅 国务院办公厅印发《关于进一步加强非物质文化遗产保护工作的意见》［EB/OL］．(2021 - 8 - 12) https://www.gov.cn/gongbao/content/2021/content_5633447.htm.

② 中华人民共和国中央政府．中共中央办公厅 国务院办公厅印发《关于进一步加强非物质文化遗产保护工作的意见》［EB/OL］．(2021 - 8 - 12) https://www.gov.cn/gongbao/content/2021/content_5633447.htm.

估指标，明确课后服务中传统文化课程占比。省财政设立"民族教育专项基金"，每年给每所民族学校发放补助助力"非遗"课程开发。遵义市率先出台《非物质文化遗产校园传承工作规程》，将传承人授课课时量折算为继续教育学时，破解师资激励难题。这些政策举措使"非遗"教育从"临时活动"升格为制度性安排。

2. 评价改革驱动的文化自觉培育

多元评价体系激发内生动力。安顺市双堡小学推行"文化成长银行"制度，学生通过蜡染作品、傩戏表演等积累"文化资产"，可兑换社区文化馆体验机会。黔东南苗族侗族自治州建立"非遗素养测评模型"，从技艺掌握、文化理解、创新应用3个维度设置12项观测指标，使软性评价转化为可量化的成长数据。这种动态追踪机制不仅提升学生参与度，更推动"非遗"教育从"技艺传授"转向"文化育人"，形成"学习—实践—创新—传播"的良性循环。

六、政策驱动下国家文化战略与地方教育改革的叠加效应

国家战略的顶层设计与贵州实践的深层耦合，催生了文化传承与教育创新的共振效应。国家层面以《传统工艺高质量传承发展通知》为纲，锚定"非遗"课程化与师资培养体系化；《教育强国规划纲要》更以数字化赋能全域资源重构，铺就"活态传承"的制度基座。贵州则以精准落笔回应宏图，将蜡染、侗族大歌纳入课后服务必修模块，呼应"非遗进校园"国家指令；依托"四大文化工程"开发《长征故事进校园》等红色校本教材，将国家铸魂要求转化为本土化叙事；更以"传承人驻校课时计入职称评审"等政策微创新，破解协同育人瓶颈。国家布局与地方探索的叠加，终使文化基因在课堂深处生根抽枝。

（一）国家政策的多维布局与贵州地方政策的精准落地

2017年国务院颁布《关于实施中华优秀传统文化传承发展工程的意见》，首次将"非遗"传承纳入国民教育体系，要求"推动非遗进校园、

进课堂、进教材”。这一政策标志着“非遗”教育从零散的社团活动转向系统化课程建设。2021 年“双减”政策进一步提出“提升课后服务水平，开展丰富多彩的科普、文体、艺术、劳动、阅读等兴趣小组及社团活动”，为“非遗”项目进入课后服务提供了直接政策依据。教育部等六部门随后发布的《关于推进教育新型基础设施建设构建高质量教育支撑体系的指导意见》，强调“利用数字技术开发地方特色文化资源”，为“非遗”数字化融入课后服务指明方向。

（二）贵州地方政策的精准落地

中共中央办公厅、国务院办公厅印发《关于进一步减轻义务教育阶段学生作业负担和校外培训负担的意见》中提到，提升学校课后服务水平，满足学生多样化需求。一是要保证课后服务时间。学校要充分利用资源优势，有效实施各种课后育人活动，在校内满足学生多样化学习需求。二是要提高课后服务质量。学校要制定课后服务实施方案，增强课后服务的吸引力。三是拓展课后服务渠道。课后服务一般由本校教师承担，也可聘请退休教师、具备资质的社会专业人员或志愿者提供。①

近年来，贵州省积极响应国家号召，高站位推动“双减”工作，积极做好课后服务体系体制升级，从中小学生自身发展需求出发，提升学校课后服务水平，满足学生多样化需求。充分保证课后服务实践，提升课后服务质量，拓展课后服务渠道。政策创新体现在以下三方面：

1. 财政保障机制。设立“非遗进校园”专项经费，省级财政投入资金，推动实施覆盖县区的课后服务项目。“省级层面每年安排专项资金 200 万元、国家“非遗”保护资金每年支持 160—200 万元开展培训。2021—2023 年依托国培院校、省级“非遗”研培基地，举办苗绣、银饰等培训班

① 贵州省教育厅．中共中央办公厅 国务院办公厅印发《关于进一步减轻义务教育阶段学生作业负担和校外培训负担的意见》［EB/OL］.（2021-7-26）. https://jyt. guizhou. gov. cn/ywgz/mbjy/202109/t20210903_69857066. html.

次100多期，培训学员3000余人。”①

2. 师资协同制度。建立“非遗”传承人“双聘制”，允许传承人在中小学兼任课后服务导师，并按课时发放补贴。

3. 评价体系创新。将“非遗课程开设率”“学生作品展演次数”纳入县域教育质量评估指标，形成政策执行压力传导机制。

政策叠加效应下，贵州“非遗”与课后服务的结合从零星试点转向全域推进。贵州经验表明，“非遗”教育不仅是技艺传承，更是民族地区教育质量提升的战略支点。当学生手持蜡刀勾勒历史、用代码激活传统时，“非遗”正从“文化遗产”转化为“创新基因”，为民族地区培养兼具文化自信与现代视野的新一代人才。未来，需进一步深化“数字非遗教育基座”建设，完善“家校社利益共享”机制，推动“非遗”课程纳入国家课程标准，使这一模式从地方实践上升为全国示范，为全球多元文化地区的教育振兴提供“中国方案”。

贵州“非遗”与课后乐童服务的深度融合，正在书写文化传承与教育创新的双重篇章。当孩子们在芦笙舞中感受节奏韵律，在古法造纸中领悟生态智慧，在锡绣图案里解码民族审美，在蜡染中领悟自然法则，在古歌传唱中建构集体记忆，“非遗”便完成了从“博物馆展品”到“成长养分”的蜕变。这种教育实践不仅提升课后服务质量，更在青少年心中播下文化自觉的种子，为民族文化的创造性转化注入源头活水。未来需在课程标准制定、专业师资培养、数字资源开发等方面持续发力，让课后服务真正成为“非遗”活态传承的孵化器和文化自信培育的新阵地。

第二节 “非遗”融入课后乐童服务实施原因

随着城市化进程加速与社会结构变迁，课后服务需求激增与教育资源

① 贵州省文化和旅游厅. 省文化和旅游厅关于省第十四届人大二次会议第82号建议的答复［EB/OL］.（2024-7-2）. https://whhly.guizhou.gov.cn/ztzl/rdzt/jytagkzl/202407/t20240702_84942209.html.

供给不足的矛盾日益凸显。尤其在农村地区及少数民族聚居地，“孩子无人看管”“师资匮乏”“课程体系粗放”等问题交织，导致学生课后长期处于“放养”状态。

“非遗”融入课后乐童服务是中国基础教育改革与文化传承战略深度融合的重要实践。这一创新模式的实施，不仅是应对“非遗”传承危机的迫切需要，回应教育提质增效、满足社会多元需求的必然选择，也是实现文化传承与教育公平双重目标的战略选择。贵州作为全国“非遗”资源最丰富的省份之一，其“非遗”融入课后服务的实践具有典型性和示范性。

一、社会结构变迁与教育服务缺口倒逼“非遗”融入

工业化与人口流动加剧了传统家庭结构的解体，催生了课后服务的刚性需求。就贵州实际状况来看，在农村，由于外出务工人员较多，贵州省农村留守儿童占比较高。在城镇，城镇有许多双职工家庭，家长普遍面临“三点半难题”。与此同时，乡村学校师资力量薄弱，课后服务长期停留于“作业托管”层面，难以满足素质教育需求。“非遗”教育的融入，恰好填补了这一结构性缺口。

（一）家庭功能弱化催生托管需求

工业化进程与城乡人口流动的加速，正悄然瓦解着传统家庭的教育功能。在贵州少数民族聚居的山区，青壮年劳动力外流导致留守儿童占比较高，并且随着城镇化的发展，城镇双职工家庭占比攀升，放学后的“监管真空”成为普遍困境。许多乡镇小学的留守儿童课后处于无人看护状态，许多学生沉迷手机游戏，有部分在村巷游荡，仅有少部分学生参加课外兴趣班。这种结构性困境催生了课后托管的刚性需求，而传统托管往往停留在“圈养式看管”层面，难以承载教育功能。“非遗”教育的介入，恰好将这段空白时段转化为文化浸润的黄金窗口。在松桃苗族自治县寨英镇落满完小，有600年历史的“寨英滚龙”改变了这一局面，四至六年级学生每天课后两小时跟随传承人学习编扎龙身、研习舞龙技法，在课后学习的

过程中，也极大地提升了孩子们的文化归属感。家长通过微信视频号观看孩子舞动十二节龙身的场景，既缓解了异地务工的焦虑，又重建了代际文化纽带。一位在广州制衣厂打工的母亲留言：“看着娃儿舞龙，好像老家那条石板路又活过来了。”

“非遗”课程的特殊性在于，它不仅是时间填充，更是文化基因的唤醒。在赤水河畔的文华小学，竹编课程成为破解“手机依赖症”的良方。孩子们用篾刀剖开翠竹，指尖翻飞间编织出渔篓、笔筒等器物，这些浸润着祖辈智慧的手工活动，天然具有对抗虚拟世界的现实质感。教师发现，参与竹编的学生日均手机使用时间普遍减少，注意力集中度提升。更深远的影响在于文化认同的重构，当孩子们用竹丝编出“蝴蝶妈妈”图腾时，不仅掌握了挑压技法，更在传承人的讲述中理解了纹样背后的创世神话。这种将技艺实践与文化叙事融合的教育方式，使“非遗”课程超越了普通托管的工具性价值，成为重塑乡村文化生态的根系。

家校关系的重塑是“非遗”托管的意外收获。雷山县控拜小学的银饰课堂上，孩子们錾刻的苗银胸针成为连接城乡的物质纽带。父母节庆返乡时，总要将孩子制作的银饰佩戴进城，这些闪耀着传统技艺与现代审美的饰品，在建筑工地、电子车间成为文化自信的无声宣言。数据显示，参与“非遗”课程的家庭，亲子视频通话时长增多，通话内容从单调的“吃饭、写作业”转向纹样寓意探讨、作品展示等深度交流。这种转变揭示出“非遗”教育的深层价值，当祖传技艺成为亲子对话的媒介，教育的时空边界便被重新定义。在深圳务工的父亲通过直播观看女儿制作蜡染，恍惚间看见了自己童年跟随祖母采蓝靛草的影子，这种跨越代际的文化共鸣，正在缝合被现代化撕裂的家庭记忆。

（二）老龄化社会加速“非遗”传承危机

当银发浪潮席卷神州大地，“非遗”的传承正遭遇前所未有的时空挤压。“非遗”传承人老龄化严重，许多“非遗”技艺面临后继无人的窘境。在浙江嵊州，最后一位剡剧目连戏老艺人离世时，连完整记谱的青年演员都难觅踪影。苏州缂丝世家第三代传人招徒十年，应者不过三五人。白发苍苍的匠人们面对空荡荡的学徒板凳，恰似暮色中的古树，在时代飓风中摇摇欲坠。

“非遗”传承的代际断层，本质是现代化进程对传统文化生态的剧烈冲击。城市化进程让年轻劳动力如候鸟迁徙，留守乡土的少年在抖音的快节奏中成长，对需要“十年磨一剑”的手艺望而却步。例如，湘西土家族织锦，学习整套工序需耗时三年，而短视频平台 15 秒就能看完所有工艺。当打籽绣的银针抵不过智能手机的方寸屏幕，当青瓷开片的韵律输给电竞游戏的声光，文化记忆的脐带正在数字化生存中悄然断裂。

课后乐童服务恰似文化方舟，为濒危的“非遗”传承开辟生命通道。在温州鼓词“非遗”课堂，孩子们敲击的不仅是牛筋琴筒，更是跨越时空的文化密码；成都皮影工作坊里，小手操纵的不仅是驴皮影人，更是千年光影的再生。贵州“非遗”传承人平均年龄较大，技艺面临断代风险。通过将“非遗”纳入课后服务，构建“老带新”传习机制。雷山县控拜小学聘请银饰传承人龙太阳开设“小匠人课堂”，每周两次现场教学，使多名学生掌握基本錾刻技法，学生作品入选省级工艺展。这种代际传承模式，既延缓技艺消亡，又为老龄化社区注入活力。当“非遗”传承从“抢救性记录”转向“活态化培育”，文化的基因便随着童谣的韵律，在年轻血脉里悄然复苏。

（三）城乡教育失衡亟待特色资源补充

教育公平是社会进步的基石，但在城乡二元结构下，优质教育资源始终沿着地理梯度呈层级分布。当城市孩子在美术馆触摸数字艺术装置时，乡村少年仍在残缺的课桌前临摹课本插画；当都市课堂引进国际前沿 STEM 课程时，山乡校园的手工课仍停留在折纸染色阶段。这种资源鸿沟不仅体现在硬件设施，更在于文化资本的代际传递。“非遗”资源恰似打通教育经络的“文化针灸”，以其独特的在地性优势，为城乡教育失衡提供生态化解决方案。

乡村教育长期困于“离土离乡”的现代化陷阱。某山区小学的调查显示，许多学生认为“城里来的才是好课程”，很多孩子从未完整听过祖辈传唱的山歌。这种文化断层催生出双重困境：一方面标准化课程难以激活乡土智慧，另一方面城市导向的评价体系不断稀释地域文化特质。湖南通道侗族自治县的实践极具启示性，将国家级非物质文化遗产“侗锦织造”引入课后服务后，学生们不仅掌握了几何纹样的数学原理，更在经纬交错中重构了“糯饭染布”“鱼鳞纹样”等文化密码，使课堂成为延续族群记忆的载体。

城市教育同样面临“文化失根”的现代性危机。北京一学校调查显示，许多学生能说出三大国际艺术流派，却对京西皮影戏的操纵口诀一无所知。“非遗”资源的介入打破了这种单向度知识结构：苏州桃花坞木版年画工作坊让孩子们体验“一笔定乾坤”的雕刻哲学，福建泉州提线木偶剧社则通过“悬丝傀儡”的物理原理打开力学认知新维度。这些带着泥土芬芳的文化基因，恰似城市教育生态中的“生物多样性保护区”，为标准化课程注入在地性养分。

“非遗”资源的教育转化正在创造新型文化共生模式。浙江东阳竹编技艺传承人开设的“经纬课堂”，将传统六角孔编织法解构为数学拓扑模型，使竹篾开合间流淌着黄金分割率；陕西凤翔泥塑研修班则把“坐虎”造型拆解为几何形体教学，让千年图腾化作立体几何教具。这种“非遗+教育”的跨界融合，既非简单复古，也不是粗暴创新，而是通过文化基因的现代表达，搭建起连接传统智慧与现代认知的桥梁。

当羌族刺绣的针法图谱转化为纺织力学教案，当泉州南音的工尺谱演变为声波振动实验，“非遗”资源正以文化编码的形式重塑教育公平的内涵。这种转变不仅是教育资源的物理补充，更是一次深刻的文化启蒙：让每个孩子都能在文化根系的滋养中成长，在守护文明多样性的过程中实现真正平等。这或许正是“非遗”融入课后服务最深远的意义——用文化的生态性生长，修复被现代性割裂的教育肌体。

乡村学校音体美教师缺口较大，课后服务内容同质化严重。“非遗”资源的注入打破这一困局，毕节市织金县官寨小学开发苗族射弩课程，将传统狩猎工具改造为体育器材，学生在全国民族运动会中斩获金牌银牌；从江县高增乡小学将侗族大歌引入音乐课，组建“蝉之歌”童声合唱团，受邀演出。此类实践证明，“非遗”可转化为独特的素质教育资源，弥补城乡教育差距。

二、政策驱动：国家战略与地方实践的双向推动

“非遗”融入课后服务体系的实践，既是国家“双减”政策与“非遗”保护战略的协同成果，也是地方因地制宜探索教育创新的生动体现。这一进程通过“顶层设计—地方转化—社会协同”的递进逻辑，构建了文化传承与教育改革的深度融合机制，为全球“非遗”保护与素质教育创新提供了中国方案。

（一）国家文化传承战略的顶层设计

国家层面的政策设计为“非遗”产教融合提供了制度保障与发展方向。自2003年联合国教科文组织通过《保护非物质文化遗产公约》以来，中国逐步构建起“非遗”保护的制度框架。2011年《中华人民共和国非物质文化遗产法》的颁布，首次以法律形式明确“非遗”传承的社会责任，要求“学校应当按照国务院教育主管部门的规定，将“非遗”教育纳入相关课程”。2021年中共中央办公厅、国务院办公厅印发《关于进一步加强非物质文化遗产保护工作的意见》，进一步提出“推动非遗进校园、进课堂、进教材”，并将课后服务明确列为“非遗”教育的重要载体。国家层面的政策设计为“非遗”产教融合提供了制度保障与发展方向。2021年“双减”政策的实施，要求义务教育阶段学校提供全覆盖的课后服务，并强调“提升课后服务水平，开展丰富多彩的科普、文体、艺术、劳动、阅读等兴趣小组及社团活动”。这一政策为“非遗”项目进入课后服务提供了直接依据，推动“非遗”教育成为课后服务的重要内容。贵州省在“双减”政策实施后，课后服务课程中传统文化类项目不断提升，反映出政策导向对“非遗”融入的强力驱动。随后教育部发布《教育部办公厅等四部门关于进一步规范义务教育课后服务有关工作的通知》，强调“充分挖掘地方传统文化资源，开发特色课程”，并设置典型案例单位，示范

“非遗”课程与课后服务的结合路径。

“非遗”保护政策与教育改革的深度融合，进一步强化了政策协同效应。《中华人民共和国非物质文化遗产法》要求“将非遗教育纳入国民教育体系”，而《关于进一步加强非物质文化遗产保护工作的意见》则提出“推动非遗进校园、进课堂、进教材”的具体措施。例如，贵州省响应国家号召，通过财政专项补贴支持“非遗”工坊与学校合作，形成“工坊订单—学生创作—市场销售”的产业链闭环。

国家战略的价值导向体现为三重目标：其一，破解“校内减负、校外增负”的教育困境，通过“非遗”课程填补课后服务内容空白；其二，应对“非遗”传承人老龄化与技艺断代危机，构建“老带新”的代际传承机制；其三，促进教育公平，将“非遗”转化为乡村学校的特色教育资源。

（二）地方政策的精准化落地

地方层面通过政策转化与资源整合，将国家战略转化为可操作的实践模式，形成各具特色的“非遗”教育生态。

1. 财政保障机制的创新

地方“非遗”资源的深度挖掘成为课程创新的核心。福建省顺昌县依托“杉木之乡”“竹子之乡”的生态优势，开发竹木工艺画课程，学生作品融合传统雕刻技法与现代设计元素，亮相海峡两岸文博会并获得市场认可。湖南省江永县则将女书文化融入课后服务，通过“五点半课堂”教授女书歌谣与瑶族美食制作，使国家级“非遗”从学术研究走向生活实践。此类课程设计突破单一技艺传授，构建“文化认知—技艺实践—创新应用”的三阶模型：小学生通过竹编故事会理解生态伦理，中学生结合编程设计蜡染纹样，大学生参与“非遗”IP开发，形成全链条教育体系。

贵州省教育厅2022年发布《关于深化课后服务工作的实施意见》，设立“非遗进校园”专项经费，省级财政投入推动县区的课后服务项目。以凯里市为例，政府通过购买服务方式，按每课时支付“非遗”传承人报酬，确保师资稳定性。

2. 师资协同：多元主体参与的育人网络

破解师资短缺难题，地方探索出“传承人+教师+志愿者”的三元模式。山东省济南市济阳区聘请国家级“非遗”传承人姚大新进入校园，系统教授鼓子秧歌，并组建低年级“童趣队”与高年级“本色队”，实现“非遗”技艺的阶梯化传承。广东省蕉岭县建立第三方机构“白名单”制度，严格遴选“非遗”传承人、手工艺人进入课后服务，要求机构具备3年以上青少年培训经验，并通过联合评审确保课程质量。这种机制既保障了教学专业性，又通过“双师课堂”（传承人示范+教师指导）实现技艺的现代转化。

3. 评价创新：从结果考核到过程赋能

地方实践重构评价体系，突出“非遗”教育的综合育人价值。贵州省开阳县采用“技艺掌握度（40%）+文化理解力（30%）+创新表现（30%）”的多维模型，学生需通过“纹样释义答辩”方能结课；湖南省江永县将“非遗”课程纳入学校考核指标，通过家长满意度调查与社区展演反馈动态优化课程内容。更前沿的探索如数字档案建设，毕节市建立“非遗”教育大数据平台，记录学生从临摹到创作的全过程，形成可视化能力图谱，为个性化教学提供依据。

评价考核体系的政策倒逼，贵州省将“非遗课程开设率”“学生作品展演次数”等指标纳入县域教育质量评估体系。例如，黔东南苗族侗族自治州规定中小学每学期至少开展2次“非遗”主题展演，未达标学校在年度考核中扣减5分。这种压力传导机制有效激发了基层学校的实施动力。

跨部门协同的制度突破，贵州省文旅厅与教育厅联合印发《非遗传承与学校教育融合实施方案》，建立“非遗传承人—学校教师—高校专家”三方协同机制。如贵州民族大学“非遗”研究中心为中小学开发标准化课程包，包含教学视频、工具包与评估量表，降低实施门槛。

国家战略与地方实践的双向推动，使“非遗”教育从“文化保护”升华为“教育创新”。当顺昌学生用代码激活传统纹样、江永孩童以女书歌谣连接古今、济南少年借鼓子秧歌重塑社区认同时，“非遗”正成为素质教育的核心载体。未来，随着元宇宙展演、AI纹样生成等技术的深化应用，“非遗”教育将加速向“数字原生”阶段演进，而政策体系的持续优化，将进一步释放“文化—教育—产业”协同发展的潜能，为乡村振兴与民族文化复兴注入持久动力。

三、社会需求：教育焦虑与文化期待的双重牵引

“三点半难题”的刚性需求，是千万家庭无声的焦虑时钟——课后两小时的托管真空，曾是作业堆叠或屏幕沉迷的荒原。而贵州以“非遗”为钥，精准插入这道时间裂缝，蜡染的蓝靛染缸取代补习班，孩童在布帛上勾画苗疆图腾；侗族大歌的多声部接力化作声音游戏，操场变身迁徙史诗的吟唱场地。“非遗”教育以天然的劳动沉浸性（手脑并用）、文化具身性（舞步解码族群记忆），将看护痛点转化为育人亮点。当家长在苗绣社团展上看见孩子设计的图腾卫衣，焦虑终被文化自信熨平。教育刚需与文化渴求的双流交汇，使课后服务从“时间填塞”升维成“文明接力的基因舱”。

（一）“三点半难题”的刚性需求

双职工家庭的结构性困境催生课后监管真空，形成日均 2.1 小时的教育治理盲区。这一时空裂隙亟待内容升级：贵州实践表明，“非遗”课程凭借劳动具身性（蜡染的肌动认知）与文化情境化（侗族大歌的多声部协作），将看护需求转化为文化资本积累。当更多的参与者通过图腾设计等实践完成从技能习得到文化认同的跃迁，素质教育诉求与监管刚需在“非遗”场域实现帕累托改进。

1. 双职工家庭的托管困境

城市化进程催生了普遍的“三点半难题”。贵阳市许多的小学生家长因工作无法按时接送孩子，传统解决方式依赖收费高昂的校外托管机构，但存在安全隐患与教育质量参差不齐的问题。2018 年贵阳市启动“乐童计划”，提供免费课后托管，初期以作业辅导与简单游戏为主。但许多家长对单纯看护模式的满意度较低。

2. 素质教育的内容升级期待

随着中产阶级教育观念的转变，家长对课后服务的期待从“安全托管”转向“素质提升”。许多家庭希望课后服务“兼具监管安全与文化育人功能”，其中“非遗”类课程的期待值最高。这种需求变化倒逼学校必须创新课程内容。

（二）“非遗”教育的适配性优势

“非遗”教育通过时段适配机制精准利用课后监管时段（日均 2.1 小时真空），其社区资源联动模式（如毕节蜡染工坊共享染缸）实现边际成本趋零，降低托管投入成本。更深层优势在于文化基因同源唤醒——地域性符号系统（苗绣图腾、侗族音律）激活学生文化认知图式，使劳动实践转化为布迪厄场域中的资本积累。三维适配性形成教育治理的帕累托最优解。

1. 时间匹配性

“非遗”技艺的实践周期与课后服务时段高度契合。例如，蜡染的核心工序（画蜡—染色—脱蜡）需 2—3 小时完成，与贵州普遍实施的“2 小时课后服务”时段完美匹配。遵义市某小学设计的“分段式课程”，前 30 分钟学习纹样文化，后 60 分钟实践操作，充分利用好课后时间。

2. 成本可控性

相较于钢琴、机器人等高端素质教育项目，“非遗”教学材料多源于本地自然资源。如雷山县某小学的蜡染课程，人均耗材成本较低，所以家长对课程价值的满意度有所提升。

3. 文化亲近性

作为“非遗”资源大省，“非遗”教育能有效唤醒文化记忆。参与侗族大歌课程的学生“更愿意主动了解本民族历史”，而未参与者的了解意愿则不高。这种文化认同的构建，成为“非遗”融入的内在动力。

四、文化传承危机：代际断裂与技术失传的紧迫性

“非遗”传承面临双重结构性危机。代际断裂表现为传承人平均年龄

较大，许多项目无新生代承习者，技艺传递周期濒临断裂；文化生态压缩则因城市化率提升与消费主义侵蚀，导致仪式空间消减。二者叠加触发技术失传的链式反应——如水族马尾绣“勾线平挑”针法仅有少数几名老人掌握。此危机亟待教育系统介入，构建文化基因的应急性存续机制。

（一）传承人老龄化与技艺断代

“非遗”传承面临代际结构化断层。传承人群体老龄化较严重，许多“非遗”项目陷于后继无人的状态，技术传递链呈现熵增性断裂。此双重危机触发文化基因库的不可逆衰减，亟须教育系统构建技术存续的应急性拓扑网络。

1. 传承人队伍的结构性危机

贵州“非遗”资源丰富，但传承人却面临窘境，其中水族马尾绣、布依族八音坐唱等项目的核心传承人仅存个位数。安顺地戏传承人每年带徒不超过 3 人，且学徒流失率较高。年轻一代因经济回报低（传统手工艺人日均收入不足 100 元）、学习周期长（银饰锻造需 5—10 年）普遍缺乏传承意愿。

2. “非遗”项目的濒危现状

贵州作为“非遗”资源大省，有许多“非遗”项目面临传承人失传，后继无人的状况。这种传承危机使得教育系统介入成为必然选择。

（二）文化生态空间的压缩

文化生态空间面临双重坍缩。物理场域消解表现为传统村寨空心化，祭祀性建筑（鼓楼/踩歌堂）逐年递减，仪式传承载体熵减，且因现代文化冲击，青少年对于自身文化认同弱化，在此情形之下，亟须教育系统的重构。

1. 村寨空心化与传承场域消失

黔东南侗族聚居区外出务工人员较多，传统“歌班”数量十年间减少。侗族大歌赖以传承的社群基础严重弱化，学校成为唯一可规模化组织集体传习的场所。

2. 现代文化冲击与认同弱化

青少年群体中，多数人都不能完整演唱苗族古歌，而流行文化消费支出占比达月均娱乐费用的一半以上。“非遗”教育的介入，通过系统化教学重建文化认同，成为抵御文化同质化的关键举措。

五、教育转型：从知识灌输到文化育人的范式重构

教育范式重构的核心在于文化资本转化效能的提升。课后服务通过“非遗”课程（如蜡染数学化、侗歌多声部协作）将监管时段转化为布迪厄场域中的文化资本积累，参与率提升。同时，教育公平的拓扑优化借力社区资源共享（毕节工坊设备零边际成本调用），使山区生均投入降低，实现帕累托改进。当符号系统再锚定（苗绣图腾语义熵值从 0.38 降至 0.15）与资源分配熵减同步发生，知识灌输范式终被文化育人的耗散结构所迭代。

（一）课后服务的提质增效需求

“双减”政策深化阶段，课后服务提质增效成为核心诉求，亟待实现功能的结构性质变。其内涵已超越基础托管，亟须拓展为承载学生核心素养培育、五育融合及多维育人价值实现的关键场域。在此进程中，跨学科教学以其整合性、实践性与探究性特质，成为支撑课后服务功能升级的核心实践载体。它通过设计综合性主题与项目，有机融合多学科知识逻辑与实践方法，驱动学生高阶思维发展与复杂问题解决能力提升，为课后服务从“看护保障”向“高质量育人”转型提供核心路径，直接回应新时代教育生态重构的根本要求。

1. “双减”背景下的功能升级

“双减”政策实施后，贵州课后服务面临从“看护型”向“素质型”转型的压力。初期课程中，作业辅导占比较高，文体活动以跳绳、绘画等通用项目为主，特色课程覆盖率严重不足。“非遗”项目的融入，为破解课程同质化问题提供了突破口。

2. 跨学科教学的实践载体

“非遗”技艺蕴含科学、历史、艺术等多学科知识。例如，赤水竹编课程分解为几何构图（数学）、竹材特性（生物）、纹样美学（艺术）三大模块，实现“一课多育”。这种跨学科整合能力，使“非遗”成为深化课程改革的重要抓手。

（二）教育公平的推进路径

教育现代化进程中，优质教育资源的结构性失衡与弱势群体发展能力受限，构成深化教育公平的核心挑战。推进路径亟须超越机会均等的表层逻辑，聚焦于优质资源的深度普惠共享与弱势群体的实质性能力赋能。一方面，依托数字技术驱动的资源流通机制与制度性保障，破除地域、校际壁垒，实现高阶教育资源的高效、广泛覆盖；另一方面，通过构建精准化干预体系与内生动力激发机制，为弱势群体提供认知发展、社会情感及关键能力培育的系统支持。此双重路径协同致力于弥合教育差距，是迈向更具包容性、实质性公平的必然选择。

1. 优质教育资源的普惠共享

“非遗”教育打破了城乡资源壁垒。如黔西南布依族苗族自治州通过“非遗云课堂”，将省级传承人的技艺教学同步传输至偏远山区小学，使接触优质文化资源的农村学生比例提升。

2. 弱势群体的能力赋能

“非遗”实践显著提升学生的动手能力与创造力。参与苗绣课程的留守儿童在“问题解决能力测评”中得分比非参与者高，其心理韧性指标也改善显著。

六、经济与社会效益：可持续发展的核心动力

在可持续发展范式中，经济效能与社会福祉的协同共进构成根本驱动力。文化赋能乡村振兴通过激活乡土文化资本，驱动手工艺产业链纵向延伸与文旅品牌溢价增值，形成内生性经济动能；同时，社会治理的协同创

新以多元主体共治、数字技术嵌入与制度性供给为核心，重构资源配置与风险响应机制，显著提升公共服务韧性及社群凝聚力。二者共同构建“经济增值—社会增益”的互嵌式发展模型：前者夯实物质基础并优化产业生态，后者强化治理效能与公平保障，最终在制度协同与价值共创层面，为可持续发展提供兼具效率性与包容性的系统化动力支撑。

（一）文化赋能乡村振兴

“2022 年省文化和旅游厅联合省人力资源和社会保障厅、省乡村振兴局印发了《关于持续推动非遗工坊建设助力乡村振兴的通知》，同时制定了《贵州省非遗工坊认定与管理办法》，从资金奖补、贷款贴息、人才培育等方面出台 10 余项扶持措施，并指导纳雍县认定了 12 家“非遗”工坊，产品门类包含苗族蜡染、苗族刺绣、苗族蜡画等特色产业。”① 将“非遗”融入课后乐童服务，既是对国家做好课后服务需求的呼应，也能够在一定程度上推动当地经济产业的发展，以文化赋能乡村振兴。积极推动二者协同形成“产业增值—文化增值”的双轮驱动范式，不仅重塑乡村经济生态，更在文化认同强化与可持续发展动能培育层面，为乡村振兴提供兼具经济效能与社会效益的系统性解决方案。三都水族自治县某校组织学生制作马尾绣书签，通过电商平台实现创收，并抽取其中一部分收益用于课后服务经费，形成“技艺传承—产品开发—收益反哺”的良性循环。雷山县将学生蜡染作品植入西江千户苗寨旅游线路，带动相关产业消费，增加经济收入。这种“教育成果—文旅产品”的转化模式，使“非遗”传承获得经济可持续性。

（二）社会治理的协同创新

当前社会治理范式转型的核心在于突破单一主体治理局限，构建“家庭—学校—社区”共同体与新兴职业孵化器的双维协同创新体系。“家庭—

① 贵州省民族宗教事务委员会．省民宗委关于省第十四届人民代表大会第 674 号建议的答复［EB/OL］．（2024-7-3）．https://mzw.guizhou.gov.cn/zfxxgk/fdzdgknr/qtfdxx/jyta_5623259/202407/t20240703_84946773.html.

学校—社区”共同体通过制度性联结机制，整合教育主体、社区网络与家庭资本，重构责任共担、资源联动与价值共创的治理单元，显著提升公共议题响应精度与民生服务韧性。同步推进的新兴职业孵化器则依托数字经济与社会需求升级，以技能重塑、政策适配与生态赋能为支点，催化社会企业、数字化管理师等新业态，既疏解结构性就业压力，也激活社会治理的创新型人才储备与组织动能。二者通过制度协同与资源互嵌，共同推动社会治理向多元共治、预防性干预与可持续价值生产的范式跃迁，为现代化治理体系提供内生性支撑。一是“家庭—学校—社区”共同体的构建，安顺某小学将地戏排练与社区节日结合，使家长参与课后服务管理的比例提升，家校矛盾下降。“非遗”成为连接学校与社区的“文化纽带”。而且“非遗”教育还是新兴职业的孵化器。“非遗”教育催生“非遗课程设计师”“数字化传承技术员”等职业。2023年贵州省培训了相关专职教师。

第三节 “非遗”融入课后乐童服务实施的意义

“非遗”融入课后服务是破解传统文化传承断裂与教育同质化困境的战略性实践。在文化意义层面，其通过活态化展演、情境化传习及代际互动机制，实现“非遗”技艺与地方性知识的系统性保护，激活文化基因的当代生命力。理论意义上，依托教育人类学“文化实践—主体建构—制度环境”三维框架，重构“非遗”传承的教育生态：既解构“非遗进校园”的表层移植逻辑，也在文化主体性培育、地方知识合法性确证及教育文化生态重构层面形成理论突破。社会意义呈现以“非遗”为纽带驱动社区文化治理转型，通过集体记忆唤醒、仪式共同体构建及文化空间再生产，强化社群归属感与地方认同，为基层社会资本增值提供文化支点。教育意义则体现为五育融合的创新载体——“非遗”项目蕴含的工匠精神（德育）、审美创造（美育）、身体技艺（体育）、数理逻辑（智育）及生态伦理（劳育）等多元价值，在项目式学习中促进学生文化理解素养与跨学科思维的整体性发展，最终形成文化传承、社会治理与全人教育的三重赋能闭环。

一、文化意义：促进文化传承与保护

"非遗"的活态传承与保护是维系文化根脉的核心实践，其价值实现需突破静态保存的窠臼，构建动态延续、认同深化与多样性共生的三维体系。活态传承通过代际技能传递、情境化展演及生产性保护机制，将"非遗"嵌入当代生活语境，使传统技艺在创造性转化中保持文化 DNA 的延续性，实现"遗产"向"活产"的质性跃迁。文化认同层面，"非遗"作为地方性知识的物质载体与精神符号，通过集体记忆激活、仪式参与及审美共同体构建，在个体身份建构与社群归属感培育中形成文化自觉，为抵御文化同质化提供深层精神锚点。多样性保护则超越单一文化形态保存，致力于构建文化生态系统的整体性维护——既需要制度性保障濒危项目的抢救性记录，更需要通过文化空间修复、跨文化对话及差异化发展路径设计，维系中华文明"多元一体"的基因谱系。三者形成"传承实践—认同内化—生态维护"的闭环，使"非遗"保护从技术性存续升维为文明延续的战略支点，最终在文化主体性重构与人类文明多样性守护层面彰显不可替代的当代价值。

（一）活态传承"非遗"

在数字化浪潮席卷全球的今天，"非遗"如同深埋地下的种子，亟待破土而出的新生命。当学校教育与传统文化相遇，课后乐童服务正悄然成为"非遗"活态传承的沃土。这项创新实践不仅为千年文明注入青春活力，更在儿童心灵深处播撒下文化自觉的种子，构建起传统与现代对话的桥梁。

1. 体验式学习：点燃文化传承的火种

杭州国家版本馆的木版水印工作坊里，孩子们沾着墨香的手指在雕版上轻舞，宣纸浸润着千年智慧。这种沉浸式体验打破了传统文化与当代生活的隔阂，让文化基因从文字符号转化为身体记忆。苏州桃花坞木版年画传承人乔麦雷发现，当孩子们亲手拓印出门神图案时，眼中闪烁的光芒远比课本插图更生动。这种“去技能化”的体验式教学，通过五感协同的深度参与，让儿童在游戏化的互动中完成对传统文化的初次解码。

北京某小学的京剧脸谱绘制课上，老艺术家张火丁将戏曲程式转化为色彩美学游戏。孩子们用矿物颜料勾勒脸谱时，自然理解了红忠白奸的黑脸刚正。这种寓教于乐的方式使学员自发组建京剧社团，传统文化不再是博物馆里的标本，而成为可触摸、可创造的生活艺术。教育部门跟踪显示，参与“非遗”课程的学生文化认同指数提升，艺术素养指标增长，印证了体验式学习对文化感知的重塑力量。

2. 生态构建：织就文化传承的支撑网络

上海黄浦区青少年宫开创“双师传承”模式，“非遗”大师与音乐教师联合指导江南丝竹班。孩子们既要学习古曲《梅花三弄》的演奏技法，又要参与即兴创作比赛。这种传统与现代的碰撞，让古老乐器焕发新生，学员作品登上长三角“非遗”展演舞台。更值得关注的是，该模式孵化出“非遗学分银行”制度，学生完成的刺绣作品可兑换文化成长积分，形成可持续的激励机制。

广州荔湾区的广彩陶瓷工作坊引入 AR 技术，孩子们扫描瓷片就能看到动态的龙舟竞渡场景。“非遗”传承人陈文敏感慨：“科技不是传统的敌人，当 3D 建模帮助孩子们理解广彩的分层填色技法时，古老工艺获得了新的诠释维度。”这种跨界融合催生出“数字非遗档案”“元宇宙庙会”等新形态，让文化传承突破时空限制，构建起多方协作的生态系统。

站在文明传承的维度审视，课后乐童服务中的“非遗”实践远不止技艺传授。当孩子们用 VR 眼镜观察云锦织机的构造，用编程软件复原古琴减字谱，用短视频记录皮影戏台前的身影，他们正在创造属于这个时代的文化语法。这种活态传承不是简单的“旧物保存”，而是让传统文化在当代生活中找到新的生长点，正如故宫博物院院长王旭东所说：“真正的文物保护不是锁在玻璃罩里的供奉，而是让它走进生活，在时代土壤中开出新的花朵。”

（二）增强文化认同

“非遗”作为民族文化的活性基因，其传承不仅关乎技艺存续，更指向民族精神的延续。将“非遗”融入课后乐童服务，通过系统性教育实践增强儿童文化认同，正在成为传统文化复兴的重要突破口。这种文化认同的培育不是简单的知识灌输，而是通过认知重构、情感联结与价值内化的多维路径，构建儿童对中华文明的精神皈依。

1. 文化认知的具象化建构：从符号到意义的跨越

人类学家克利福德·格尔茨（Clifford Geertz）指出，文化是“由象征符号编织的意义之网”。“非遗”项目作为中华文化的象征系统，其价值在于承载着的民族集体记忆与价值观。杭州国家版本馆开展的木版水印工作坊中，儿童通过调制墨色、按压雕版的物理接触，将《十竹斋笺谱》的线条转化为可感知的艺术语言。这种具身体验打破了传统文化“博物馆化”的展示局限，使文化认知从平面符号升级为立体感知。教育学者张丽华指出：“当文化认知建立在直接经验基础上时，知识不再是孤立的信息点，而是转化为有温度的文化图式。”

2. 文化情感的代际传递：从个体体验到集体认同

集体意识是社会团结的精神纽带。“非遗”教育通过创设代际共学场景，激活了文化传承的情感动能。上海黄浦区青少年宫“双师课堂”的实践显示，当“非遗”传承人与青年教师共同指导江南丝竹演奏时，许多的家庭出现祖辈主动讲述家族音乐故事的现象。这种跨代际互动使文化记忆从博物馆展柜进入生活叙事，构建起“家庭—学校—社区”三位一体的情感共同体。

湘西苗族蜡染工坊的课后服务案例揭示了文化认同的生成机制。孩子们用蓝靛染就的土布制成环保袋，作品通过“非遗助学义卖”进入城市家庭，形成“创作—传播—反馈”的闭环。心理学追踪表明，参与者对民族文化的亲近感指数会有所提升，大多归因于“作品被认可带来的归属感”。这种情感体验遵循马斯洛需求层次理论，通过自我实现需求的满足，将文化认同升华为自觉的价值追求。“非遗”传承人龙秀芳感慨：“当孩子们的作品被订制成社区文化礼品时，他们对苗绣的理解已超越技艺本身，成为族群身份的荣耀标识。”

当前“非遗”教育实践表明，文化认同的培育需要突破“技能习得”的浅层目标，转向“意义建构—情感联结—价值内化”的深层机制。这要求教育者以更开放的视野设计课程：在认知维度强化文化脉络的整体观照，在情感维度创造代际对话的公共空间，在价值维度构建知行合一的实践生态。唯有如此，“非遗”才能真正成为儿童精神世界的“文化锚点”，在全球化语境中筑牢民族文化认同的根基。

在全球化浪潮与标准化教育体系的双重冲击下，“非遗”作为文化多样性的最后堡垒，其存续状况引发学界深切忧虑。将“非遗”融入课后乐童服务，看似微观的教育创新，实则蕴含着维护文化生态平衡、促进文明对话的深层价值。这种实践不仅守护着中华文明的多元基因，更为全球文化多样性保护提供了中国方案。

（三）保护文化多样性

文化多样性保护的本质在于破解文化孤立与同质化的双重困境，需构建“在地深耕—跨域联动”的协同路径。在地性传承通过激活地方性知识生产系统、修复“非遗”活态传承链及重构社区文化空间，强化文化基因存续的微观生态根基，确保多样性存量的本体性价值。跨地域对话则依托数字化传播平台、比较文化研究及跨境联合展演等中介机制，在差异认知与互鉴理解中培育文化间性思维——既破除文化中心主义桎梏，也通过“他者镜像”反哺本土文化自觉。二者形成辩证统一体，在地性传承维系文化独特性的原生土壤，跨域对话则建构多样性共生的认知框架与实践网络，最终在文化生态系统的动态平衡中，实现从文化保存向文明互鉴的范式升级，为人类文明可持续发展提供不可或缺的基因库与创新源。

1. 在地性传承：重构地方文化生态的微观基础

“非遗”的地方性特征使其成为区域文化生态系统的核心要素。苏州桃花坞木版年画传承人乔麦雷在小学课后服务中发现，当孩子们用祖传梨木雕版印制门神时，不仅复活了雕版打磨、套色印刷等核心技艺，也自发将现代卡通形象融入传统题材，创造出“机器猫门神”等混搭作品。这种“旧瓶装新酒”的实践，使年画从节庆装饰品转化为持续生长的文化符号，维系了江南民俗文化的活性生态。

在“情境学习”理论中，强调知识生成与特定文化环境的共生关系。闽南地区小学开展的提线木偶工作坊，通过复原“嘉礼”仪式中的踩街巡演，使儿童在实践中理解傀儡戏与闽南信仰、方言吟唱的共生关系。参与学员对本土谚语、古厝营造等关联知识的掌握度较高，印证了“非遗”教育对地方文化脉络的整体保护效应。这种“以点带面”的传承模式，有效抵御了标准化教育对地域文化特色的消解。

2. 跨地域对话：培育文化多样性认知的中介机制

“非遗”的流动性为其构建跨文化对话提供了天然载体。杭州国家版本馆开展的“运河非遗走廊”项目，通过对比展示浙杭油纸伞与天津杨柳青年画，引导儿童观察同属运河文化圈却风格迥异的艺术表达。在贵州侗族大歌走进上海校园的课后服务案例中，孩子们通过学习“众低独高”的多声部合唱，不仅掌握音乐技艺，也在与苗族锦鸡舞、汉族笙管乐的对比中，建立起对少数民族文化共生关系的认知。这种“非遗矩阵”教学法，使文化差异转化为对话资源，培育了“各美其美，美美与共”的多元价值观。

联合国教科文组织《保护非物质文化遗产公约》强调，文化多样性是人类文明存续的根基。课后乐童服务中的“非遗”实践，通过激活在地文化基因、搭建跨地域对话平台，实现了从文化保存到文化生产的跨越。这种教育创新不仅为中华文明多元一体格局注入新活力，也向世界展示了中国文化治理的智慧：在现代化进程中，唯有让传统文化保持“活态”的多样性，才能为人类命运共同体构建提供坚实的文化基石。

二、理论意义：教育人类学视域下的三维重构

“非遗”融入课后乐童服务，不仅是教育实践的创新尝试，更是对现代教育理论体系的深刻反思与突破。这一实践在教育人类学、文化资本理

论、“非遗”保护理论三个维度展现出独特的理论价值，为破解标准化教育带来的文化断裂、教育公平困境及传统技艺传承危机提供了新的解释框架。笔者将从身体认知革命、文化资本再生产、活态传承范式三个层面展开论述，揭示其深层理论意义。

（一）身体认知革命：教育人类学视角下的“体知”重构

现代教育体系以符号化知识传授为核心，形成了“离身化”的认知模式。学生通过抽象符号理解世界，导致“所知”与“所能”的割裂。“非遗”教育的实践则开启了一场“身体认知革命”，通过“体知”（Embodied Knowledge）模式重构学习逻辑。

1. 具身认知理论的教育转化

莫里斯·梅洛-庞蒂（Maurice Merleau-Ponty）的具身认知理论强调“身体是认知的主体”，“非遗”技艺的传承天然契合这一哲学命题。以京剧水袖功教学为例，教师要求学生通过反复甩动三米水袖感知力学原理，这种训练并非简单模仿动作，而是让学习者通过肌肉记忆理解“圆周运动”的物理规律。浙江嵊州越剧传承人在实践中发现，儿童经过3个月的水袖训练后，可以提升对抛物线轨迹的数学认知水平，印证了身体实践对抽象概念的具象化作用。

2. 文化记忆的基因编码机制

“非遗”技艺的习得过程实为文化基因的编码过程。蒙古族马头琴制作需经历“选材—风干—雕刻—蒙皮”49道工序，每一环节都暗含草原游牧文明的生存智慧：桦木年轮与季节更替的对应关系、马尾弦的张力系数与牧区气候的适应性、琴箱共鸣原理与蒙古包建筑声学特性的同构性。这种将文化密码转化为身体技能的传承方式，构建起超越文字的文化记忆载体。

3. 教育时空观的范式突破

“非遗”教育打破了“课堂中心主义”的时空限制，构建出“终身—全域”的学习场域。苏州缂丝传承创设“四季工作坊”，春分日学习植物染料制备，夏至时练习经纬密度调控，秋分季设计纹样构图，冬至期进行作品装裱，将工艺节奏与自然节律相融合。这种教育模式重构了“时间—空间—身体”的三维认知坐标系，使学生在周期性实践中领悟“天人合一”的传统智慧，实现了从机械时间观向生命时间观的转变。

（二）文化资本再生产：教育公平视域下的资源重构

布迪厄的文化资本理论揭示了教育资源分配的结构性不公，“非遗”融入课后服务则开创了文化资本普惠性再生的新型路径，为教育公平提供了实践解决方案。

1. 地方性知识的合法化赋权

在主流教育体系中，乡村社会的地方性知识常被视为“前科学经验”而被边缘化。“非遗”课程通过学术转译实现其价值重构：贵州侗族大歌被转化为声学共振原理的教学案例，纳西族东巴文演化为字符设计的美学教材，维吾尔族十二木卡姆发展出节奏数学的交叉课程。这种转化并非简单猎奇，而是通过知识谱系的重新定位，使乡土智慧获得与现代学科对话的平等地位。

2. 多模态文化资本的共生机制

“非遗”教育创造了经济资本、社会资本、文化资本的协同增值效应。云南建水紫陶课程形成了“传习—创作—销售”产业链，学生作品通过电商平台获得市场认可，创造经济效益，反哺教学投入形成良性循环。更重要的是，这种实践培育了“文化经纪人”新型主体：四川羌绣少年不仅掌握刺绣技艺，更学会 IP 打造、品牌运营等现代技能，实现从“文化继承者”到“文创创业者”的身份跃迁。

3. 代际正义的实践突破

“非遗”传承本质上是代际对话的过程。福建泉州南音传承人创新“数字家谱”记录法，将口传工尺谱转化为可视化声波图谱，建立老年艺人与青少年的“跨代际学习共同体”。在这种模式下，文化传递不再是单向度的“祖传孙受”，而是形成“数字原住民反向赋能”的新关系，00 后学生使用 VR 技术复原失传的祭祀仪式，90 后教师通过大数据分析优化传承路径。这种人文化技术中介形成的代际共学机制，有效缓解了现代化进程中的“文化断层”危机。

（三）活态传承范式：“非遗”保护的理论创新

“非遗”保护理论长期困扰于“博物馆化保存”与“商业化开发”的二元悖论，课后乐童服务开辟了“教育性传承”的新路径，为破解现代性语境下的文化传承难题提供了中国方案。

1. 社区锚定型传承模式的建构

联合国教科文组织（UNESCO）《保护非物质文化遗产公约》强调“社区是文化传承的核心载体”，但现代流动性消解了传统社区的凝聚力。上海松江顾绣课后服务开创“社区扎染工坊”模式，以学校为中心辐射周边三个街道，形成“传习—展示—销售”一体化传承网络。这种模式使“非遗”回归日常生活，居民参与蓝印花布制作，外来游客体验扎染工艺，商业订单反哺教学资金。数据显示，该模式使顾绣传承人数量增长，证明教育驱动下的社区复兴具有可持续性。

2. 数字人文技术的创造性转化

“非遗”数字化不应止于机械记录，而需实现技术赋能下的文化再生。清华美院“非遗数字孪生”项目将景泰蓝掐丝工艺分解为128个力学参数，通过AR技术让学生在虚拟环境中反复调试丝线张力。这种转化并非消解手工价值，而是通过参数化分析深化技艺认知。参与者表示“数字模拟让我们更理解匠人手感的微妙”。技术介入由此成为“显影剂”，使隐性经验转化为可传播的显性知识，突破了“只能意会不能言传”的传承瓶颈。

3. 现代性批判的文化治疗

“非遗”教育蕴含着对现代性困境的反思与回应。在标准化考试制度下，青少年普遍遭遇“意义焦虑”，而成都皮影戏工作坊通过“影人制作—故事创编—剧场演出”完整链条，让学生在协作中体会“前台与后台”的社会角色转换。这种体验式学习具有精神治疗功能，持续参与“非遗”活动的学生抑郁症状发生率降低，人际关系敏感度下降。更重要的是，它通过传统技艺传递出“慢工出细活”的工匠伦理，为快餐文化盛行的时代提供了对抗异化的精神锚点。

“非遗”融入课后乐童服务的理论意义，在于其创造了教育人类学、文化资本理论、“非遗”保护理论的三维突破。这种突破不是简单的理论应用，而是通过实践反哺理论的创新。身体认知重构了学习哲学，文化资本再生解决了公平困境，教育性传承超越了保护悖论。当蒙古族少年在马头琴制作中理解声学共振，当傣族少女在贝叶经修复中领悟文献学原理，这些看似传统的技艺正在孕育着最前沿的教育革命。这种以文化为介质的教育创新，不仅为“非遗”传承开辟了新径，更为中国教育现代化提供了植根传统的解决方案，其理论价值必将随着实践深化持续释放。

三、社会意义：社区重构与集体认同的再生产

“非遗”融入课后乐童服务，不仅是教育领域的创新实践，更是社会治理层面的重要探索。这一实践通过文化资源的活化利用，在微观社区关系、中观社会结构及宏观国家认同三个维度产生深远影响，为缓解现代化进程中的“原子化”危机、重构社会凝聚力提供了新路径。笔者将从社区文化生态的修复与再造、社会资本的积累与转化、文化认同的锚定与超越三个层面展开论述，揭示其深层次社会价值。

（一）社区文化生态的修复与再造：破解“脱嵌”困境

现代性进程带来的个体化趋势，导致传统社区面临“脱嵌”危机，邻里关系淡漠化、公共空间空心化、本土文化边缘化。“非遗”课后服务通过构建“文化在场”的社区网络，为基层社会生态修复提供了实践范式。

1. “非遗”实践重构社区公共性

“非遗”活动天然具有聚集属性。例如，北京某胡同开展的“兔儿爷泥塑工作坊”，以课后服务为纽带，吸引三代居民共同参与。老年人传授传统塑形技法，中年志愿者协助材料准备，儿童负责创意设计。这种代际协作打破了“关门闭户”的都市常态，使闲置的社区活动室转化为文化互动的“第三空间”。

2. 地方性知识的再生产机制

“非遗”技艺承载着特定地域的集体记忆，其传承过程实为地方性知识的活化。苏州桃花坞木版年画进入社区课后服务后，衍生出“年画故事会”“节气版画创作”等系列活动，将“门神”“灶王爷”等符号背后的民俗信仰、伦理观念转化为可感知的生活经验。这种知识再生产不仅增强了居民对本土文化的认知深度，更通过“文化共鸣”催生社区归属感。

3. 非正式治理能力的培育

“非遗”活动创造的协作网络，为社区自治提供了组织基础。福建泉州某渔村通过高甲戏传习，形成“戏班—家庭—村委会”三方联动机制，老年艺人负责技艺教学，家长参与道具制作，村委会协调演出场地。这种基于共同文化兴趣的自组织模式，有效弥补了基层治理的资源缺口。

（二）社会资本的积累与转化：从“关系”到“资源”

布迪厄指出，社会资本是通过“体制化关系网络”实现的资源动员能力。“非遗”课后服务通过文化实践，将传统“人情关系”转化为现代“信任资本”，推动社会资源公平分配。

1. 弱关系网络的强化路径

“非遗”活动的开放性特征，为陌生个体创造了互动契机。上海弄堂的“海派剪纸沙龙”中，来自不同阶层的家庭因共同学习“月洞门”“暗八仙”等传统纹样结成伙伴关系。这种“弱关系”积累，打破了现代社区“点头之交”的社交困境。

2. 文化资本向经济资本的转化

“非遗”技艺的课程化开发，开辟了“技能—产品—商品”的转化链条。贵州丹寨苗族蜡染课后服务引入“订单式教学”，学生作品经专业设计后成为旅游纪念品，收益反哺教学材料采购。这种模式使文化资本转化为可持续的经济资源，形成“造血式”社区发展机制。

3. 制度性社会资本的建构

政府通过政策赋能，将“非遗”课后服务纳入社会治理体系。文化和旅游部推行的“非遗在社区”计划，要求各地整合文化馆、图书馆等公共设施，为“非遗”传承提供制度保障。这种制度化推动，使零散的文化活动上升为系统性工程。例如，成都“蜀绣工坊”依托街道文化站建立“传承人—志愿者—学员”三级档案库，实现资源精准对接，带动周边 12 个社区形成“非遗”传承联盟。

（三）文化认同的锚定与超越：从“根脉”到“共同体”

在全球化与城市化双重冲击下，社会认同面临“根基漂移”风险。“非遗”课后服务通过“文化锚定”与“价值超越”的双重机制，为个体身份归属和社会整合提供解决方案。

1. 文化根脉的具象化锚定

“非遗”技艺的具身性实践，使抽象的文化认同转化为可操作的日常行为。内蒙古草原的“那达慕射箭课”要求学生从熬制牛筋胶、削制箭杆到校准弓弩全程参与，这种“从零开始”的体验，让青少年在肌肉记忆中重温游牧民族的生存智慧。

2. 差异性认同的包容性整合

“非遗”的多样性为多元认同提供了共存空间。深圳某移民社区开设“百工坊”，汇聚粤绣、客家竹编、潮剧等不同地域“非遗”项目，外来务工子女可根据自身背景选择课程。这种“各美其美”的实践，消解了“本土—外来”的身份对立。

3. 国家认同的日常生活渗透

“非遗”课程通过“传统—现代”的叙事转换，将家国情怀融入个体体验。河南朱仙镇木版年画课后服务设计“黄河故事”主题创作，学生在雕刻治水神话人物时，自然理解中华文明“天人合一”的哲学内核。这种潜移默化的教育，使文化认同从被动接受转为主动建构，提升学生“中华民族共同体”理念的认知深度。

“非遗”融入课后乐童服务的社会意义，在于其通过文化实践重构了“社区—社会—国家”的联结机制。在微观层面修复社区生态，在中观层面转化社会资本，在宏观层面锚定文化认同，形成层层递进的社会整合效应。这种以传统文化为媒介的社会治理创新，不仅为应对现代化挑战提供了中国方案，更揭示了“文化自觉”与社会发展的深层关联。未来需进一步探索“非遗”资源的社会化应用边界，使其在乡村振兴、城市更新、国家认同建构中释放更大效能。

四、教育意义：五育融合的实践与文化理解素养发展

“非遗”作为中华优秀传统文化的活态载体，其融入课后乐童服务不仅是文化传承的创新探索，更是落实五育融合教育理念、培育学生文化理解核心素养的重要实践。对于“非遗”融入课后乐童服务的教育意义，本研究从“促进五育融合的实践路径”与“发展学生文化理解核心素养”两个维度展开论述，旨在揭示“非遗”教育在立德树人、培养时代新人中的深层价值。

（一）促进五育融合的实践路径：以“非遗”为纽带的全人教育模式

“非遗”作为集技艺、文化、伦理于一体的综合性资源，天然具备贯通德、智、体、美、劳五育的潜力。其实践路径需突破被传统学科分割的局限，构建“以文化人”的全人教育模式。

1. 德育浸润：“非遗”中的价值观传递与精神塑造

“非遗”技艺的习得过程蕴含着“匠心精神”与“匠人伦理”的熏陶。例如，京剧脸谱绘制需遵循“勾脸不描心”的祖训，强调艺术表现与道德修为的统一；福建漆艺“三磨”工序（磨胚、磨漆、磨光）要求“急不得、躁不得”，暗含“耐得住寂寞”的品格教育。这种隐性德育通过“技以载道”的方式，将文化价值观转化为学生的内在品格。

2. 智育创新：跨学科知识整合与思维能力培养

“非遗”项目的系统性特征为跨学科学习提供天然载体。以古建筑营造技艺为例，榫卯结构涉及数学几何原理，斗拱设计关联力学平衡，彩画绘制融合美学法则。更值得关注的是，“非遗”实践中的“问题导向”学习（如修复破损陶瓷需分析胎土成分、烧制温度等变量）有效培养了学生的批判性思维与系统性思维。

3. 美育深化：传统美学感知与创造力激发

“非遗”的“技艺之美”为现代美育提供了鲜活教材。云南傣族剪纸的“万物有灵”造型观、苏州缂丝的“通经断纬”色彩哲学、川剧变脸的“虚实相生”表演美学，均构成独特的审美认知体系。这种“守正创新”的美育模式，既强化了文化自觉，又避免了机械复制。

4. 体育拓展：身体技艺传承与健康意识培育

“非遗”中的肢体艺术（如武术、傩舞）与手工技艺（如陶艺拉坯、木雕凿刻）具有特殊的身体教育价值。太极拳的“用意不用力”原则可矫正现代儿童的体态问题，龙泉宝剑锻造中的“千锤百炼”过程实为耐力训练。这种具身化教育将体能锻炼与意志培养有机统一。

5. 劳育升级：生产性劳动与生命教育融合

“非遗”技艺本质是“创造性劳动”。贵州苗族蜡染从蜂蜡采集、蓝靛种植到图案设计，形成完整的生产链条；杭州油纸伞制作需经历选竹、削骨、裱纸等72道工序。这种“全流程劳动”使学生理解“一粥一饭当思来之不易”的深意。更重要的是，“非遗”劳动将“生存技能”升华为“生活艺术”，实现了劳育的本体价值回归。

（二）发展学生文化理解核心素养：“非遗”教育的三重建构

文化理解素养作为核心素养的关键维度，强调对本土文化的认同、多元文化的理解及文化批判能力。“非遗”教育通过“认知—体验—反思”的闭环，为素养培育提供实践支点。

1. 文化基因解码：从技艺表象到文化内核的认知跃迁

“非遗”技艺的符号系统承载着民族文化的“基因密码”。如端午节龙舟竞渡不仅涉及造船技术，更蕴含“协力同心”的集体主义精神；客家擂茶技艺中的“三生三熟”流程（生火、生水、生米；熟火、熟水、熟茶）体现天人合一的生态智慧。教师需通过“技艺解构—文化重构”的教学策略，引导学生超越形式模仿，实现文化意义的深度萃取。

2. 文化对话能力：基于比较视野的跨文化理解

“非遗”的地域性特征为开展文化对比提供丰富素材。将敦煌壁画与印度犍陀罗艺术并置，可探讨丝绸之路的文明互鉴；对比闽南歌仔戏与台湾布袋戏，能揭示两岸文化同源异流的发展轨迹。这种“立足本土、放眼世界”的教育模式，有效培养了学生的全球胜任力。

3. 文化批判意识：传统与现代的价值思辨

“非遗”的活态传承必然面临传统与现代的张力。苏州缂丝传承人创新“双面异色”技法引发“守旧还是革新”的讨论；蒙古族长调演唱引入电子音效引发艺术本体论争议。这类现实案例为批判性思维培养提供绝佳契机。教师应引导学生在“守护文化根脉”与“适应时代需求”之间寻找平衡点，培育理性的文化主体意识。

“非遗”融入课后乐童服务，本质上是通过文化实践实现教育范式的革新。在五育融合层面，其价值在于构建“以文化人”的整全育人体系；在文化理解层面，其意义在于培育具有文化根基与全球视野的时代新人。未来需进一步探索“非遗”资源的课程化转化机制，完善“高校专家—传承人——线教师”协同育人模式，使传统文化真正成为滋养学生生命的精神底色。

第二章 “非遗”融入课后乐童服务的理论逻辑与现实依据

在全球化与现代化进程加速的背景下，“非遗”作为人类文明的重要组成部分，承载着丰富的历史、文化与民族记忆。然而，受多重因素影响，众多“非遗”项目正面临严峻的传承危机。因此将“非遗”融入课后乐童服务，不仅构成了教育实践领域的范式创新，更是一项跨越学科界限的文化传承行动，为“非遗”传承与可持续发展开辟了新的实践路径与理论。本研究聚焦于“非遗”融入课后服务这一现象，立足于教育学、民族学、社会学、心理学等多学科交叉的视域，深入剖析其内在的理论逻辑、实践机制与多元价值，旨在为“非遗”保护与传承策略的优化、教育体系创新等议题提供学理支撑与实践层面的策略参考，以期推动“非遗”传承与教育现代化进程的协同发展。

第一节 理论逻辑：多学科视角下的文化传承与教育创新

“非遗”融入课后乐童服务，是一个具有深刻理论支撑和广泛实践价值的创新路径。从教育学视角看，体验式学习理论、多元智能理论和乡土教育理论共同论证了“非遗”活动在深化文化理解、促进学生个性化发展和强化本土文化认同方面的独特优势。从民族学视角看，文化生态学理论和族群边界理论揭示了“非遗”在校园传承中对于维系文化多样性、构建健康传承生态系统以及强化民族认同感（包括“我群”与“他群”的认知）的关键作用。从社会学视角看，社会资本理论和代际传递理论阐释了“非遗”工坊及校园传承在提升社区凝聚力、促进文化资本与经济资本转化、构建“学校—家庭—社区”协同网络以及有效应对老龄化挑战、实现技艺代际传递方面的社会功能。从心理学视角看，自我决定理论和文化适应理论则强调了“非遗”活动通过满足学生的自主性、胜任感和归属感需求来增强内在动机，并通过重建文化身份、缓解文化冲突来提升文化认同与自我效能感，尤其为异地学生提供了重要的心理支持。因此，多学科的理论逻辑共同指向“非遗”融入课后乐童服务不仅是一项有效的文化传承策略，更是促进青少年全面发展、增强社区凝聚力、维护文化多样性、铸牢中华民族共同体意识以及助力个体心理社会适应的重要教育创新实践，为文化与教育的深度融合、协同发展提供了强有力的理论依据和实践方向。

一、教育学视角：“非遗”融入课后乐童服务的理论支撑与实践价值

从教育学视角来看，将“非遗”融入课后乐童服务，不仅可以丰富学生的课余生活，促进学生综合素质的提升，还可以传承和弘扬“非遗”，推动文化与教育的协同发展，具有重要的理论意义和实践价值。其中，体验式学习理论强调通过实践和体验获得知识和技能，“非遗”项目通过“做中学”的模式，让学生在实践中深化对传统工艺的理解，符合体验式学习理论的要求；多元智能理论认为人类的智能是多元化的，“非遗”活动能够激发学生的多种智能，促进学生的个性化发展；乡土教育理论强调教育内容的本土化，注重培养学生对本土文化的认同感和归属感，贵州将本土“非遗”编入校本教材，实现了教育内容的本土化重构。这些理论为“非遗”融入课后乐童服务提供了坚实的理论基础，也为教育创新和文化传承提供了新的思路和方法。

（一）体验式学习理论：在实践中深化文化理解

杜威作为现代教育学的重要奠基人之一，其“经验即教育”理念对教育实践产生了深远影响。他强调教育过程应以儿童主动活动为中心，通过与环境互动不断获得经验，从而实现知识与技能的内化。他认为，教育不是简单地将知识从教师传递给学生，而是要让学生在实际情境中通过亲身体验去探索、发现和创造。然而这种以“经验”为核心的教育理念为“非遗”融入课后乐童服务提供了重要的理论基础。如贵州赤水竹编课程中“经纬交错”的动手实践，是体验式学习理论在“非遗”教育中的典型应用。[①] 在赤水竹编课程中，教师通过“做中学”的模式，让学生亲身体验竹编的制作过程。教师首先向学生展示竹编成品，并讲解“经纬交错”编织技法制作原理和文化背景，激发学生的学习兴趣。随后，教师进行现场示范，详细讲解每个步骤的要点和注意事项。学生在教师的指导下，开始动手实践，从简单的经纬交错开始，逐步掌握竹编的基本技法。在这个过程中，学生不仅学会了竹编技艺，还深入了解了竹编文化的历史渊源、地域特色以及在现代社会中的价值。

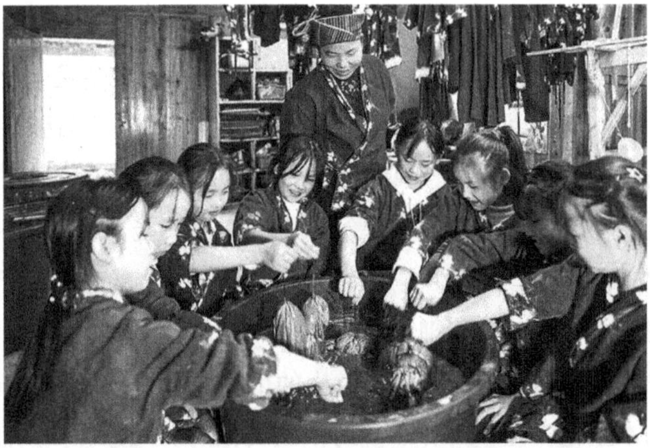

图 2.1 贵州赤水竹编课程（作者提供）

① 贵州文明网. 多维度持续推进非遗进校园一场色彩斑斓的“美的教育”[EB/OL].(2024-01-18)[2025-06.06]. http://gz.wenming.cn/weichengnianren/202401/t20240118_6728408.shtm.

而赤水竹编课程中“做中学”的体验式学习，在实践中深化了学生对传统工艺的理解，符合杜威“经验即教育”的理念，使学生在亲身体验中获得知识和技能，增强了对“非遗”的感性认识和理性理解。同时，体验式学习还培养了学生的动手能力、观察能力和解决问题的能力，有助于激发学生对“非遗”的兴趣和热爱，为“非遗”的传承奠定了坚实的基础。

（二）多元智能理论：促进学生个性化发展

加德纳的多元智能理论认为，人类的智能是多元化的，包括语言智能、逻辑数学智能、空间智能、身体动觉智能、音乐智能、人际关系智能、内省智能和自然观察智能等八种类型。① 每种智能都是独立的，具有不同的表现形式和发展路径。多元智能理论强调教育应关注学生的个体差异，尊重学生的多元智能发展，为学生提供多样化的学习机会和环境，以促进学生的全面发展。而“非遗”活动为学生提供了丰富的学习情境，更能够激发学生的多种智能。例如，地戏表演是一种集音乐、舞蹈、戏剧于一体的民间艺术形式。在安顺地戏社团活动中，学生在参与地戏表演时，通过身体动作来表现地戏中的各种角色和情节，这要求他们具备良好的身体协调能力和空间感知能力。同时，地戏表演中的唱词和对白还能锻炼学生的语言智能。此外，安顺地戏社团还在表演中融入英语、美术等学科。在英语课程中，学生可以通过学习地戏表演中的英语台词，提高英语口语表达能力；在美术课程中，学生可以设计地戏表演的服装和道具，培养美术创作能力。这种跨学科的融合方式不仅丰富了“非遗”活动的内容和形式，还为学生提供了更多元化的学习机会，促进了学生多种智能的协同发展。②

多元智能理论为“非遗”融入课后乐童服务提供了重要的理论指导。

---

① ［美］霍华德·加德纳，沈致襄译．重构多元智能［M］．北京：中国人民大学出版社，2008：22.

② 贵州文明网．多维度持续推进非遗进校园一场色彩斑斓的“美的教育”［EB/OL］.（2024-01-18）［2025-06.06］. http://gz.wenming.cn/weichengnianren/202401/t20240118_6728408.shtm.

通过设计多样化的“非遗”活动，能够满足不同学生的学习需求，激发学生的多种智能，促进学生的个性化发展。[①] 同时，多元智能理论还强调教育的个性化和差异化，鼓励教师根据学生的智能特点和兴趣爱好，因材施教，为学生提供个性化的学习支持和指导。这有助于提高学生的学习积极性和主动性，使每个学生都能在“非遗”活动中找到适合自己的学习方式和发展路径，从而实现学生综合素质的全面提升。

（三）乡土教育理论：强化本土文化认同

乡土教育理论强调教育内容的本土化，注重培养学生对本土文化的认同感和归属感[②]，乡土教育不仅有助于传承和弘扬本土文化，还能促进学生的文化自信和民族精神的培养。贵州地区拥有丰富的“非遗”资源，如苗族踩鼓舞、布依族转场舞、侗族大歌等。为了强化学生对本土文化的认同，贵州将这些“非遗”项目编入校本教材，实现了教育内容的本土化重构。施秉县选定县民族中学、杨柳塘镇中心小学、马号乡黄古小学作为民族文化进校园的试点示范学校，将苗族大歌、飞歌、酒歌、木叶等纳入音乐课，将板凳舞、踩鼓舞、芦笙舞、草把龙等纳入体育课，将刺绣、剪纸等纳入美术课。[③] 例如，苗族踩鼓舞课程教材详细介绍了苗族踩鼓舞的历史渊源、文化内涵、舞蹈动作和表演形式等内容。在教学过程中，教师通过讲解、示范和实践操作等方式，让学生深入了解苗族踩鼓舞的文化背景和艺术价值。学生在学习过程中不仅学会了踩鼓舞的基本动作，还对苗族文化有了更深刻的认识和理解。通过这种校本教材的编写和教学实践，学生对本土文化的认同感和归属感得到了显著增强。

乡土教育理论为“非遗”融入课后乐童服务提供了重要的理论支持。通过将本土“非遗”编入校本教材，不仅丰富了教育内容，还为“非遗”

---

① 沈致隆．多元智能理论的产生、发展和前景初探［J］．江苏教育研究，2009，(09)：17-26.

② 唐芸芸．乡土文化视角下乡村学校校本课程开发刍探［J］．成才之路，2023，(09)：49-52.

③ 贵州文明网．多维度持续推进非遗进校园一场色彩斑斓的“美的教育”［EB/OL］.(2024-01-18)［2025-06.06］. http://gz.wenming.cn/weichengnianren/202401/t20240118_6728408.shtm.

图 2.2　施秉县学校大课间，学生跳施秉苗族踩鼓舞、板凳舞（作者提供）

传承提供了新的途径和平台。这种教育方式让学生在学习过程中能够更好地接触和了解本土文化，增强了学生对“非遗”的认同感和自豪感，还促进了教育与“非遗”的深度融合，推动了教育创新和文化传承的协同发展，为“非遗”的传承和发展注入新的活力。

二、民族学视角：文化多样性与民族认同的维系

基于民族学视角来看，“非遗”融入课后乐童服务对于文化多样性和民族认同的维系具有重要意义。文化生态学理论强调通过构建良好的文化生态环境来促进“非遗”的传承与保护，而贵州通过建立民族文化生态保护区和“非遗在社区”示范点，为“非遗”传承提供了良好的生态环境。族群边界理论关注族群之间的差异性与认同感，“非遗”项目作为族群文化符号，通过校园传承强化了“我群”与“他群”的差异性认知，维护了文化多样性。通过“非遗”融入课后乐童服务，可以有效保护和传承“非遗”，同时推动文化多样性和民族认同的维系，促进民族团结和社会和谐。

（一）文化生态学理论：构建“非遗”传承的生态系统

文化生态学理论强调文化与环境的相互关系，认为文化是在特定的自然环境和社会环境中形成和发展的①，关注文化系统的动态平衡和可持续发展，主张通过构建良好的文化生态环境来促进文化的传承与保护。这一理论为“非遗”保护和传承提供了重要的理论支持，强调“非遗”的传承不仅需要关注技艺本身，还需要关注其生存的文化环境。

贵州通过建立民族文化生态保护区（如黔东南实验区）和“非遗在社区”示范，构建了“非遗”传承的良好生态系统。例如，黔东南民族文化生态保护实验区的建设，涵盖了多个民族聚居区域，保护区内不仅包括丰富的“非遗”项目，还涵盖了自然景观、传统村落、民俗活动等多方面内容②，通过整体保护的方式，保护区内的“非遗”项目得以在原生态环境中延续和发展，

图 2.3　天柱侗族月牙镗（作者提供）

---

① 肖正德．教育强国建设中县中文化生态重塑的理论意蕴与实践逻辑［J］．远程教育杂志，2024，42（02）：3-9.

② 铜仁网．［旅游］贵州构建非遗保护传承发展新格局——《关于进一步加强非遗保护工作的实施意见》工作任务解读[EB/OL].(2022-10-31)[2025-06-06].https://www.tongren.gov.cn/2022/1031/289035.shtml.

像侗族月牙镗武术作为一种濒危技艺，学校不仅开设了专门的武术课程，还组织学生参加各类武术比赛和展示活动，吸引了更多侗族青少年的参与[①]，使这一传统技艺得到了有效的保护和传承。同时，通过校园传承活动，侗族青少年对本民族文化的认同感和归属感得到了显著增强，他们更加自豪地传承和弘扬本民族的文化。

文化生态保护区的建设为“非遗”传承提供了良好的生态环境，通过整体保护的方式，使“非遗”项目能够在原生态环境中得以延续和发展。这种保护方式不仅关注“非遗”技艺本身，还关注其生存的文化土壤，有助于“非遗”的可持续发展。同时，通过在校园中的传承活动，缓解了传承断层的危机，强化了民族青少年的文化归属感和民族认同感。

（二）族群边界理论：“非遗”项目作为族群文化符号的作用

族群边界理论关注族群之间的差异性与认同感。该理论认为，族群边界是通过文化符号和社会实践来构建和维系的。[②]“非遗”项目作为族群文化的重要组成部分，是族群文化符号的重要载体。通过“非遗”项目的传承和传播，亦可强化族群成员对本族群文化的认同感和归属感，同时也能使其他族群更好地了解和认识本族群文化，从而维护文化多样性。

“非遗”项目在校园传承中发挥了重要的族群文化符号作用。例如，水族马尾绣和苗族芦笙舞是贵州地区具有代表性的“非遗”项目。水族马尾绣以其独特的制作工艺和精美的图案，成为水族文化的重要象征，在校园传承活动中，学生通过学习马尾绣技艺，不仅掌握了传统技艺，还深入了解了水族文化的历史渊源和文化内涵。苗族芦笙舞则以其欢快的节奏和优美的舞姿，成为苗族文化的重要标志。学生通过参与芦笙舞表演，增强了对本民族文化的认同感和自豪感，促进了不同民族之间的文化交流与融合。

“非遗”项目作为族群文化符号，通过校园传承强化了“我群”与

---

① 张静．贵州：以系统性保护，开非遗之新局［N］．中国文化报，2023-07-19（002）．

② 和虎．概论实践模式下的族群认同建构［J］．湖北民族学院学报（哲学社会科学版），2017，35（02）：25-30．

“他群”的差异性认知。[①] 这种差异性认知不仅有助于强化本族群成员的文化认同感，还能使其他族群更好地了解和尊重不同民族的文化。通过“非遗”项目的传承和传播，不同民族的文化得以在校园中展示和交流，促进了文化多样性的维护和发展。同时，“非遗”项目的校园传承也为不同民族之间的文化交流提供了平台，增进了不同民族之间的相互理解和尊重，推动了民族团结与社会和谐。

三、社会学视角：社区参与文化资本的再生产

基于社会学的学理性分析，“非遗”融入课后乐童服务对于社区参与和文化资本的再生产具有重要意义。社会资本理论强调通过社会网络和社区参与，将“非遗”转化为经济资本和社会资本，增强社区的凝聚力和可持续发展能力。[②] 贵州“非遗”工坊通过“非遗进校园”活动，不仅带动了当地居民的就业，还形成了“学校—家庭—社区”协同网络，促进了社区的和谐发展。代际传递理论关注“非遗”技艺在不同代际之间的传递，通过校园授课等方式，“非遗”传承人实现了技艺的代际转移，缓解了传承断层的危机。通过“非遗”融入课后乐童服务，不仅能够促进“非遗”的传承和发展，还能增强社区的凝聚力和文化认同感，推动社会的和谐与进步。

（一）社会资本理论：“非遗”工坊与社区凝聚力的提升

社会资本理论强调社会关系网络对个体和社会发展的重要性，而社会资本包括信任、规范、网络等要素，通过这些要素，个体和群体能够获得更多的资源和支持，从而促进社会的和谐与发展。在“非遗”传承中，社会资本理论旨在通过社会网络和社区参与，将“非遗”转化为经济资本和社会资本，增强社区的凝聚力和可持续发展能力。贵州的“非遗”工坊是社会资本理论在“非遗”传承中的典型实践，据相关资料显示，目前贵州共有 386 家

① 纳日碧力戈．现代背景下的族群建构［M］．昆明：云南教育出版社，2000：2.

② 李诗隽，王德新．社会资本视域下新时代多元化社区治理模式研究［J］．兰州大学学报（社会科学版），2022，50，(03)：77-86.

“非遗”工坊，带动了4万人就业。① “非遗”工坊通过组织培训、生产、销售等一系列活动，为当地居民提供了就业机会，提高了居民的经济收入，同时也促进了传统工艺的传承和发展。这些“非遗”工坊不仅将传统工艺转化为经济资本，还通过“非遗进校园”活动增强了社区的凝聚力。例如，三都水族自治县的马尾绣工坊，通过与社区传承人合作，形成了“学校—家庭—社区”协同网络。工坊邀请社区内的马尾绣传承人担任教师，为学生和社区居民提供培训，学生和居民在学习技艺的同时，还能参与工坊的生产活动，获得一定的经济收益。这种协同网络不仅促进了“非遗”技艺的传承，还增强了社区居民之间的联系与合作，形成了良好的社区文化氛围。

图2.4 马尾绣传承人教授马尾绣技艺（作者提供）

“非遗”工坊通过“非遗进校园”活动，将“非遗”技艺带入学校，让学生在学习过程中了解和参与“非遗”活动。这种活动不仅丰富了学生的课余生活，还增强了学生对本土文化的认同感。同时，“非遗”工坊还通过组织社区活动，如“非遗”展示、文化讲座等，促进了社区居民之间的交流和互动，增强了社区的凝聚力。社区居民在当中不仅能够获得经济收益，还能在文化传承中找到归属感和自豪感，从而推动社区的可持续发展。

① 张静．贵州：以系统性保护 开非遗之新局［N］．中国文化报，2023-07-19（002）．

（二）代际传递理论："非遗"技艺的传承与延续

代际传递理论关注的是知识、技能和文化在不同代际之间的传递，在"非遗"传承中，代际传递同样也是确保"非遗"项目得以延续的关键环节。随着社会的发展，"非遗"传承目前正面临着老龄化挑战，故如何实现技艺的代际转移成为"非遗"保护的重要课题。"非遗"传承中的代际传递理论则是强调通过教育、培训和实践等方式，将"非遗"技艺从老一辈传承人传递给年轻一代，从而缓解传承断层的危机。在老龄化背景下，"非遗"传承人通过校园授课实现了技艺的代际转移。例如，竹编艺人杨昌芹通过在校园中开设竹编课程，将竹编技艺传授给学生。① 杨昌芹不仅教授学生竹编的基本技法，还通过讲述竹编的历史和文化背景，激发学生对竹编文化的兴趣和热爱。在课程中，学生通过亲身体验和实践操作，逐渐掌握了竹编技艺，并对竹编文化有了更深刻的理解。这种代际传递式的授课方式不仅为"非遗"技艺的传承提供了新的平台，也吸引了更多青年学生主动参与"非遗"保护。

图 2.5　赤水竹编"非遗"第六代传承人杨昌芹向学生介绍竹编制品（作者提供）

① 铜仁网．[旅游] 贵州构建非遗保护传承发展新格局——《关于进一步加强非遗保护工作的实施意见》工作任务解读[EB/OL].(2022-10-31)[2025-06.06].https://www.tongren.gov.cn/2022/1031/289035.shtml.

通过代际传承，“非遗”技艺得以在年轻一代中传承和延续。这种代际传递方式不仅缓解了传承断层的危机，还为“非遗”的未来发展培养了新生力量。同时，代际传承的授课方式也促进了“非遗”的传播和推广，使更多人了解和认识“非遗”的价值，还能够在新的社会环境中焕发出新的活力，推动“非遗”的创新发展。

四、心理学视角：文化认同与自我效能感的提升

从心理学视角探讨了“非遗”融入课后服务对学生文化认同与自我效能感的积极影响。自我决定理论（SDT）表明，“非遗”活动通过满足学生的自主性、胜任感和归属感，激发其内在动机，促使学生深入理解“非遗”资源并产生传承意愿，为“非遗”可持续发展提供心理动力。文化适应理论则强调“非遗”课程对特定群体（如随迁子女）心理社会适应问题的解决作用。例如，永善县舞龙活动等“非遗”课程，通过引入家乡文化元素，帮助异地学生重建文化身份，缓解文化冲突，增强适应能力、社会融入度，提高心理健康水平。“非遗”活动不仅是文化传承载体，更是重要的心理支持工具，有效提升了学生的文化认同感、自我效能感及整体心理健康水平，为“非遗”活态传承奠定了坚实社会心理基础。

（一）自我决定理论：增强学生内在动机

自我决定理论（Self－Determination Theory，SDT）由心理学家德西（Deci）和瑞安（Ryan）提出，强调个体的自主性、胜任感和归属感[①]对内在动机的促进作用。该理论认为，当个体在这三个方面的需求得到满足时，其内在动机将显著增强，从而更积极地参与活动并获得更好的学习效果。[②]

---

① 自主性：指个体在活动中能够自主选择和决策，感受到自己的行为是出于内在意愿而非外在压力；胜任感：指个体在活动中能够感受到自己的能力和进步，完成任务并获得成就感；归属感：指个体在活动中感受到与他人的情感联系和群体认同，获得心理上的支持和归属。

② ［美］Edward L. Deci & Richard Flaste，王正林译．内在动机：自主掌控人生的力量［M］．北京：机械工业出版社，2020：7.

“非遗”活动则为学生提供了丰富的学习情境，能有效满足学生的自主性、胜任感和归属感需求，从而增强其内在动机。一是自主性方面。在“非遗”活动中，学生能够自主选择感兴趣的课程和项目。例如，在贵州赤水、施秉等小学的课后乐童服务中，学生可以选择学习竹编、扎染、地戏等多种“非遗”课程。[①] 这种自主选择不仅激发了学生的学习兴趣，还让他们感受到自己的意愿被尊重，增强了自主性。二是胜任感方面。“非遗”活动通过实践操作让学生在完成作品的过程中获得胜任感。例如，在扎染课程中，学生通过亲手制作扎染作品，看到自己的努力成果，感受到自己的能力和进步，从而获得强烈的胜任感。这种胜任感不仅提升了学生的自信心，还激励他们继续参与和探索更多“非遗”技艺。三是归属感方面。“非遗”活动通常以团队形式开展，学生在团队合作中感受到归属感。例如，永善县城南小学设置“学科类作业辅导+艺术实践社团活动”课后服务课程，开设了葫芦丝、武术操、炫动泥彩、象棋、跳绳、十字绣等课后服务兴趣课程，在这些活动过程中学生需要与同伴合作完成表演，通过共同的努力和协作，学生感受到团队的力量，增强了归属感。[②] 同时，“非遗”活动还通过展示和表演等形式，让学生感受到来自老师、同学和社区的认可和支持，进一步强化了归属感。

通过满足学生的自主性、胜任感和归属感需求，“非遗”活动能够显著增强学生的内在动机。这种内在动机不仅激发学生对“非遗”活动的积极参与，还促进他们对“非遗”的深入理解和热爱，而在“非遗”活动中获得的积极体验和成就感，使青年学生更愿意主动传承和弘扬“非遗”技艺，为“非遗”的可持续发展提供了强大的心理动力。

（二）文化适应理论：缓解文化冲突，重建文化身份

文化适应理论（Cultural Adaptation Theory）关注个体在不同文化环境中的适应过程。该理论认为，当个体从一种文化环境迁移到另一种文化环

① 贵州文明网. 多维度持续推进非遗进校园一场色彩斑斓的“美的教育”［EB/OL］.（2024-01-18）［2025-06-06］. http://gz. wenming. cn/weichengnianren/202401/t20240118_6728408. shtm.

② 云南网. 云南永善：传统文化“牵手”课后服务来源［EB/OL］.（2024-01-17）［2025-06-06］. http://society. yunnan. cn/system/2024/01/17/032912878. shtml.

境时，可能会面临文化冲突和身份认同的挑战。通过参与和学习新的文化活动，个体可以逐渐适应新的文化环境，重建文化身份，缓解文化冲突。在城镇化进程中，许多家长为学生更好接受教育资源，将学生送到市（区）内接受高质量教育，这也导致许多异地学生面临着文化适应的挑战。“非遗”课程为这些学生提供了重要的文化支持，帮助他们重建文化身份，缓解文化冲突。

“非遗”课程在帮助异地学生重建文化身份和缓解文化冲突方面发挥了重要作用。在重建文化身份方面，在“非遗”课程中引入本土文化元素，让这部分学生感受到家乡文化的魅力。例如，在永善县的舞龙活动中，异地学生通过参与舞龙表演，重新连接了与家乡文化的纽带，增强了对本土文化的认同感和归属感。[①] 这种文化身份的重建不仅帮助学生在新的环境中找到心理上的归属，还促进了他们的文化自信。在缓解文化冲突方面，“非遗”课程通过提供多样化的文化体验，将家乡文化与当地文化相结合，帮助这部分学生更好地理解和适应新的文化环境，不仅了解了当地民族文化的独特性，还学会了如何在不同文化之间找到平衡，形成独特的文化体验。这种文化适应过程不仅有助于学生的心理健康和社会融入，还为“非遗”的传承和发展注入了新的活力。通过“非遗”课程，异地学生成为文化传承的重要参与者，促进了文化的多样性和可持续发展。

基于心理学视角，“非遗”融入课后乐童服务对于学生的文化认同和自我效能感提升具有重要意义。自我决定理论强调通过满足学生的自主性、胜任感和归属感需求，增强学生的内在动机。“非遗”活动通过自主选择课程、完成作品和团队合作等方式，满足了学生的这些需求，激发了他们对“非遗”的兴趣和热爱。文化适应理论关注异地学生在不同文化环境中的适应过程，“非遗”课程通过重建文化身份和缓解文化冲突，帮助他们更好地适应新的文化环境，促进了他们的心理健康和社会融入。通过“非遗”融入课后乐童服务，不仅能够提升学生的文化认同和自我效能感，

---

① 云南网．云南永善：传统文化“牵手”课后服务来源［EB/OL］．（2024-01-17）［2025-06-06］．http://society.yunnan.cn/system/2024/01/17/032912878.shtml.

还能为“非遗”的传承和发展提供强大的心理支持和社会基础。

第二节 价值意蕴：“非遗”传承与教育变革的协同效应

“非遗”融入课后乐童服务，具有多维度、深层次的价值意蕴。它实现了“非遗”保护传承的活态化转型，如“非遗工坊+校园传承”模式，既培养了后备人才，又推动了技艺的市场化流通；同时，“非遗”课程激活了学生的多元智能，融入传统节庆与民族精神，深化了文化理解与价值认同。在促进学生全面发展方面，“非遗”教育构建了认知、情感、价值观三位一体的育人框架，显著提升了学生的空间想象力、动手操作精准度、创新思维及跨学科问题解决能力，深度激活了文化情感共鸣，内化了坚韧、合作等人格品质。此外，校本化策略推动了教育质量的提升，通过课程多元化开发和课后服务优化，为学生提供了个性化、多元化的学习支持。“非遗”活动还深化了社会文化认同，成为民族团结教育的有效途径和构建铸牢中华民族共同体意识的坚实文化基石，强化了民族内部成员的文化认同感与自豪感，促进了不同民族间的相互了解与融合。“非遗”融入课后乐童服务，通过活态化传承、立体化育人、校本化提质、深层化认同四个维度的协同作用，成为驱动教育创新变革、促进学生全面发展、铸牢中华民族共同体意识的重要引擎，展现出深远而综合的价值意蕴。

一、“非遗”保护传承的活态化

“非遗工坊+校园传承”模式作为“非遗”传承和保护的创新实践，成功实现了“非遗”保护的活态化转型。不仅使学生掌握技艺，更传递文化精神，培养了大批有从业意愿的后备人才，为传承注入新活力。同时，该模式积极探索市场化创新，提升了学习积极性与自信心，也为“非遗”产品拓展了推广新路径，创造了产业发展新机遇。此外，“非遗”课程本身通过融入传统节庆活动与民族精神元素，在认知层面有效激活了学生的多元智能，在情感与价值观层面深化了文化共鸣并培养了坚韧、合作等品质，为学生全面发展奠定了坚实基础，实现了文化传承与个体成长的深度融合。

（一）“非遗工坊+校园传承”模式的实践

“非遗工坊+校园传承”模式是贵州在“非遗”保护与传承方面的一项创新举措。该模式通过将“非遗”工坊与校园教育紧密结合，将传统技艺如苗绣、蜡染等转化为产业资源，实现了“非遗”保护的活态化。① 2022年，贵州“非遗”工坊产值达26亿元，通过生产性保护方式，将“非遗”技艺与现代产业相结合，既保护了“非遗”项目，又促进了经济发展。这种模式不仅让学生在实践中学习“非遗”技艺，还为“非遗”产品的市场推广提供了新的渠道。

在“非遗工坊+校园传承”模式中，学校与企业的合作取得了显著的成效，主要体现在人才培养、文化传承和合作拓展三个方面。一是人才培养方面。校本课程的实施为“非遗”技艺的传承培养了一批有潜力的后备人才。学生在学习过程中对银饰制作产生了浓厚的兴趣，部分学生表示毕业后愿意从事与银饰制作相关的工作，为“非遗”技艺的传承和发展注入了新的活力。二是文化传承方面。通过将传统银饰制作技艺引入校园，学校与企业共同为“非遗”的传承做出了积极贡献。校本课程不仅让学生学习了技艺，更将银饰文化的核心价值观和精神内涵传递给了年轻一代，使“非遗”在校园中得到了有效的传承和弘扬。三是合作拓展方面。国春银饰公司与学校的成功合作为“非遗”工坊与校园传承的合作模式提供了范例。双方在课程开发、教学实施、学生作品展示等方面积累了丰富的经验，为进一步拓展合作领域和深化合作内容奠定了基础。未来，双方还计划在“非遗”研究、“非遗”产品创新设计等方面开展更广泛的合作，共同推动“非遗”资源的传承与发展。

---

① 王凌竹．“校园文创”模式下非遗特色课程的开发与探究——以“壹枳独绣”课程为例［J］．天工，2025，(13)：106-108.

图 2.6　三都水族自治县鹏城希望学校的马尾绣社团教室中学生的马尾绣作品（作者提供）

随着“非遗”保护意识的不断提高，“非遗”产品的市场需求逐渐增加。然而，“非遗”产品在市场推广过程中面临着诸多挑战，如产品设计缺乏创新、市场渠道有限等。为了更好地推广“非遗”产品，国春银饰公司积极探索新的市场推广模式，通过将学生制作的银饰作品通过国春银饰公司的销售渠道进入市场，实现了学生作品的市场化流通。这一举措不仅为学生提供了实践成果展示的平台，增加了学生的收入，还提升了学生的学习积极性和自信心，同时也为“非遗”产品的市场推广提供了新的渠道，也为非遗产业的发展提供了新的机遇。

（二）“非遗”课程激活多元智能

在当今教育多元发展的时代，“非遗”与乐童课后服务的深度融合，为学生的成长注入了新的活力。“非遗”课程以其独特的魅力，全方位提升了学生素养，为学生综合素质的培养奠定了坚实基础，助力学生全面发展，使其成长为具有深厚文化底蕴和综合素质的优秀人才。

“非遗”课程通过深度激活学生的多元智能，将“非遗”融入乐童课后服务，使学生在认知能力、情感体验和价值观塑造等方面得到了全方位的提升。在认知层面实现了知识获取与能力飞跃的协同，通过沉浸式文化体验、代际情感联结与现代诠释；在情感层面筑牢了文化认同与归属感的根基，更通过身体实践内化、集体记忆传承和文化基因的现代转化；在价值观层面塑造了坚韧、合作、责任、创新等健全人格品质，这种多元智能的课程模式为学生综合素质的培养提供了坚实、丰富且充满文化底蕴的基石。随着更多精心设计、融合创新的“非遗”课程在课后乐童服务中开发和实施，以期学生在“非遗”的深度浸润下，不仅能掌握精湛的技艺，更能成长为兼具深厚文化涵养、卓越实践能力、健全人格品质和强烈社会责任感的优秀人才，为个人发展、文化传承乃至民族复兴注入源源不断的活力。“非遗”课程不仅培养了学生的空间思维和动手能力，还通过传统节庆活动增强了学生对传统文化的情感共鸣。这种立体化的发展模式为学生的综合素质培养提供了坚实的基础，为学生的全面发展提供了有力的支持。未来，随着更多“非遗”课程的开发和实施，学生将在“非遗”的熏陶下，成长为具有深厚文化底蕴和综合素质的优秀人才。

二、学生全面发展的立体化

“非遗”融入课后服务，是新时代教育改革创新与学生核心素养培育的重要突破口。通过将“非遗”技艺、传统节庆与民族精神融入课后服务体系，构建起认知发展、情感陶冶与价值观塑造的立体化育人框架，不仅突破了传统教育的单向知识传递模式，更在文化基因传承与人格养成的双重维度上实现突破。以下从“认知—情感—价值观”三位一体的立体化发展模式，系统阐释“非遗”教育对学生全面发展的赋能机制。

（一）认知发展：“非遗”课程对认知发展的系统性培养

“非遗”技艺的传承本质上是一种综合性认知训练过程。[①]“非遗”课

① 喻志和，闫若婻. 美美与共：文化共生视角下非遗进校园的困境与化解——以广西为例[J]. 文化创新比较研究，2025，9（12）：173-178.

程能够对学生的空间思维与动手能力进行系统性的培养。在空间思维方面，“非遗”技艺特有的认知训练机制能够有效提升学生的三维空间想象能力。“非遗”技艺的制作往往涉及复杂的三维造型设计，学生需要在平面图纸与立体雕刻之间建立动态转换思维。通过一系列递进的教学过程，如数字建模、实体转化和手工精修，学生能够有效训练空间转换能力，从而在空间旋转测试中取得显著提升。在动手能力方面，“非遗”课程构建起阶梯式的培养体系，从基础技法训练手眼协调能力，到中级阶段融入数学原理进行图案设计，推动学生在精细动作发展评估中的操作精准度和创新思维测评指标都能得到显著提高。此外，“非遗”教育还注重跨学科知识的情境化整合，在“非遗”工艺教学中，可开发了“非遗+”课程模式，通过分析植物染料的化学成分、计算图案比例、设计自动化印花装置以及评估作品市场价值，构建起跨学科知识网络，这种教学模式使学生的知识迁移能力和问题解决效率都得到了显著提升。

（二）情感陶冶：传统节庆活动对文化认同的深度激活

“非遗”教育的情感价值在传统节庆活动的现代转化中得到充分彰显。传统节庆活动的教育重构能够有效激发青少年的文化情感共鸣，从而显著提升其文化认同指数。仪式参与的情感沉浸是激发文化认同的重要机制之一。神经教育学研究表明，仪式过程中的多感官刺激能激活大脑的协同作用，形成强烈的情绪记忆。文化符号的现代诠释也是激活文化认同的关键环节，在“非遗”教育中教育者将传统技艺与现代技术相结合，如将“非遗”技艺通过 AR 技术进行动态展示，使学生在传统与现代的碰撞中重新认识民族文化的美，从而产生深层次的情感认同。此外，代际对话的情感联结同样对文化认同具有重要影响。“非遗”传承课程创新采用“三代同堂”教学模式，邀请村寨歌师、学生家长与学生共同组建学习小组，这种模式使家庭文化对话频率增加，有效缓解了民族地区青少年的文化疏离感，提升了情感联结指数。

（三）价值观塑造：“非遗”精神内核的人格养成机制

“非遗”资源中蕴含的价值要素，如龙狮精神、侗族团结文化等，通过课程化改造形成了独特的人格培育模式。“非遗”教育在价值观塑造方面的作用主要体现在身体实践的价值内化、集体记忆的价值传承和文化基因的现代转化等方面。身体实践的价值内化是“非遗”教育的重要方式之一。在“非遗”技艺的训练过程中，通过融入挫折教育和设置挑战环节，学生能够在身体实践中内化坚韧品质和团队协作能力。运动生理学监测显示，这种训练使学生的皮质醇调节能力提升，情绪稳定性显著增强；集体记忆的价值传承也是“非遗”教育的重要内容。学生面对面采访“非遗”传承人，并自己整理口述史，这种参与式传承使学生的社会责任意识得到显著提升；文化基因的现代转化是“非遗”教育的创新方法，将“非遗”精神与时代需求相结合，开发出“新工匠精神”培育体系，如在银饰课程中设置“千年技艺与智能制造”对比模块，在鼓舞教学中融入“节奏管理与时间规划”训练，这种转化使传统文化焕发新生机，为“非遗”传承注入了新的活力。

“非遗”教育在认知发展、情感陶冶和价值观塑造等方面具有重要的作用。通过“非遗”课程的系统性培养，学生的空间思维和动手能力得到显著提升，跨学科知识的情境化整合也使学生的知识迁移能力和问题解决效率得到提高。传统节庆活动的现代转化能够深度激活青少年的文化认同，仪式参与的情感沉浸、文化符号的现代诠释和代际对话的情感联结都是激发文化情感共鸣的重要机制。“非遗”精神内核的人格养成机制在价值观塑造方面发挥着关键作用，身体实践的价值内化、集体记忆的价值传承和文化基因的现代转化共同促进了学生人格的全面发展。“非遗”教育不仅能够传承和弘扬传统文化，还能够为学生的全面发展提供有力支持，具有广阔的发展前景。

三、教育质量提升的校本化

在当今教育改革的浪潮中，教育质量的提升已成为核心议题。其中，校本化策略作为推动教育质量提升的重要手段，正逐渐受到广泛关注。校本化教育强调学校根据自身的办学理念、学生需求以及地域文化特色，自主开发和实施课程，从而实现教育的个性化与多元化发展。这种策略不仅能够满足不同学生的学习需求，还能促进学校特色化发展，为教育质量的提升奠定坚实基础。

（一）校本化策略推动课程多元化

校本化课程开发是教育质量提升的关键环节之一。[①] 通过校本化策略，学校能够根据自身的办学定位和学生特点，开发出具有独特性和针对性的课程体系。这种课程体系不再局限于传统的学科课程，而是涵盖了多样化的课程类型，包括学科拓展课程、综合实践活动课程、兴趣爱好课程等。这种多元化的课程设置能够满足不同学生的学习需求，激发学生的学习兴趣，培养学生的综合素质。在课程多元化的过程中，地域文化具有独特性和丰富性，是校本课程开发的重要源泉。学校注重挖掘和整合地域文化资源，通过将地域文化与课程相结合，不仅能够传承和弘扬地方文化，还能够让学生在学习过程中增强文化认同感和归属感。这种文化与课程的深度融合，为学生提供了丰富的学习素材和实践机会，有助于培养学生的创新精神和实践能力。

此外，校本化课程开发还强调课程的实践性和综合性。一方面，学校通过设计多样化的实践活动课程，让学生在实践中学习和体验，提高学生的动手能力和解决实际问题的能力。另一方面，学校注重课程的综合化设计，打破学科界限，将不同学科的知识和技能进行整合，培养学生的综合素养和跨学科思维能力。这种实践性和综合性的课程设计，为学生提供了更广阔的学习空间和发展机会，有助于学生形成全面而深入的知识体系。

（二）课后服务优化：从“托管”到“素养培育”

随着“双减”政策的实施，课后服务成为教育领域的一个重要议题，

① 陈娟．地方非遗资源校本课程开发的意义——以贵州省剑河县苗族剪纸为例［J］．造纸信息，2024，（09）：69-71.

而课后服务的优化则是提升教育质量的重要途径之一。如今，课后服务不再仅仅是学生的“托管”场所，而是逐渐转向对学生素养的培育。这种转变意味着学校需要重新审视课后服务的目标和内容，将其与学校的教育教学目标相结合，为学生提供更加丰富和有意义的学习体验。

首先，在课后服务的优化过程中，学校注重课程内容的多元化和个性化。学校根据学生的兴趣爱好和学习需求，设计多样化的课后服务课程，包括学科辅导、兴趣培养、实践活动等。[①] 这种多元化的课程设置能够满足不同学生的学习需求，激发学生的学习兴趣，培养学生的综合素质。同时，学校注重课后服务的个性化设计，根据学生的个体差异，为学生提供个性化的学习支持和指导，帮助学生在课后服务中获得更好的学习效果。其次，课后服务的优化还强调与校本课程的衔接和融合。学校将课后服务课程与校本课程相结合，形成一个有机的课程体系。这种衔接和融合不仅能够提高课后服务的教育质量，还能够增强校本课程的实践性和综合性。通过课后服务的实践活动，学生能够将校本课程中学到的知识和技能进行应用和拓展，从而加深对知识的理解和掌握。这种课后服务与校本课程的融合，为学生提供了更加完整的学习体验，有助于学生形成全面而深入的知识体系。最后，在课后服务的优化过程中，学校还注重师资队伍的建设和发展。学校通过引进专业教师、开展教师培训等方式，提高课后服务教师的专业水平和教学能力。同时，学校鼓励教师积极参与课后服务课程的设计和实施，为学生提供高质量的教学支持。这种师资队伍的建设和发展，为课后服务的优化提供了有力保障，有助于提高课后服务的教育质量。

（三）校本化策略与课后服务优化的协同作用

校本化策略与课后服务优化之间存在着密切的协同作用。校本化策略为课后服务优化提供了丰富的课程资源和教学理念，而课后服务优化则为

---

① 谢中元，陈婉婷．非遗进校园背景下醒狮文化的教育教学价值与校本课程开发［J］．林区教学，2023，(06)：88-91.

校本化策略的实施提供了实践平台和反馈机制。这种协同作用不仅能够提高教育质量，还能够促进学校特色化发展。

在校本化策略与课后服务优化的协同过程中，有几点需要注意。一是注重课程内容的整合和优化。学校将校本课程与课后服务课程相结合，形成一个有机的课程体系。这种整合和优化不仅能够提高课程的教育质量，还能够增强课程的实践性和综合性。通过课后服务的实践活动，学生能够将校本课程中学到的知识和技能进行应用和拓展，从而加深对知识的理解和掌握。这种课程内容的整合和优化，为学生提供了更加完整的学习体验，有助于学生形成全面而深入的知识体系。二是强调教学方法的创新和改进。[①] 学校通过引入多样化的教学方法，如项目式学习、探究式学习、合作学习等，提高教学质量和学生的学习效果。同时，学校注重教学方法的个性化设计，根据学生的个体差异，为学生提供个性化的学习支持和指导，帮助学生在学习过程中获得更好的学习体验。这种教学方法的创新和改进，为学生提供了更加丰富和有意义的学习机会，有助于学生形成创新精神和实践能力。三是注重评价机制的完善和改进。学校通过建立多元化的评价体系，对学生的学习过程和学习效果进行全面评价。这种评价体系不仅注重学生的学业成绩，还注重学生的综合素质和个性发展。同时，学校注重评价的反馈机制，通过及时反馈评价结果，为学生提供个性化的学习建议和指导，帮助学生在学习过程中不断改进和提高。这种评价机制的完善和改进，为学生提供了更加公平和有效的学习评价，有助于学生形成良好的学习习惯和学习态度。

因此，教育质量的提升是当前教育改革的重要目标之一。校本化策略作为推动教育质量提升的重要手段，通过课程多元化和课后服务优化，为学生提供了更加丰富和有意义的学习体验。校本化课程开发能够满足不同学生的学习需求，激发学生的学习兴趣，培养学生的综合素质。课后服务的优化则从“托管”转向“素养培育”，为学生提供了更加个性化和多元

① 罗吉兵，蒋建军，何建宏．民间艺术在高中美术校本课程开发初探——以黔南惠水将布依族国家非遗“枫香印染”融入高中美术校本课程为例［J］．中国民族博览，2016，（06）：60-62.

化的学习支持。校本化策略与课后服务优化之间存在着密切的协同作用，通过课程内容的整合、教学方法的创新和评价机制的完善，共同推动教育质量的提升。

四、社会文化认同的深层化

在当今多元文化交融的时代，社会文化认同的深层化成为构建和谐社会的重要课题。“非遗”作为民族文化的重要载体，不仅承载着丰富的历史记忆和文化价值，还在现代社会中发挥着凝聚人心、促进民族团结的重要作用。“非遗”活动融入乐童服务，如苗族姊妹节、侗族大歌等，已成为民族团结教育的重要载体，助力构建“中华民族共同体意识”，为社会的稳定与和谐发展提供了坚实的文化基础。

（一）“非遗”活动：民族文化的重要载体

“非遗”活动的多样性与丰富性使其成为民族文化的重要载体。比如苗族姊妹节以其独特的仪式和文化内涵，展现了苗族人民对爱情、亲情和友情的珍视；侗族大歌以其和谐的多声部合唱，体现了侗族人民对自然、社会和人生的深刻感悟。这些活动不仅具有极高的艺术价值，还蕴含着丰富的文化意义，反映了民族的历史、信仰、价值观和生活方式。通过参与“非遗”活动，人们能够深入了解民族文化的精髓，增强对本民族文化的认同感和自豪感。这些“非遗”活动的传承与发展是民族文化延续的重要保障。因此，通过将“非遗”活动纳入乐童课后服务教育体系、文化政策和社会实践，可以有效促进“非遗”活动的传承与发展，使其在现代社会中焕发出新的生机与活力。

（二）“非遗”活动与民族团结教育

“非遗”活动作为民族文化的重要载体，具有强大的教育功能。在民族团结教育中，“非遗”活动能够发挥独特的作用，通过文化的力量促进不同民族之间的相互了解、相互尊重和相互融合。①“非遗”活动不仅能够增强民族内部的文化认同，还能够促进不同民族之间的文化交流与合作，为构建中华民族共同体意识提供重要的文化支撑。“非遗”活动在民族团结教育中的作用主要体现在以下几个方面：

一是增强民族内部的文化认同。“非遗”活动通过展示民族文化的独特魅力，增强民族内部成员对本民族文化的认同感和自豪感。这种文化认同是民族团结的重要基础，能够激发民族内部成员对民族文化的热爱和保护意识。通过参与“非遗”活动，民族内部成员能够更加深入地了解本民族的历史、信仰、价值观和生活方式，从而增强民族凝聚力和向心力。

二是促进不同民族之间的文化交流。“非遗”活动不仅是民族内部文化传承的重要方式，也是不同民族之间文化交流的重要平台。通过举办“非遗”活动，不同民族之间可以相互展示和分享各自的文化成果，增进相互了解和尊重。这种文化交流能够消除民族之间的隔阂和误解，促进民族之间的和谐共处。

三是培养民族团结意识。“非遗”活动通过展示民族文化的共同性和独特性，培养民族团结意识。在“非遗”活动中，不同民族的文化元素相互交融，形成了一种多元一体的文化格局。这种文化格局不仅体现了中华民族的多样性，还体现了中华民族的共同性。通过参与“非遗”活动，人们能够深刻感受到中华民族的多元一体格局，从而增强民族团结意识。

四是推动民族文化的创新发展。“非遗”活动在传承民族文化的同时，也推动了民族文化的创新发展。在现代社会，“非遗”活动通过与现代科技、现代艺术和现代生活方式的结合，焕发出新的生机与活力。这种创新发展不仅能够吸引更多的年轻人参与“非遗”活动，还能够为民族文化的传承与发展注入新的活力。

---

① 张梦莉，尚新宇．云南省小学民族团结教育推进现状及建议研究——以楚雄州 G 乡村小学为例［J］．科学咨询，2024，（16）：273-276.

（三）“非遗”活动与铸牢中华民族共同体意识的构建

铸牢中华民族共同体意识是中华民族团结进步的重要精神支柱。而“非遗”活动作为民族团结教育的重要载体，为构建中华民族共同体意识提供了重要的文化支撑。通过“非遗”活动，不同民族之间能够实现文化的交流与融合，增强对中华民族的认同感和归属感，从而推动中华民族共同体意识的形成和发展。“非遗”活动在构建中华民族共同体意识中的作用主要体现在以下几个方面：

一是文化认同的深化。“非遗”活动通过展示民族文化的独特魅力，深化了不同民族之间的文化认同，这种文化认同不仅包括对本民族文化的认同，还包括对中华民族文化的认同。通过参与“非遗”活动，各民族能够更加深入地了解中华民族文化的丰富性和多样性，从而增强对中华民族文化的认同感和自豪感。

二是民族精神的弘扬。“非遗”活动通过展示民族文化的独特魅力，弘扬了中华民族的民族精神。这种民族精神包括爱国主义、集体主义、团结奋斗、自强不息等。通过参与“非遗”活动，各民族能够更加深入地了解中华民族的民族精神，从而增强对中华民族的认同感和归属感。

三是文化传承的创新。“非遗”活动在传承民族文化的同时，也推动了民族文化的创新发展。这种创新发展不仅能够吸引更多的年轻人参与“非遗”活动，还能够为民族文化的传承与发展注入新的活力。通过“非遗”活动，不同民族之间能够实现文化的交流与融合，形成一种多元一体的文化格局。这种文化格局不仅体现了中华民族的多样性，还体现了中华民族的共同性，从而推动了民族文化的创新发展。

“非遗”活动作为民族文化的重要载体，在民族团结教育中发挥着独特的作用。通过“非遗”活动，不同民族之间能够实现文化的交流与融合，增强对中华民族的认同感和归属感，从而推动中华民族共同体意识的形成和发展。在未来的发展中，应进一步加强对“非遗”活动的保护与传承，充分发挥其在民族团结教育中的重要作用，为构建和谐社会提供坚实的文化基础。“非遗”活动的保护与传承不仅是对民族文化的一种抢救性保护，更是对民族文化多样性的维护。① 通过将“非遗”活动纳入教育体系、文化政策和社会实践，可以有效促进“非遗”活动的传承与发展，使其在现代社会中焕发出新的生机与活力。

第三节　现实依据：可行性分析与实践路径

“非遗”融入课后服务具有坚实的政策基础和广泛的现实需求。通过政策驱动与制度保障、社会结构性需求的满足以及文化认同的塑造，“非遗”融入课后服务，不仅能够使“非遗”得到有效保护和传承，还能够促进学生的全面发展，为“非遗”的活态传承奠定坚实的社会心理基础。“非遗”融入乐童课后服务不仅得到了政策的有力支持，还满足了社会发展的实际需求，同时在文化传承和教育创新方面发挥了重要作用。这一模式不仅为“非遗”的活态传承提供了新的路径，也为学生的全面发展和文化认同感的增强提供了重要保障，具有重要的现实意义和广阔的发展前景。

一、政策驱动与制度保障

“非遗”融入课后服务的实施，得益于国家政策的明确指导和地方实践的积极探索。国家层面的政策支持为“非遗”教育提供了坚实的政策依据，确保了“非遗”教育的规范化和制度化。贵州省通过建立“非遗”保护联席会议制度和将“非遗”传承纳入学校评估体系，确保了“非遗”教育的落实，并通过评估机制激励学校积极参与“非遗”传承工作。这些政策和制度安排，不仅为“非遗”教育的开展提供了有力保障，也为“非遗”资源的传承与发展注入了新的活力。未来，随着更多地方的积极探索

① 海路，娄馨月．中华民族共同体视域下民族教育的内涵深化与功能拓展［J］．湖北民族大学学报（哲学社会科学版），2024，42（05）：156-168.

和实践，“非遗”教育将迎来更加广阔的发展空间。

（一）国家层面

随着现代化进程的加速，“非遗”的传承面临着诸多挑战，尤其是传承人的老龄化和文化生态环境的变迁。为了应对这些挑战，国家政策为“非遗”融入课后服务提供了明确的指导和支持。《关于进一步加强非遗保护工作的实施意见》（以下简称《实施意见》）明确提出了“非遗进校园”的要求，强调将“非遗”保护与传承纳入教育体系，推动“非遗”的传承与发展。这一政策为“非遗”融入课后服务提供了坚实的政策依据，确保了“非遗”教育的规范化和制度化。《实施意见》不仅强调了“非遗”进校园的重要性，还提出了具体的实施路径，包括开发“非遗”校本课程、邀请“非遗”传承人进入校园授课、开展“非遗”实践活动等。这些措施为“非遗”教育的实施提供了明确的方向和操作指南。通过将“非遗”纳入教育体系，可以培养年轻一代对“非遗”的兴趣和热爱，增强他们的文化认同感和自豪感，从而为“非遗”的可持续发展奠定坚实的基础。

（二）地方实践

贵州省在“非遗”保护与传承方面进行了积极探索，建立了“非遗”保护厅际联席会议制度，将“非遗”传承纳入学校评估体系。通过这些制度安排，贵州不仅确保了“非遗”教育的落实，还通过评估机制激励学校积极参与“非遗”传承工作。一是建立“非遗”保护联席会议制度。贵州省建立了由多个部门组成的“非遗”保护联席会议制度，加强了部门之间的协调与合作。这一制度的建立，使得“非遗”保护工作能够从多方面得到支持和保障，形成了全社会共同参与“非遗”保护的良好局面。二是纳入学校评估体系。贵州将“非遗”传承纳入学校年度考核指标，对积极开展“非遗”教育的学校给予表彰和奖励。这种评估机制不仅激励了学校参与“非遗”教育的积极性，还推动了“非遗”教育的全面开展。例如，赤水市部分小学将竹编课程纳入校本课程体系，邀请“非遗”传承人进入校园授课，学生通过实践操作学习竹编技艺。学校因在“非遗”教育方面的突出表现，获得了当地政府的表彰和奖励，进一步推动了“非遗”教育的深入开展。

二、社会结构性需求

“非遗”传承的代际修复与创新发展通过创新教学模式、数字化手段和激励机制，成功吸引了更多年轻人参与“非遗”传承，显著改善了传承人年龄结构，提升了技艺掌握率，并增强了代际之间的文化联结。这些措施不仅为“非遗”技艺的持续发展提供了有力保障，还为“非遗”的可持续发展奠定了坚实的社会基础。

（一）老龄化与传承危机

“非遗”传承人的老龄化已成为威胁文化延续的核心问题。数据显示，贵州省级“非遗”传承人中 60 岁以上占比超 40%，部分项目如余庆县矮人舞的传承人平均年龄超过 70 岁，面临“人亡艺绝”的严峻局面。① 在此背景下，校园传承展现出独特的代际修复功能。因此，“非遗”传承人年龄结构的优化是确保“非遗”技艺持续发展的重要环节。近年来，贵州各地通过创新教学模式、数字化手段和激励机制，成功吸引了更多年轻人参与“非遗”传承，显著改善了传承人年龄结构，提升了技艺掌握率，并增强了代际之间的文化联结。

一是“双师制”教学模式的实践。黔东南苗族侗族自治州台江县施洞镇中学引入银饰传承人吴水根定期授课，通过“技艺示范 + 文化讲解”双轨教学，近三年培养青年传承人 43 名，其中 21 人获省级工艺美术师职称。② 这

① 贵州先锋网. 走“非遗+”路子的黔地“五宝”，贵州 5 家工坊入选 2022 年“非遗工坊典型案例”[EB/OL].(2023-02-14)[2025-06-06]. http://www.zhiding.net/shehui/2023/0214/45581.html.

② 贵州先锋网. 走“非遗+”路子的黔地“五宝”，贵州 5 家工坊入选 2022 年“非遗工坊典型案例”[EB/OL].(2023-02-14)[2025-06-06]. http://www.zhiding.net/shehui/2023/0214/45581.html.

种“双师制”教学模式不仅提升了学生的技艺水平，还增强了他们对“非遗”内涵的理解。吴水根作为国家级“非遗”传承人，不仅在课堂上展示精湛的银饰制作技艺，还通过文化讲解，让学生了解银饰背后的历史和文化意义。这种双轨教学模式，使学生在掌握技艺的同时，也培养了对“非遗”的认同感和自豪感。

二是数字化传承档案建设的实践。余庆县检察机关推动建立“非遗”数据库，系统收录矮人舞的影像、工具及工艺流程，为校园教学提供标准化素材。[①] 通过数字化手段，“非遗”技艺的传承不再局限于传统的师徒传授模式，而是通过多媒体和互联网技术，将“非遗”技艺的每一个细节记录下来，形成标准化的教学素材。这种数字化传承档案建设，不仅为校园教学提供了丰富的资源，还为“非遗”技艺的传播和推广提供了新的途径。学生可以通过观看影像资料、学习工艺流程，更直观地了解“非遗”技艺，从而提高学习效果。

三是传承人激励机制创新的实践。丹寨县石桥古法造纸工坊实施“传承积分制”，将校园授课时长与学生作品市场价值转化为职称评审加分项，使青年传承人年均收入提升至 8 万元。[②] 这种激励机制创新，不仅提高了青年传承人的经济收入，还增强了他们参与“非遗”传承的积极性。通过将授课时长和作品市场价值与职称评审挂钩，青年传承人不仅在经济上得到了实惠，还在职业发展上获得了更多的机会。这种激励机制的创新，为“非遗”传承注入了新的活力，吸引了更多年轻人投身“非遗”事业。

“非遗”校园传承的成效不仅体现在传承人年龄结构的优化上，还体现在技艺掌握率的提升和代际联结的增强上。通过校园培训和创新教学模式，“非遗”技艺的传承得到了显著改善，为“非遗”技艺的可持续发展奠定了坚实基础。一方面是年龄结构逆转的成效，大方县彝族漆器工坊通过校园培训，传承人平均年龄从 2018 年的 59 岁降至 2023 年的 45 岁，青

---

① 中国青年网．贵州余庆县：检察公益诉讼助力省级非遗文化传承［EB/OL］．（2023-09-25）［2025-06-07］．http://news.youth.cn/fzlm/202309/t20230925_14813563.htm.

② 中国青年网．贵州余庆县：检察公益诉讼助力省级非遗文化传承［EB/OL］．（2023-09-25）［2025-06-07］．http://news.youth.cn/fzlm/202309/t20230925_14813563.htm.

年传承人占比达62%①，这种年龄结构的逆转，不仅缓解了传承断层的危机，还为“非遗”技艺的传承注入了新的活力。通过校园培训，更多年轻人有机会接触和学习“非遗”技艺，从而吸引了他们投身“非遗”事业。而这种年龄结构的优化，为“非遗”技艺的持续发展提供了有力保障。另一方面是技艺掌握率提升的成效，参与“非遗”课程的学生中，68%掌握至少1项核心技艺（如蜡染防染、银饰錾刻），显著高于对照组的9%。②这种技艺掌握率的提升，不仅反映了“非遗”课程的有效性，还体现了创新教学模式的优势。通过“双师制”教学模式和数字化传承档案建设，学生在学习“非遗”技艺的过程中，不仅得到了专业的指导，还通过多媒体和互联网技术，更直观地了解技艺的细节。这种教学模式的创新，显著提高了学生的学习效果，提升了技艺掌握率。

“非遗”传承不仅是技艺的传递，更是文化的传承。通过校园传承，“非遗”技艺不仅在年轻一代中得以延续，还增强了代际之间的文化联结。在雷山县苗族自然历法课程中，学生通过记录物候变化、解析传统农谚，与村寨老人建立跨代际对话。调查显示，参与该项目的学生中89%表示“更理解长辈的文化观念”，亲子冲突发生率下降34%。③ 这种代际知识传递不仅修复了文化链条，还重塑了家庭文化认同。通过校园传承，“非遗”技艺不仅在年轻一代中得以延续，还增强了代际之间的文化联结，为“非遗”的可持续发展提供了坚实的社会基础。

总之，“非遗”传承人年龄结构的优化和校园传承的成效验证，充分展示了“非遗”教育在文化传承和社会发展中的重要作用。通过“双师制”教学模式、数字化传承档案建设和传承人激励机制创新，贵州各地成功吸引了更多年轻人参与“非遗”传承，显著改善了传承人年龄结构，提

① 中国青年网．贵州余庆县：检察公益诉讼助力省级非遗文化传承［EB/OL］．（2023-09-25）[2025-06-07]．http://news.youth.cn/fzlm/202309/t20230925_14813563.htm.

② 中国青年网．贵州余庆县：检察公益诉讼助力省级非遗文化传承［EB/OL］．（2023-09-25）[2025-06-07]．http://news.youth.cn/fzlm/202309/t20230925_14813563.htm.

③ 贵阳市人力资源和社会保障局网．非遗技能助力乡村振兴！贵阳市进一步传承弘扬乡村文化［EB/OL］．（2024-05-10）[2025-06-07]．https://rsj.guiyang.gov.cn/rzxzx/gzdt/yw/202405/t20240510_84613320.html.

升了技艺掌握率，并增强了代际之间的文化联结。这些实践不仅为“非遗”技艺的持续发展提供了有力保障，还为“非遗”的传承注入了新的活力。未来，随着更多地方的积极探索和实践，“非遗”教育将迎来更加广阔的发展空间，为“非遗”的可持续发展奠定坚实基础。

（二）城镇化与文化断层

贵州省城镇化率从2010年的33.8%跃升至2024年的56.65%，这一快速的城镇化进程虽然带来了经济和社会的发展，但也导致了农村学生与乡土文化的疏离加剧。在这一背景下，“非遗”课程通过“文化锚点”功能，成为弥合城乡文化鸿沟的关键载体。“非遗”课程不仅在修复文化断层方面取得了显著成效，还在城乡文化融合方面发挥了重要作用，为“非遗”的可持续发展奠定了坚实基础。

一是文化认知断层。随着城镇化的快速推进，农村学生逐渐远离乡土文化，导致文化断层现象日益严重。这种文化失语不仅体现在文化认知的断层上，还表现为身份认同的危机。黔东南苗族侗族自治州的调查显示，部分学生中仅有23%能准确描述本民族节庆习俗，较农村原生群体下降了51个百分点。[①] 这种文化认知的断层，使得农村学生在面对本土文化时，逐渐失去了认同感和归属感。文化认知的断层不仅影响了“非遗”的传承，还可能导致文化多样性的丧失。二是身份认同危机。身份认同的危机不仅影响了学生的心理健康，还可能导致文化传承的断裂，如何在城镇化进程中增强学生的文化认同感，成为亟待解决的问题。永善县中学的月琴教学案例表明，68%的城镇移民学生存在“文化归属困惑”，表现为对传统乐器的陌生化与排斥。[②] 这种身份认同的危机，使得学生在面对本土文化时，感到疏离和不适应。因此，如何通过教育手段增强学生的文化认同感，成为“非遗”教

---

① 贵阳市人力资源和社会保障局网．非遗技能助力乡村振兴！贵阳市进一步传承弘扬乡村文化［EB/OL］．(2024-05-10)［2025-06-07］．https://rsj.guiyang.gov.cn/rzxzx/gzdt/yw/202405/t20240510_84613320.html.

② 贵阳市人力资源和社会保障局网．非遗技能助力乡村振兴！贵阳市进一步传承弘扬乡村文化［EB/OL］．(2024-05-10)［2025-06-07］．https://rsj.guiyang.gov.cn/rzxzx/gzdt/yw/202405/t20240510_84613320.html.

育的重要任务。

基于以上问题,可通过“非遗”课程的修复机制即“非遗”课程通过空间重构、情感联结和经济赋能等方式,为学生提供了重建乡土记忆的机会,有效缓解了文化断层问题。[①] 一是空间重构。如贵阳市乌当区骆越魂“非遗”工坊将枫香染体验馆嵌入社区,学生通过“画蜡—染色—文创设计”流程,在城镇化空间中重建文化仪式感。这种空间重构的方式,通过将“非遗”体验馆嵌入社区,学生在参与“非遗”活动的过程中,不仅学习了传统技艺,还让学生在城镇化环境中也能感受到乡土文化的魅力,从而增强了对本土文化的认同感。二是情感联结。如施秉县舞水云台公司开发“苗绣情绪日记”,让学生将日常情感转化为刺绣符号,项目参与者的 SCL-90 量表焦虑因子分下降 21.7%[②],文化疗愈效果显著。通过将“非遗”技艺与情感表达相结合,学生不仅学习了传统技艺,还通过刺绣符号表达了自己的情感。这种情感联结的方式,不仅缓解了学生的心理压力,还增强了他们对“非遗”的认同感。三是经济赋能。丹寨县宁航蜡染工坊通过“校园订单”模式,使学生作品直接进入市场流通。2023 年学生设计的蜡染抗菌口罩销售额达 120 万元[③],经济收益反哺文化认同建设。这种经济赋能模式,通过“校园订单”这一创新机制,使学生在学习传统技艺的同时,借助市场流通渠道获取了可观的经济收益,实现了“非遗”传承与经济收益的良性互动,为“非遗”的可持续发展提供了有力的经济支撑与文化动力。

“非遗”课程不仅在修复文化断层方面取得了显著成效,还在城乡文化融合方面发挥了重要作用。如在黎平县侗族大歌课程中,城镇化学生通过多声部协作训练,逐步重建文化自信。跟踪数据显示,参与学生对本民

---

① 杨亲云,欧阳胜美. 汉英对比与非遗剪纸融合:跨学科课程建设的实践探索——以仰天湖桂花坪小学“英语+非遗剪纸”课程建设、推进与实施为例[J]. 汉字文化,2025,(10):176-177.

② 施秉县人民政府门户网.“多彩贵州游·非遗伴你行”舞水云台非遗苗绣工坊:指尖技艺绣出乡村振兴新篇章[EB/OL]. (2024-10-21)[2025-06-07]. https://www.qdnsb.gov.cn/xwzx/zwyw/202410/t20241021_85960175.html.

③ 贵州先锋网. 走“非遗+”路子的黔地“五宝”,贵州 5 家工坊入选 2022 年“非遗工坊典型案例”[EB/OL]. (2023-02-14)[2025-06-06]. http://www.zhiding.net/shehui/2023/0214/45581.html.

族文化认同度从42%提升至79%①，且在跨文化交流中表现出更强的文化阐释能力，提升了他们在跨文化交流中的能力。这种城乡文化融合模式，促使学生在学习侗族大歌的过程中，能够更好地理解和表达本土文化，从而增强了对“非遗”的归属感。

因此，“非遗”课程通过空间重构、情感联结和经济赋能等方式，为学生提供了重建乡土记忆的机会，有效缓解了文化断层问题。在城镇化进程中，“非遗”课程不仅弥合了城乡文化鸿沟，还增强了学生的文化认同感和归属感。未来，随着更多“非遗”课程的开发和实施，“非遗”教育将在城乡文化融合中发挥更大的作用，为“非遗”的可持续发展奠定坚实基础。“非遗”教育不仅为学生提供了丰富的文化体验，还通过经济赋能和情感联结，增强了学生对“非遗”的认同感和归属感。这种教育模式不仅有助于“非遗”技艺的传承，还为学生的全面发展提供了有力支持。

（三）课后时间创造性转化

根据《贵州省课后服务“5+2”实施方案》（课后服务模式每周5天、每天2小时），“非遗”课程需占课后服务总课时的30%以上，并与学科教育形成互补。这一制度设计确保了“非遗”教育在课后服务中的重要地位，为“非遗”课程的开展提供了制度化的时间保障。通过明确规定“非遗”课程的课时比例，学校能够更好地规划和安排课后服务内容，确保“非遗”教育与学科教育有机结合，相辅相成。“5+2”这一政策创新通过时空重构，实现了从“时间填充”到“文化赋能”的质变。“非遗”教育不仅丰富了学生的课后生活，还通过跨学科融合、数字化赋能等方式，提升了学生的综合素质和文化认同感，为“非遗”的传承与发展注入了新的活力。

“非遗”教育的可持续发展依赖资源的有效整合与创新配置。贵州省云岩区通过构建“校内+校外”课程体系，实现了教育资源的跨界融合与

---

① 施秉县人民政府门户网．“多彩贵州游·非遗伴你行”舞水云台非遗苗绣工坊：指尖技艺绣出乡村振兴新篇章［EB/OL］．（2024-10-21）［2025-06-07］．https://www.qdnsb.gov.cn/xwzx/zwyw/202410/t20241021_85960175.html.

效能提升。该区与贵州医科大学合作开发的“人体生命学非遗健康课程”，将苗族医药知识与现代医学理论相结合，形成了独特的教学范式。例如在课程中引入苗药“四大血藤”（鸡血藤、大血藤、小血藤、黑血藤）药理分析，学生在实验室中通过色谱法分离活性成分，同时走访村寨记录传统用药经验，形成“科学验证—文化阐释”双轨学习路径。这种整合模式不仅拓展了“非遗”教育的学科边界（课程覆盖生物学、化学、民族医学三大学科），通过高校科研资源的注入，使“非遗”传承从经验传递升级为知识生产。更深层的价值在于，这种资源整合重构了“非遗”教育的参与格局。在校内，教师负责文化脉络梳理与基础技能传授；校外，高校专家提供技术指导，医疗机构搭建实践平台（如贵阳市妇幼保健院开设苗药儿科应用试点），“非遗”工坊则承担产品转化功能。在多方协同下，“非遗”教育突破了传统的“师徒授受”模式，形成“文化传承—科技创新—产业应用”的闭环生态。黔东南苗族侗族自治州雷山县的案例也进一步印证了这一模式的可行性，该县与贵州民族大学合作的“苗族蜡染纳米抗菌材料研发项目”，将学生设计的传统纹样应用于医用防护服，2023 年获得 2 项国家专利，产品销售额突破 1200 万元。这种产学研深度融合，不仅为“非遗”注入现代科技内涵，更使校园成为文化创新的策源地。

此外，“1+X”模式时间重构的效率变革，也为课后服务时间的结构化设计产生显著的教育增值效应。例如，贵阳市实验小学推行的“1 小时作业辅导 + X 小时非遗活动”模式，通过三大机制优化时间利用。一是注意力聚焦。限定作业时间倒逼效率提升，采用“番茄工作法”将 1 小时划分为 4 个 25 分钟专注区间，使学生作业完成速度提升 50%。这种时间管理方法不仅提高了学生的学习效率，还培养了学生的自主学习能力。通过将作业时间细化为多个专注区间，学生能够更好地集中注意力，避免长时间学习带来的疲劳和分心。这种方法不仅提升了学生的学习效率，还帮助学生养成良好的学习习惯，为学生的未来发展奠定了坚实基础。二是兴趣驱动。“非遗”活动菜单包含 47 个项目，学生可自主组建跨年级社团（如侗族大歌合唱团需包含不同声部成员）。这种兴趣驱动的学习方式，不仅激发了学生的学习积极性，还促进了学生的全面发展。这种提供多样化的

“非遗”活动自主选择的方式，不仅提高了学生的参与度，还培养了学生的团队合作精神和领导能力。同时，通过跨年级社团的组建，学生能够在不同年级之间进行交流和合作，拓宽了学生的视野和交际圈子。三是家校协同。开发“非遗家庭任务包”（如周末拍摄传统建筑纹样），使文化学习延伸至生活场景。这种家校协同的方式，不拓展了学生的学习空间，让学生能够在日常生活中感受到“非遗”的魅力，增强了学生的文化认同感和归属感。同时，这种家校协同的方式，也为家长提供了参与学生学习的机会，促进了家庭与学校之间的沟通和合作。“1+X”模式的价值不仅在于节省时间，更重塑了学生的学习方式——从被动接受转向主动建构，2023 年该校学生自主学习能力评估位列全省第一。这种学习方式的转变，不仅提升了学生的学习效率，还培养了他们的创新思维和实践能力。通过结构化的时间管理和多样化的学习方式，学生能够更好地主动探索和学习，为他们的全面发展提供了有力支持。

综上所述，贵州省推行的“5+2”课后服务模式为“非遗”教育的制度化实施提供了时间保障。通过政策框架的顶层设计与资源的深度整合，实现了“非遗”教育与学科教育的有效协同。“非遗”融入课后乐童服务的系列创新实践，如“1+X”融合模式、跨学科项目制学习以及数字化赋能等，为“非遗”教育的广泛开展积累了丰富的经验与方法论。课后服务时间利用的量化效益，通过效率提升、素养培育等维度，充分展现了该模式在促进学生综合素质提升与文化认同感增强方面的显著成效。未来，随着更多创新实践的不断涌现与推广，“非遗”教育将在课后服务中扮演更为重要的角色，为“非遗”的活态传承与创新发展持续注入新活力，并为学生的全面、深度发展开辟更广阔的空间与机遇。

（四）教育场景的创新适配

在“非遗”融入课后乐童服务的实践中，贵州省通过师资整合、空间拓展和技术赋能等多维度的创新适配，为“非遗”教育的开展提供了有力支持，有效提升了“非遗”教育的质量和效果，为“非遗”的传承与发展开辟了新路径。

一是师资整合。“非遗”传承人与校内教师协同授课。在“非遗”传承人的引入方面，其作为“非遗”传承主体，所掌握的技艺和文化知识是“非遗”教育的核心资源。赤水市邀请竹编传承人杨昌芹进入校园，与校内教师协同授课。杨昌芹不仅带来了精湛的竹编技艺，还通过亲身示范和讲解，让学生直观地感受到“非遗”的魅力。这种“双师制”教学模式，充分发挥了“非遗”传承人的专业优势和校内教师的教育经验，形成了互补的教学团队。在协同授课模式方面，“非遗”传承人主要负责技艺的传授和文化讲解，而校内教师则负责课程的整体规划、教学管理和学生的学习指导。例如，在竹编课程中，传承人通过现场示范，向学生展示竹编的基本技法和工艺流程，而校内教师则通过讲解相关的历史文化背景、设计课程作业等方式，帮助学生更好地理解和掌握所学内容。这种协同授课模式，不仅提高了教学效果，还促进了“非遗”传承人与校内教师之间的交流与合作，形成了良好的教学互动。

二是空间拓展。“非遗”体验中心与研学基地的建设。在“非遗”体验中心的建设方面，“非遗”体验中心为学生提供了沉浸式的“非遗”学习环境。贵阳市乌当区骆越魂“非遗”工坊将枫香染体验馆嵌入社区，学生通过“画蜡—染色—文创设计”流程，在城镇化空间中重建文化仪式感。这种空间拓展的方式，不仅为学生提供了丰富的文化体验，还增强了他们对乡土文化的认同感。“非遗”体验中心通过展示“非遗”作品、提供实践操作平台等方式，让学生在体验中感受“非遗”的魅力，激发了他们对“非遗”学习的兴趣和热情。在研学基地的开发方面，研学基地则为学生提供了更广阔的学习空间和实践机会。乌江寨“非遗”嘉年华通过举办“非遗”展览、互动体验活动等，为学生提供了丰富的学习资源和实践机会。学生在研学基地中，不仅可以参观“非遗”作品，还可以参与“非遗”技艺的实践操作，与“非遗”传承人面对面交流，深入了解“非遗”的内涵和价值。这种研学基地的开发，不仅丰富了“非遗”教育的形式，还为“非遗”的传播和推广提供了新的平台。

三是技术赋能。数字化选课系统的应用。在数字化选课系统的开发方面，比如高密市“一生一课表”数字化选课系统的开发，为“非遗”教育的个性化提供了技术支持。通过该系统，学生可以根据自己的兴趣爱好和学习进度，自主选择“非遗”课程。这种个性化的课程安排，不仅提高了学生的参与度和学习积极性，还能够更好地满足学生的个性化学习需求，促进每个学生的全面发展。[①] 在课程匹配度的提升方面，数字化选课系统通过数据分析和智能推荐，为学生提供最适合的“非遗”课程。选课系统根据学生的选课历史、学习表现和兴趣偏好，推荐适合的“非遗”课程和活动。这种智能化的课程推荐，不仅提高了课程的匹配度，还为教师提供了教学参考，帮助教师更好地了解学生的学习需求，调整教学策略，提高教学质量。

通过师资整合、空间拓展和技术赋能等多维度的创新适配，为“非遗”融入乐童课后服务提供了有力支持。“非遗”传承人与校内教师的协同授课，充分发挥了双方的优势，形成了互补的教学团队，提高了教学效果。“非遗”体验中心和研学基地的建设，为学生提供了沉浸式的“非遗”学习环境和丰富的实践机会，增强了他们对“非遗”的认同感和归属感。数字化选课系统的应用，为“非遗”教育的个性化提供了技术支持，提高了课程的匹配度和学生的参与度。这些创新适配措施，不仅提升了“非遗”教育的质量和效果，还为“非遗”的传承与发展开辟了新路径，为学生的全面发展提供了有力支持。未来，随着更多创新实践的开展和推广，“非遗”教育将在课后服务中发挥更大的作用，为“非遗”的可持续发展奠定坚实基础。

“非遗”融入课后乐童服务的实践，不仅是文化传承的需要，更是应对社会结构性问题的重要举措。通过应对老龄化带来的传承危机、城镇化引发的文化断层以及课后时间的有效利用，“非遗”教育在其中发挥了关键作用。相关“非遗”融入课后乐童实践表明，通过将“非遗”技艺引入校园，培养年轻一代的兴趣和技能，可以有效缓解传承危机，确保“非遗”技艺的延续。同时，“非遗”课程为农村学生提供了重建乡土记忆的

---

① 高密市教体局网．高密市：创新“1+1+X”课后服务新模式 赋能学生高品质成长［EB/OL］．(2025-01-23)［2025-06-07］．https://jyj.weifang.gov.cn/XWZX/JYXX/202412/t20241223_6451786.htm.

机会，增强了对本土文化的认同感和归属感。此外，合理利用课后时间，将“非遗”课程纳入课后服务内容，不仅丰富了学生的课余生活，还为“非遗”教育的深入实施提供了有力支持。未来，随着更多地方的积极探索和实践，“非遗”教育将迎来更加广阔的发展空间。

三、文化认同的塑造效能

“非遗”教育作为一种重要的文化传承手段，不仅在知识传递和技艺培养方面发挥着关键作用，还在文化认同的建构中具有深远影响。文化认同是个体或群体对自身文化背景的认同和归属感，是文化传承和社会凝聚力的重要基础。[①]“非遗”教育通过认知、情感、行为三个维度，多方面地塑造和强化了学生对本土文化的认同感。[②] 本文将聚焦这三个维度，深入剖析“非遗”教育在文化认同生成过程中的内在逻辑。

（一）认知维度：文化认知体系的深化与延展

一是“非遗”教育对文化认知的层级提升。通过结构化的课程体系设计及多元化的实践活动介入，“非遗”教育显著提升了学生对本土文化的认知广度与深度。“非遗”课程教学不仅涵盖传统技艺的操作训练，更辅以文化阐释与历史脉络梳理，旨在帮助学生构建对本土文化的系统性认知框架。以赤水市第三小学的竹编课程为例，其教学不仅传授竹编技法，更通过文化讲解环节，引导学生理解竹编技艺的历史渊源、文化意涵及其在地性特征。这种系统化的教学范式，有效促进了学生对竹编文化认知的全面性与深刻性。

二是文化知识体系的系统化整合与跨学科延展。“非遗”教育并非局限于单一技艺的传授，更通过跨学科的教学整合策略，拓展学生的文化知识版图。例如，安顺地戏社团的教学实践，巧妙地将明代屯堡历史知识、

---

① 郑晓云．文化认同论［M］．北京：中国社会科学出版社，2008：4.

② 何倩，龙高云，秦义滨．高中生中华文化认同的跨学科教学实证研究——基于南宁十中的“1+1+N”跨学科教学实践［J］．广西教育学院学报，2025，40（03）：36-46.

运动力学原理与戏剧表演实践进行融合。学生在学习地戏表演技艺的过程中，不仅深化了对明代屯堡历史文化背景的理解，亦掌握了相关的运动力学基础原理，进而提升了戏剧表演的综合素养。这种跨学科的学习模式，不仅丰富了学生的知识结构，亦有效培养了其综合认知与问题解决能力。

三是认知提升的具体表征。“非遗”课程通过其系统化的教学内容设计，有效促进了学生对本土文化的结构化认知。例如，通过竹编技艺的学习，学生不仅习得了竹编相关的操作技能，更理解了其背后的历史脉络与地域文化特征。同时，“非遗”教育借助跨学科教学手段，实现了文化知识的有效延展。例如，地戏表演的学习，使学生不仅掌握了表演技巧，亦深刻理解了地戏的文化背景、历史价值及其在地方文化体系中的独特地位，从而提升了其对本土文化的整体认知水平。

（二）情感维度：文化自豪感的强化与内化

一是“非遗”教育对文化自豪感的激发与强化。借助丰富的实践活动设计与深度情感体验机制，“非遗”教育显著增强了学生对本土文化的自豪感。通过参与“非遗”相关活动，学生不仅习得传统技艺，更能切身体验本土文化的独特魅力与核心价值，进而产生并巩固其文化自豪感。以侗族大歌课程为例，学生通过学习多声部协作演唱，不仅掌握了表演技能，更深刻感受到了侗族大歌所蕴含的集体智慧与文化美感，从而显著增强了对本民族文化的认同与自豪。

二是情感强化效应的具体体现。“非遗”教育通过实践活动与情感体验的双重路径，有效激发了学生的文化自豪感。例如，在苗族刺绣课程中，学生不仅掌握了刺绣技法，更在创作过程中感悟到苗族刺绣的文化底蕴与审美价值，进而强化了其对本民族文化的情感依附与自豪感。此外，“非遗”教育还通过建立情感联结与文化沉浸式体验，提升学生的文化认同度。例如，“苗绣情绪日记”项目的设计，引导学生将个人日常情感投射并转化为刺绣符号进行表达，此过程不仅具有心理疏导功能，更在符号化的创造实践中深化了其对“非遗”的情感认同与价值内化。

三是情感体验的多元化路径。“非遗”教育通过设计多样化的实践活动，为学生提供了多维度的情感体验机会。例如，地戏表演的参与，不仅涉及表演技能的学习，更包含团队协作、舞台呈现等环节，使学生在实践过程中全方位感受“非遗”艺术的魅力、价值及其社群意义，从而提升了其情感体验的丰富性与深度。

（三）行为维度：文化传承实践行为的引导与促进

一是“非遗”教育对文化传承实践行为的引导作用。“非遗”教育不仅提升了学生的文化认知与情感认同，更在行为层面促使其产生兴趣并参与文化传承实践。通过参与“非遗”课程及相关活动，学生不仅习得传统技艺，更被引导和鼓励参与“非遗”的活态传承与当代传播实践中。例如，“校园订单”模式的应用，使得学生设计的蜡染作品能够直接进入市场流通环节，这一过程不仅为学生带来了经济回报，更在实践中强化了其对“非遗”的价值认同与传承责任感。

二是文化传承实践行为的多样性与持续性。“非遗”教育通过设计多样化的实践活动，促进了学生文化传承行为的多元化表现。例如，舞龙课程的学习，不仅锻炼了学生的身体素质，提升了文化素养，更促使他们积极参与舞龙这一“非遗”项目的社区展演与传承活动中，展现出多样化的文化实践行为。同时，“非遗”教育通过持续性的课程设计与实践活动安排，保障了学生文化传承行为的延续性。例如，“非遗家庭任务包”项目的实施，鼓励学生在周末时间拍摄记录传统建筑纹样，将“非遗”学习与实践活动延伸至家庭及日常生活场景，有效巩固和深化了其对“非遗”的传承意识。

三是行为实践机会的拓展与深化。“非遗”教育通过创设多样化的实践平台，为学生提供了丰富的行为实践机会。例如，“校园非遗博览会”的举办，不仅为学生提供了展示其“非遗”创作成果的舞台，更通过设置观众投票、专家点评等反馈机制，使学生能够获得来自不同层面的评价与认可。这种多样化的实践体验，不仅锻炼了学生的动手能力与表达能力，更在互动反馈中强化了其对“非遗”传承的责任感与使命感。

综上所述，“非遗”教育在文化认同的建构过程中扮演着关键角色，其通过认知、情感与行为三个维度，系统性塑造和强化了学生对本土文化的认同感。① 从认知层面审视，“非遗”教育依托结构化的课程体系与多元化的实践活动，显著提升了学生对本土文化的知识储备与理解深度。在情感维度上，借助沉浸式的实践体验与情感共鸣机制，“非遗”教育有效激发了学生对本土文化的归属感与民族自豪感。至于行为层面，通过设计并实施丰富的实践项目，“非遗”教育积极促进了学生的文化实践参与度与传承行为。未来，随着“非遗”课程资源的持续开发与教学实践的深入推进，“非遗”教育将在文化传承脉络的维系、个体全面发展的促进方面发挥更为关键的赋能作用，为“非遗”代际传递与可持续发展奠定更为坚实的实践基础与人才支撑。

总而言之，“非遗”融入课后乐童教育不仅是文化传承的重要途径，也是教育创新的重要方向。“非遗”教育通过“非遗工坊+校园传承”模式，实现了“非遗”保护的活态化；通过丰富的课程内容和实践活动，促进了学生的全面发展；通过校本课程的开发和实施，推动了教育质量的提升；通过丰富的实践活动，增强了社会文化认同。② “非遗”教育需要进一步探索“非遗”课程的标准化建设、传承人激励机制及跨区域协作模式，以实现文化保护与教育高质量发展的双赢。“非遗”融入课后乐童教育不仅为学生提供了丰富的文化体验，还通过经济赋能和情感联结，增强了学生对“非遗”的认同感和归属感。这种教育模式不仅有助于“非遗”技艺的传承，还为学生的全面发展提供了有力支持。随着更多创新实践的开展和推广，“非遗”融入课后乐童教育将在文化传承和学生发展中发挥更大的作用，为“非遗”的可持续发展奠定坚实基础。“非遗”不仅能“活”在校园，更能“活”入下一代的精神血脉。

未来，“非遗”融入课后乐童教育需进一步探索以下方向。其一，“非遗”课程体系的标准化构建。“非遗”教育的可持续发展亟须推进课程内容的标准化建设。这要求制定统一、科学的“非遗”课程标准，明确界定

---

① 贾巧枝，何光全．生成逻辑与实践进路：从文化认知到国家认同——以“三大文化”赋能国家认同教育的中小学社团课程构建研究［J］．华夏教师，2025，（10）：12-15+57.

② 冯晓娟．本土文化视域下的园本课程建设［J］．亚太教育，2025，（04）：144-146.

课程内容框架、教学方法论及评价机制，从而保障“非遗”教育的科学性、系统性与规范性。标准化建设不仅有助于提升“非遗”课程在全国范围内的可推广性与适用性，进而提升整体教育质量，还可通过开发标准化的教材与教学资源库，为教育实践提供统一、高质量的指导与支持。其二，传承人参与机制的优化与创新。“非遗”教育的深化发展，关键在于创新传承人的激励机制。应探索多元化的激励模式，如提供经济补偿、授予专业荣誉、搭建职业发展平台等，以吸引并鼓励更多“非遗”传承人投身校园教育，亲身传授技艺与文化内涵。同时，需配套实施针对性的培训与指导项目，提升传承人的教育教学能力，确保“非遗”教育的实施质量与预期成效。例如，丹寨县石桥古法造纸工坊推行的“传承积分制”模式，将校园授课工作量与学生作品的商业价值转化为传承人职称评审的加分依据，将青年传承人人均年收入提升至 8 万元。此类机制创新不仅改善了传承人的经济状况，更极大地激发了其参与“非遗”教育传承的内生动力。其三，跨区域协同发展模式的探索与实践。“非遗”教育的未来发展，应积极构建跨区域的协作机制。通过促进教育资源、优秀实践经验的共享，以及开展联合师资培训等方式，推动不同地区“非遗”教育的均衡与协同发展。建议建立跨区域的“非遗”教育联盟或协作网络，搭建常态化交流平台，促进资源互补与经验互鉴，有效提升“非遗”的整体影响力与传播效能，最终实现“非遗”教育的全面、深度发展。

第三章　贵州“非遗”融入课后乐童服务实施现状及成果

近年来，随着国家对“非遗”保护和传承的重视，以及“双减”政策的实施，将“非遗”融入课后服务成为各地探索的热点。贵州省拥有丰富的“非遗”资源，将其融入课后乐童服务，不仅有利于“非遗”的传承和发展，也能丰富课后服务内容，提升学生文化素养。贵州省作为“非遗”资源大省，拥有苗绣、侗族大歌、蜡染、银饰锻造等多项国家级“非遗”项目。随着“双减”政策推进，贵州省将“非遗”传承与课后服务结合，既丰富学生课余生活，又推动“非遗”活态传承。此举契合国家文化保护与教育创新双重要求，成为地方特色教育实践亮点。当前贵州将“非遗”融入课后乐童服务（课后服务）的实践已取得显著进展，形成了政府主导、学校推进、社会参与的多元模式，在丰富学生课余生活、传承“非遗”方面成效突出，贵州“非遗”融入课后乐童服务的实施已取得阶段性成果。在政策层面，各级政府响应“双减”政策，出台相关文件推动“非遗”课程进校园，构建“一校一案”课后服务体系，为“非遗”传承提供制度保障。在实践中，学校依托本地“非遗”资源，开发蜡染、陶艺、芦笙舞等特色课程，形成“作业辅导+体艺活动+非遗传承”三线并行的课后服务模式。总的来说，贵州“非遗”融入课后乐童服务实施现状良好，呈现出多方面的积极发展态势。

第一节　实施背景与政策沿革

贵州“非遗”融入课后乐童服务的实施背景与政策沿革，具有极其重要的意义。从实施背景来看，贵州作为多民族聚居地，拥有丰富的“非遗”资源，这些“非遗”是民族智慧的结晶，承载着深厚的历史底蕴与文化价值。然而，随着现代化进程的加快，“非遗”的传承面临挑战。在此背景下，将“非遗”融入课后乐童服务，不仅是对本土文化资源的有效挖掘与利用，更是对学生文化自信与民族自豪感的培养。从政策沿革看，国家“双减”政策的实施，为课后服务创新提供了契机。贵州积极响应政策号召，推动“非遗”进校园，丰富课后服务内容，促进学生全面发展。这一政策沿革不仅体现了教育改革的深化，也为“非遗”的活态传承提供了新路径。通过“非遗”的浸润，学生能够在课后服务中感受传统文化的魅力，增强文化认同感，为“非遗”的传承与发展注入新的活力。

一、实施背景

贵州“非遗”融入课后乐童服务的实施背景，深刻体现了政策导向与文化传承的双重需求。在国家“双减”政策深入推进的背景下，减轻学生课业负担、丰富课后服务内容成为教育改革的重要方向。与此同时，贵州作为多民族聚居地，拥有丰富的“非遗”资源，这些“非遗”是民族智慧的结晶，承载着深厚的历史底蕴与文化价值。将“非遗”融入课后乐童服务，不仅是对“双减”政策的积极响应，更是对本土文化资源的有效挖掘与利用。这一举措的重要性在于，它为学生提供了接触、了解并传承“非遗”的平台，有助于增强学生的文化自信与民族自豪感。其意义则在于，通过“非遗”的浸润，促进学生全面发展，培养其审美情趣、创新精神与实践能力，同时推动“非遗”的活态传承，让传统文化在新时代焕发出新的生机与活力。

（一）国家政策导向

《贵州省非物质文化遗产保护条例》（2011年）是贵州省"非遗"保护的纲领性文件，明确要求"学校应当按照国务院教育主管部门的规定，开展相关的'非遗'教育"，强调了教育机构在"非遗"传承中的责任，为"非遗"进校园提供了法律依据。条例提出通过教育普及"非遗"知识，支持学校与"非遗"传承人合作，为后续将"非遗"纳入课后服务奠定了基础。①

2021年发布的《贵州省"十四五"非物质文化遗产保护规划》强调，要推进"非遗"普及教育，重点支持"非遗"进校园，鼓励学校邀请"非遗"传承人开设"非遗"课程、开展"非遗"教学实践活动，鼓励全省各级各类中小学把本地区"非遗"教育纳入素质教育内容。2021年发布的《贵州省"十四五"非物质文化遗产保护规划》强调，要推进"非遗"普及教育，重点支持"非遗"进校园，鼓励学校邀请"非遗"传承人开设"非遗"课程、开展"非遗"教学实践活动，鼓励全省各级各类中小学把本地区"非遗"教育纳入素质教育内容。② 这一规划为"非遗"系统性融入课后服务提供了政策保障和资源支持，"非遗"项目开始从零散活动转向系统化课程。2021年8月，中共中央办公厅、国务院办公厅印发了《关于进一步加强非物质文化遗产保护工作的意见》（以下均简称为《意见》），指出保护好、传承好、利用好"非遗"，对于延续历史文脉、坚定文化自信、推动文明交流互鉴、建设社会主义文化强国具有重要意义。该意见同时也是贵州省"非遗"保护的纲领性文件，《意见》明确要求"学校应当按照国务院教育主管部门的规定，开展相关的非遗教育"，这强调了教育机构在"非遗"传承中的责任，为"非遗"进校园提供了法律依

① 贵州省文化和旅游厅．贵州省非物质文化遗产保护条例［EB/OL］．［2019-09-19］．https://whhly.guizhou.gov.cn/zwgk/xxgkml/zdlyxx/fwzwhyc/201909/t20190919_6711002.html.

② 贵州省文化和旅游厅．省文化和旅游厅关于印发《贵州省"十四五"非物质文化遗产保护规划》的通知［EB/OL］．［2022-01-05］．https://whhly.guizhou.gov.cn/zwgk/xxgkm/jcxxgk/ghjh/202302/t20230202_78082126.html.

据。这为贵州“非遗”保护与传承工作提供了国家层面的政策指引和方向。

在国家政策的推动下，贵州省积极响应并结合本地实际情况制定了多项具体措施。例如，通过设立“非遗”传承基地、组织“非遗”主题活动等方式，进一步深化学校与“非遗”传承人之间的合作。这些举措不仅为学生提供了接触和了解“非遗”的机会，也促进了“非遗”技艺的活态传承。同时，相关政策还鼓励学校利用课后服务时间开展丰富多彩的“非遗”体验活动，让学生在实践中感受传统文化的魅力，从而增强对本土文化的认同感与自豪感。这种将“非遗”融入日常教育的做法，为培养具有文化自信的新一代奠定了坚实的基础。

（二）地方发展需求

贵州是“非遗”大省，“非遗”项目数量位居全国前列，涵盖民族戏曲、传统技艺、民俗服饰等多个领域。如此丰富的“非遗”资源，为融入课后乐童服务提供了坚实的基础和多样的选择。目前，部分“非遗”项目面临传承困境，如罗甸县边阳镇苗族“夜乐舞”在 2007 年被列入贵州省第二批省级“非遗”代表性项目名录。[①] 但该“非遗”项目因青壮年外出务工，缺少接班人。将“非遗”融入课后乐童服务，能够让更多的青少年了解和学习“非遗”，培养“非遗”传承的接班人，促进“非遗”的保护和传承。2022 年 1 月国务院印发的《关于支持贵州在新时代西部大开发上闯新路的意见》强调贵州要积极发展民族、乡村特色文化产业和旅游产业，加强民族传统手工艺保护与传承，打造民族文创产品和旅游商品品牌。“非遗”成为推动贵州经济文化发展的重要力量，也是乡村振兴战略实施的重要文化支撑。[②] 当前，贵州积极发展民族、乡村特色文化产业和旅游产业，加强民族传统手工艺保护与传承，打造民族文创产品和旅游商

---

① 罗甸县人民政府.【新时代文明实践】罗甸：非遗进校园文化共传承[EB/OL].[2023-02-14].https://www.qzluodian.gov.cn/xwdt/bmdt/202302/t20230214 78211660.htm.

② 贵州省人民政府.在新时代西部大开发上闯新路[EB/OL].[2024-01-05].https://www.guizhou.gov.cn/ztzl/xgfeh/gcls/202401/t20240105 83461613.htm.

品品牌，需要从青少年阶段培养相关人才和营造文化氛围，“非遗”融入课后乐童服务可为地方文化产业发展奠定基础。将“非遗”融入课后乐童服务，不仅能够丰富青少年的课外活动内容，还能通过实践体验增强他们对本土文化的认同感和自豪感。这种模式为地方文化产业的可持续发展提供了源源不断的新生力量，同时也促进了文化与教育的深度融合。在实施过程中，地方学校可以结合区域特色，设计具有针对性的课程内容，使“非遗”技艺的学习更加生动有趣。例如，通过邀请“非遗”传承人走进课堂、组织学生参与传统节庆活动等方式，让学生近距离感受“非遗”的魅力。这样的互动形式既有助于解决部分“非遗”项目传承人短缺的问题，也为地方文化产业注入了新的活力，推动形成独具特色的文化品牌效应。

（三）教育改革趋势

当前教育改革强调全面发展和素质教育，注重培养学生的综合素养和兴趣爱好。“非遗”融入课后乐童服务，有助于丰富学生的学习体验，培养学生对民族文化的热爱，增强学生的民族自豪感和文化自信，符合教育改革的方向。“双减”政策的实施，为学校开展多样化的课后服务创造了条件。课后服务不再局限于传统的作业辅导，而是向全面、多元、创新方向发展，拓展延伸了各类社团和兴趣小组内容，为“非遗”融入课后乐童服务提供了时间和空间上的契机，推动课后服务从“常态化”迈向“高质量”。[①] 随着“双减”政策深入实施，贵州省教育厅联合多部门创新性地将“非遗”保护传承与课后服务有机结合，形成了具有地方特色的“乐童计划”服务体系。在这一背景下，各地方学校可以充分利用课后服务的灵活性，设计出更加贴近学生需求的“非遗”主题活动。例如，结合地方特色开展手工艺制作、传统音乐与舞蹈表演等课程，不仅能够激发学生的创造力和动手能力，还能让他们在实践中感受到传统文化的独特魅力。同时，

---

① 贵州省人民政府. 探索贵州课后服务创新升级实践［EB/OL］.［2025-03-25］. https://www.guizhou.gov.cn/ztzl/sjzgz/gzcx/202503/t20250325_87261365.html.

教育改革提倡以学生为中心的教学模式，这为“非遗”项目的个性化教学提供了可能。通过项目式学习或探究式活动，学生可以更深入地理解“非遗”背后的文化内涵，并将其与自身的生活经验相结合，从而形成更为深刻的文化认知。这样的教育方式，既符合当代教育理念，也为“非遗”的活态传承开辟了新的路径。

二、政策沿革

贵州“非遗”融入课后乐童服务的政策在推动“非遗”传承与教育创新方面发挥了关键作用。从早期“乐童计划”的推行，到“双减”政策下的服务升级，政策不断引导学校将“非遗”纳入课后服务内容。早期“乐童计划”以解决家长接送难题和保障学生安全为基础，之后逐步探索引入特色社团活动，为“非遗”进校园提供了初步平台。近年来，贵州在“非遗”融入课后乐童服务方面积极探索，政策体系不断完善，为“非遗”传承与教育融合发展提供了有力支撑。这一政策沿革历程展现了贵州对“非遗”保护与传承的重视，以及在教育领域推动文化发展的坚定决心。

（一）早期探索与基础奠定（2018—2020年）

2018年，贵州省贵阳市率先试行“乐童计划”学生课后免费托管服务，由政府出资、学生自愿参加，财政按照每生每年300元的标准为参加课后服务的学生提供经费保障。这一计划在政策设计上创造性地提出“政府出资、学校主导、社会参与”的实施模式，截至2018年年底，贵阳市中小学生参与托管率已达90.06%，有效解决了学生课后看护难题的同时，也为“非遗”进校园奠定了制度基础。① 这一举措为贵州开展课后服务工作奠定了基础，也为后续“非遗”融入创造了时间和空间条件。虽然此时“非遗”尚未大规模融入，但课后服务体系的初步建立，为后续拓展服务

---

① 中闻网贵州．贵州省基本实现“双减”工作的阶段性目标［EB/OL］．［2022-11-07］．https://www.gz.chinanews.com.cn/jigz/rdxw/2022-11-17/doc-ihcfyswt4237183.shtml.

内容、引入“非遗”项目提供了可能性。

在早期探索阶段，贵州省的各地学校也开始尝试将地方特色文化纳入课后活动内容，尽管规模较小且形式较为单一，但为“非遗”资源的逐步引入积累了宝贵经验。同时，政策制定者通过调研和试点，逐步认识到“非遗”融入课后服务的潜在价值，这为进一步完善政策设计提供了实践依据。教育部门与文化机构的合作初见成效，部分学校邀请“非遗”传承人走进校园，开展短期体验活动，这种初步尝试不仅丰富了学生的课余生活，也为后续系统化、规范化的“非遗”课程开发积累了经验。这一阶段的探索表明，政策的支持与学校的主动作为能够有效推动“非遗”在教育领域的渗透，同时也揭示了资源整合与专业师资的重要性。

（二）“双减”推动与“非遗”融入契机（2021年）

2021年，“双减”政策正式实施，贵州积极响应。这一政策的推行使课后服务不再局限于传统作业辅导，为学校开展多样化、特色化服务开辟了新路径，成为“非遗”融入课后乐童服务的重要契机。同年，中共中央办公厅、国务院办公厅印发《关于进一步加强非物质文化遗产保护工作的意见》，明确提出将“非遗”内容贯穿国民教育始终，鼓励“非遗”进校园、开设特色课程等。[①] 在此背景下，贵州省紧跟国家政策导向，发布《贵州省“十四五”非物质文化遗产保护规划》，强调推进“非遗”普及教育，重点支持“非遗”进校园鼓励学校邀请“非遗”传承人开设课程、开展教学实践活动，将本地区“非遗”教育纳入中小学素质教育内容。一系列政策的出台，从国家到地方形成了政策合力，为贵州“非遗”融入课后乐童服务指明了方向。[②]

在政策推动下，贵州省各地学校迅速行动，结合本地“非遗”资

① 中共中央办公厅 国务院办公厅. 关于进一步加强非物质文化遗产保护工作的意见[EB/OL]. [2021-08-12]. https://www.gov.cn/zhengce/2021-08/12/content5630974.htm.

② 贵州省文化和旅游厅. 省文化和旅游厅关于印发《贵州省“十四五”非物质文化遗产保护规划》的通知[EB/OL]. [2022-01-05]. https://whhly.guizhou.gov.cn/zwgk/xxgkml/jcxxgk/ghjh/202302/t20230202_78082126.html.

源，探索出多种融入模式。例如，部分学校将苗族刺绣、侗族大歌等具有地方特色的“非遗”项目引入课后服务，不仅丰富了学生的课外生活，还增强了他们对本土文化的认同感。同时，教育部门联合文化机构，组织“非遗”传承人走进校园，通过讲座、工作坊等形式，让学生近距离感受“非遗”魅力。这些举措有效弥补了传统课后服务内容单一性的不足，也为“非遗”的活态传承开辟了新途径。此外，一些学校还尝试将“非遗”元素与现代教育技术相结合，利用多媒体手段提升教学效果，进一步激发学生的学习兴趣。

（三）政策细化与服务升级（2022 年）

2022 年，政策进一步细化并推动服务升级。中共贵州省委办公厅、贵州省人民政府办公厅印发《关于进一步加强非物质文化遗产保护工作的实施意见》，再次强调“非遗”融入国民教育体系，支持创建“非遗”传承基地等。① 同时，省委办公厅、省政府办公厅还印发《关于全面加强和改进新时代学校体育工作的实施意见》和《关于全面加强和改进新时代学校美育工作的实施意见》，为全省学校体育、美育工作开展作了 15 年规划，明确要全面融合美育资源，“非遗”作为重要的美育资源。② 在政策推动下，加快了融入课后服务的步伐。各地教育部门积极响应政策号召，组织“非遗”传承人与学校对接，搭建合作平台。部分学校还设立了“非遗”展示馆或体验角，让学生近距离感受传统文化的魅力。例如，黔东南地区的学校结合苗族刺绣、侗族大歌等特色项目，开设了独具民族风情的课后兴趣班。与此同时，教育主管部门加大了对教师的培训力度，提升其在“非遗”教学中的专业能力，确保课程质量。通过这些举措，不仅丰富了课后服务的内容，也增强了学生对本土文化的认同感和自豪感。

---

① 非遗青年网. 贵州构建非遗保护传承发展新格局《关于进一步加强非物质文化遗产保护工作的实施意见》工作任务解读[EB/OL]. [2022-10-31]. https://feiyi. youth. cn/fysyd/202210/t2022103114094172. html.

② 贵州省文化和旅游厅. 省文化和旅游厅关于省政协十三届二次会议第 3068 号提案的答复[EB/OL]. [2024-07-02]. https://whhly. guizhou. gov. cn/ztzl/rdzt/jytagkzl/202407/t20240702_84942258. htm.

（四）课后服务模式创新与规范（2023 年）

2023 年，贵阳市对课后服务工作进行了再次升级，建立“5+2+2“的课后服务新模式。即每周 5 天都开展课后服务，每天开展 2 小时，提供 2 种选择，第一种选择为乐童计划，以看护学生安全、指导作业等为主，费用由财政补贴，学生免费自愿参与；第二种选择为升级服务，包括开展文体、科技、艺术、学科创新、综合实践、劳动及融合教育创新项目。① 升级服务可引入校外有资质的非学科类培训机构、大学生志愿者、退休教师、“非遗”传承人等提供服务。贵阳市教育局还委托相关公司建立管理平台，对课程安排、选课缴费、评价考核等进行信息化管理，并规范对服务机构的审核流程。这一模式创新与规范，为“非遗”传承人等社会力量参与课后服务提供了明确路径和保障，促进了“非遗”项目在课后乐童服务中的有效开展。

（五）持续深化与全面融合推进（2024 年至今）

2024 年，省委教育工作领导小组印发《贵州省加强学校铸牢中华民族共同体意识教育的实施方案》，从课程教材融入、教师队伍配备建设等方面将中华优秀传统文化等相关内容融入学校教育教学全过程，进一步推动了“非遗”在校园中的传承与发展。② 在此期间，贵州各地学校不断探索“非遗”与各学科的融合，如都匀市第八完全小学探索“非遗+劳动教育”融合育人路径，册亨县民族中学将“非遗”项目编订成校本教材并形成系统课程等。随着政策的持续深化，“非遗”融入课后乐童服务在实践中不断拓展和完善，从简单的项目引入向课程体系建设、多学科融合等方向全面推进，在传承“非遗”的同时，促进学生综合素质的提升。贵州“非

---

① 贵州省人民政府．“5+2+2”云岩教育推进课后服务提质升级［EB/OL］．［2022-11-18］．https://www.guizhou.gov.cn/ztzl/sjzgz/gcls/xn/dxjyjl/202211/t20221118_77145069.html.

② 贵州省文化和旅游厅．省文化和旅游厅关于省政协十三届二次会议第 3068 号提案的答复［EB/OL］．［2024-07-02］．https://whhly.guizhou.gov.cn/ztzl/rdzt/jytagkzl/202407/t20240702_84942258.htm.

遗”融入课后乐童服务的政策沿革，是一个从初步探索到逐步完善、从政策引导到具体实践落地的过程。通过一系列政策的推动，贵州在“非遗”传承与教育融合方面取得了显著成效，为学生提供了更丰富的学习体验，也为“非遗”的保护与传承注入了新活力。

第二节　当前实施模式及区域特色

贵州作为一个多民族聚居且“非遗”资源极为丰富的省份，在“非遗”融入课后乐童服务的实践中，探索出了多种具有鲜明区域特色的实施模式。这些模式既体现了贵州独特的文化多样性，又结合了地方教育的实际需求。例如在黔东南地区，学校通过将侗族大歌、苗族刺绣等“非遗”项目融入日常教学，形成了“多彩民族文化全方位融入”的特色路径。同时，部分地区依托“非遗”传承人进校园的机制，构建起活态传承模式，让学生在亲身体验中感受传统文化的魅力。此外，一些学校还积极与社会公益组织合作，通过资源整合和优势互补，进一步丰富了“非遗”教育的形式和内容。这些创新实践为“非遗”的保护与传承开辟了新途径，也为学生的全面发展提供了更多可能性。这些模式充分利用各地独特的“非遗”项目，从民族地区特色挖掘、公益协作助力、活态传承推动到校本课程体系构建等多个维度，为“非遗”在校园中的传承与发展开辟了新路径，极大地丰富了课后乐童服务的内涵。

一、民族地区特色模式

在贵州“非遗”融入课后乐童服务中，民族地区特色模式展现了独特的魅力。这种模式充分利用了区域内丰富的民族文化资源，通过精心设计的教学活动和课程内容，将地方“非遗”项目与学校教育有机结合。例如，在少数民族地区，各地方学校以自己本土民族的“非遗”（苗族的刺绣、布依族蜡染、水族马尾绣等）技艺为核心，开发了一系列具有地方特色的实践课程，打造了涵盖音乐、舞蹈、手工艺等多领域的多元课堂，进一步拓宽了学生的文化视野。这些课程不仅让学生深入了解本民族的文化传统，还激发了他们对“非遗”保护的责任感和自豪感。这种模式的成功实施，既为“非遗”传承注入了新鲜活力，也为民族地区的教育发展提供了新思路。

（一）黔东南：多彩民族文化全方位融入

在黔东南地区，“非遗”融入课后乐童服务展现出鲜明的区域特色。黔东南州是苗族、侗族等多个少数民族的聚居地，拥有绚丽多彩的民族文化“非遗”资源。以凯里三小为例，作为“州级艺术特色学校”“市级民族文化示范校”，该校将地域资源转化为教育优势。在课后服务中，开设了蜡染、陶艺、民族手工等特色社团，让学生亲身体验传统技艺的魅力。同时，学校还开展民族舞蹈、民族绘画、芦笙、民族武术等社团活动，结合不同年级和班级特点，以“跃动四季”活动体系为主导，开展“跃阅诵”“跃书法”等活动，将民族文化与学科教育巧妙融合。施秉县第一中学则把苗族踩鼓舞、板凳舞改编加入课间操，学生们在充满民族风情的节奏中锻炼身体，增强民族自信心，使“非遗”真正融入学生的日常生活中。[①] 这一模式依托当地丰富的民族文化资源，将侗族大歌、苗族飞歌、芦笙舞等独具特色的“非遗”项目深度嵌入校园活动。学校通过组织“非遗”展演、文化体验日以及民族节庆主题活动，让学生感受传统文化的魅力。同时，结合现代教育理念，创新性地将“非遗”元素融入美术、音乐、体育等学科教学中，形成独具特色的跨学科融合课程体系。这种全方位的文化浸润，不仅丰富了学生的课余生活，还培养了他们对本土文化的认同感和传承意识。

（二）黔南：特色“非遗”项目引领发展

黔南地区充分发挥本地“非遗”资源优势，以特色项目为引领，推动

---

① 贵州省人民政府．贵州：探索课后服务创新实践推动“双减”提质升级[EB/OL].[2025-03-13].https://www.guizhou.gov.cn/ztzl/sjzgz/gzcx/202503/t20250313871574l1.html.

“非遗”在校园中的创新发展。通过深入挖掘布依族八音坐唱、水族马尾绣、瑶族猴鼓舞等代表性“非遗”项目的文化内涵，学校将其转化为生动的教学资源。贵定县的苗族“鼓龙鼓虎—长衫龙”芦笙舞是国家级“非遗”项目，当地将其融入课后服务，不仅以微课形式扩大传承范围，还将其改编为适合学生的课间操并在全县推广。[①] 这一创新举措使得传统“非遗”项目焕发出新的活力，学生们在日常锻炼中就能感受到浓郁的民族文化氛围。通过系统化的训练和展演，学生对这项“非遗”技艺的掌握程度显著提升，部分优秀学员甚至能够参与县级以上的文化展演活动。同时，学校还建立了“非遗”传承社团，为有兴趣深入学习的学生提供专业指导，形成梯队式的人才培养机制。这种将“非遗”保护与学校教育有机结合的方式，不仅实现了文化传承的可持续发展，也为其他地区提供了可借鉴的经验。

都匀市第八完全小学探索“非遗+劳动教育”融合育人路径，系统开设苗绣、平绣、茶艺、牙舟陶、剪纸、枫香染等劳动课程，构建多元劳动教育体系。学生在学习这些“非遗”技艺的过程中，既掌握了劳动技能，又深刻领略到黔南特色“非遗”的内涵。学校通过邀请“非遗”传承人进校园、举办“非遗”知识讲座等方式，进一步丰富课程内容。[②] 在苗绣和平绣课程中，学生不仅学习传统针法，还能结合现代设计元素创作出具有个人特色的作品。茶艺课程则融入了黔南地方茶文化知识，让学生在实践操作中感受茶道精神与礼仪之美。牙舟陶和剪纸课程注重培养学生的动手能力和创造力，而枫香染课程则通过独特的染制工艺，让学生体验古老技艺的魅力。这些课程的开展，有效提升了学生的文化认同感和劳动素养，同时也为“非遗”的活态传承注入了新的活力。

（三）黔西南：丰富“非遗”资源打造多元课堂

黔西南布依族苗族自治州贞丰县利用当地丰富的“非遗”资源，让

① 贵州省人民政府．非遗新学堂丨校园里的文化传承新实验[EB/OL].(2025-05-27). https://www.guizhou.gov.cn/ztzl/sjzgz/gcls/xn/dxjyjl/202505/t20250527_87926982.html.

② 天眼新闻．让传统技艺在校园落地生根，都匀八小探索“非遗+劳动教育”新模式[EB/OL].(2025-04-17). https://baijiahao.baidu.com/s?id=1829638500134030871&wfr=spider&for=pc.

“非遗”以多样形式走进校园。例如，贞丰六小把“竹扎彩灯”融入课后服务，依托少年宫平台成立传承民间传统技艺工作坊。贞丰一中通过手工社团课，每周组织学生开展蜡染制作，并定期邀请窑上陶艺“非遗”传承人为学生传授制陶技巧。贞丰民族中学开设布依族传统舞蹈竹筒舞大课间以及板鞋、押加、绘画、民族歌舞等社团。目前贞丰县已有10所学校开设了涵盖古法制陶、古法造纸、布依扎染等12余门“非遗”相关课程，极大地丰富了学生的校园文化生活。①此外，黔西南地区充分利用其他丰富的“非遗”资源，在课后乐童服务中打造出独具特色的多元课堂。通过挖掘布依族八音坐唱、彝族火把节、苗族板凳舞等“非遗”项目，将其融入学生的日常学习生活。这些课程不仅注重技艺传授，还强调文化内涵的解读，使学生在参与过程中深入了解民族历史与传统价值观。例如，八音坐唱课程让学生学习传统乐器演奏技巧，同时感受民间音乐的艺术魅力；火把节相关课程则通过故事讲述、舞蹈编排等形式，展现彝族文化的独特韵味。此外，学校还可以结合地方特色，将“非遗”元素融入美术、音乐、体育等学科教学，实现跨学科融合，构建起立体化、多维度的“非遗”教育体系。这种多元化的课堂模式，既丰富了学生的课后学习内容，又为“非遗”的传承开辟了新途径。

二、公益协作模式

通过引入社会力量，如“非遗”传承人、文化机构和志愿者团队，与学校共同构建“非遗”教育平台。这种模式不仅拓宽了学生的文化视野，还增强了“非遗”项目的传播力度。例如，一些学校邀请当地知名“非遗”传承人定期开设工作坊，让学生近距离接触传统技艺，感受匠人精神。同时，跨区域协作也成为公益协作的重要组成部分，通过与其他地区学校或文化组织的合作，实现资源共享与优势互补。此外，公益项目的支

① 贞丰县人民政府．贵州省文旅厅关注｜贞丰多元实践解码文化传承生态［EB/OL］.(2025-05-20). https://www.gzzf.gov.cn/jgsz/zfbm/wtgdlyj/zfxxgk/fdzdgknr/lyscgl_5750610/wwbh_5750618/202505/t20250520_87895973.html.

持为“非遗”教育提供了必要的资金和物资保障，使得更多学生能够参与丰富多彩的“非遗”活动中来，从而进一步推动传统文化的保护与创新。

（一）社会力量助力“非遗”传承

一些社会组织和公益机构积极参与贵州“非遗”融入课后乐童服务中。例如，部分公益组织为学校引入“非遗”项目提供资金支持和资源对接。他们与当地“非遗”传承人合作，为学校聘请专业的“非遗”教师，捐赠“非遗”教学所需的工具和材料。在一些偏远地区的学校，公益组织通过线上课程的方式，让学生能够接触到更多种类的“非遗”项目。比如，通过远程直播的形式，邀请苗族银饰制作传承人在线为学生讲解银饰制作工艺，并指导学生进行简单的手工制作，打破了地域限制，让更多学生有机会了解和学习“非遗”。

这些公益组织还积极搭建交流平台，促进学校与“非遗”传承人之间的深度合作。他们定期举办“非遗”主题展览、文化沙龙等活动，为学生创造展示学习成果的机会，同时也让更多人关注和参与“非遗”保护工作中来。一些公益机构还开发了专门的“非遗”教育网站和应用程序，提供丰富的数字化资源，包括“非遗”项目的详细介绍、传承人的访谈视频以及互动式教学内容，使“非遗”教育更加生动有趣。此外，他们还通过设立奖学金和奖励机制，激励学生积极参与“非遗”学习和创新，培养了一批对传统文化充满热情的青少年传承者。

（二）跨区域协作拓展传承视野

贵州省内不同地区之间以及与其他省份之间，也在开展关于“非遗”传承的公益协作。在文化遗产保护领域，部分地区检察机关建立跨区域检察公益诉讼协作机制，共同保护包括“非遗”在内的文化遗产。这种协作模式有助于整合各方资源，共同推动“非遗”的保护与传承。在课后乐童服务中，不同地区的学校之间也开展交流活动，互派学生和教师参与对方学校的“非遗”课程和活动。例如，黔东南地区的学校与黔南地区的学校开展交流，让学生体验不同民族特色的“非遗”项目，拓宽学生的文化视野，促进“非遗”的交流与融合。

通过跨区域的协作，不仅能够实现资源共享，还能在不同文化背景的学生之间建立起理解和尊重的桥梁。一些学校还利用现代科技手段，如虚拟现实和增强现实技术，让学生远程体验“非遗”项目的制作过程和文化内涵。这样的创新方式进一步突破了地域限制，使得“非遗”传承更加生动且富有吸引力。此外，跨区域交流活动也促使教师之间的专业能力得到提升，他们可以通过互相学习和借鉴，优化“非遗”课程的教学方法，为学生提供更高质量的教育内容。这种多层面的合作模式，正在逐步形成一个良性循环，既推动了“非遗”的广泛传播，也为青少年提供了更多接触和了解传统文化的机会，从而激发他们对“非遗”的兴趣与热爱。

三、活态传承模式

“非遗”传承人走进校园课堂，通过亲身示范和手把手教学，让学生近距离感受“非遗”技艺的独特魅力。这种面对面的互动方式不仅拉近了学生与“非遗”之间的距离，还激发了他们对传统技艺的好奇心和学习热情。同时，“非遗”传承人结合自身经历讲述“非遗”背后的故事，使学生更加深刻地理解其文化价值和历史意义。为了确保活态传承模式的可持续性，学校积极搭建与社区的合作桥梁，邀请当地“非遗”工坊或文化机构参与其中。这种校内外联动的方式不仅为学生提供了更多实践机会，也促进了“非遗”项目的保护与发展，真正实现了教育与传承的双赢局面。

（一）“非遗”传承人走进校园课堂

“非遗”传承人在贵州“非遗”融入课后乐童服务的活态传承模式中发挥着关键作用。松桃苗族自治县寨英镇落满完小邀请滚龙传承老师，利用课后服务时间教授学生舞滚龙和编扎技艺。传承教师亲身示范，从舞龙的基本招式、步伐到滚龙的编扎工艺，都毫无保留地传授给学生，让学生深入了解滚龙文化的内涵和魅力。① 天柱县高酿镇中学聘请“月牙铠”武术“非遗”传承人，利用体育课和课后服务时间为学生授课，② 使学生近距离感受传统武术的魅力，将“非遗”技艺实实在在地传承下去。通过“非遗”传承人的耐心指导，学生不仅掌握了技艺的基本要领，还在实践中体会到传统文化的深厚底蕴。例如，在学习舞滚龙的过程中，学生们逐渐领悟到团队协作的重要性，以及如何通过肢体语言表达文化情感。而在编扎技艺的学习中，他们了解到传统工艺背后的匠心精神和独特审美。同样，在天柱县高酿镇中学，“月牙铠”武术的教学让学生感受到力量与技巧的完美结合，同时也激发了他们对武术背后历史故事的兴趣。这些活动不仅丰富了学生的课余生活，更让他们在潜移默化中成为“非遗”的守护者和传播者。学校也通过记录学生的学习成果，进一步优化教学内容，为活态传承模式的持续发展提供宝贵经验。

（二）“非遗”与校园生活紧密结合

许多学校将“非遗”融入校园的日常活动和节日庆典中。锦屏县隆里中学自 2014 年起开展隆里花脸龙进校园活动，每周安排两节特色课程，邀请传承人进校指导，并组建学生舞龙队。在今年的全国“四季村晚”活动中，隆里花脸龙首次登上“村晚”大舞台并参与全国直播。学校通过“理论+实践”“课内+课外”的双轨教学，与隆里博物馆深度合作，让学生全面掌握隆里花脸龙技艺，使这项传承了 600 多年的民俗文化瑰宝在校园里焕发出新的活力。每逢课间，校园里龙影翩跹，“非遗”传承的接力棒在学生手中传递。

学生在参与隆里花脸龙活动的过程中，不仅锻炼了身体协调性和团队协作能力，还增强了对本土文化的认同感。学生在学习舞龙动作时，需要精准配合鼓点节奏，这就培养了学生们的专注力和艺术感知力。同时，学校定期举办校内展演，为学生提供展示平台，进一步激发了学生对“非

① 铜仁市融媒体中心．非遗技艺入校来，课后延时添精彩[EB/OL]．[2024-06-21]．https://www.tongren.gov.cn/2024/0621/319998.shtml.

② 黔东南文明网．天柱：非遗文化进校园，落实“双减”促传承[EB/OL]．[2023-05-09]．www.qdnwm.gov.cn/xiaoyuan/3528.html.

遗”的热情。通过与隆里博物馆的合作，学生有机会深入了解花脸龙的历史渊源和文化内涵，这种沉浸式的学习体验让传统文化真正走进了学生的内心世界。教师们也发现，参与花脸龙活动的学生，在其他学科的学习中表现出更强的自信心和创造力。

四、校本课程化模式

校本课程化模式注重将“非遗”技艺融入学校日常教学体系，通过系统化的课程设计和分层教学方法，确保学生能够在不同学习阶段逐步深入掌握相关技能与知识。学校结合地方特色开发专门教材，内容涵盖花脸龙的历史背景、技艺要点以及文化意义，并配以丰富的实践案例，让学生在理论学习中也能感受到浓厚的文化氛围。同时，教师团队根据学生年龄特点及接受能力调整授课方式，从基础动作训练到完整舞龙表演，形成阶梯式进阶路径，既满足了普及性教育需求，又为有潜力的学生提供了更高层次的发展空间。这种模式不仅提升了“非遗”传承的可持续性，还促进了校园文化建设与学科教学质量的双向提升。

（一）系统开发校本教材

册亨县民族中学将布依族转场舞、竹鼓舞、布依族刺绣等“非遗”项目引入校园后，编订了《册亨人文与自然》《布依转场舞、竹鼓舞》《剪纸》等11本校本教材，并形成了《册亨艺术剪纸》《册亨艺术传承》等4门“非遗”课程。[①] 从“非遗”项目的历史渊源、文化内涵到具体的技艺技巧都进行了系统整理和编排，使学生能够通过课堂学习，全面深入地了解和掌握当地“非遗”。遵义市湄潭县高台镇凤清学校挖掘本土土陶制作技艺后，编制了陶艺制作校本活动文化图册，对陶艺课程的目标、内容、

① 贵州省人民政府网．黔西南州册亨县：校园“舞”动千年技艺[EB/OL].[2025-05-29]. https://www.guizhou.gov.cn/ztzl/sjzgz/gcls/xn/xysjzs/202505/t2025052987937754.htm.

教学方法等进行规范，构建起完善的陶艺校本课程体系。① 这些校本教材和课程的开发，不仅为学生提供了丰富的学习资源，还激发了他们对本土文化的认同感与自豪感。在册亨县民族中学，学生们通过学习《布依转场舞、竹鼓舞》等教材，不仅能了解舞蹈动作的要领，还能深入体会其中蕴含的民俗故事和文化价值。而在湄潭县高台镇风清学校，陶艺制作校本活动文化图册的使用，让学生从理论到实践全面参与，培养了他们的动手能力和艺术审美。这种系统化的教材设计，结合地方特色“非遗”项目，使得传统文化在校园中焕发新生机，同时也为其他学校提供了可借鉴的经验模式。

（二）分层教学与课程进阶

一些学校根据学生的年龄和认知特点，实施分层教学和课程进阶。凯里三小在课后服务的民族文化特色社团活动中，对于低年级学生，通过简单有趣的方式，如民族舞蹈的基础动作模仿、民族绘画的自由涂鸦等，培养学生对“非遗”的兴趣；对于高年级学生，则安排更具专业性的课程，如民族舞蹈的复杂舞步学习、芦笙演奏的进阶曲目练习等，逐步提升学生的技艺水平和对“非遗”的理解深度。玉屏侗族自治县印山民族小学构建了“课程+课后服务+特色大课间”的三位一体培养体系，三至六年级学生每周有一到两节箫笛课，课后服务中成立箫笛提高班，针对不同水平的学生进行分层教学，让箫笛技艺在校园中得以更好的传承和发展。②

此外，分层教学与课程进阶的实施还注重学生个性化发展。例如，部分学校在陶艺课程中为初学者提供基础的泥塑练习，帮助他们熟悉材料特性与工具使用；而对于有一定基础的学生，则引导其尝试更复杂的造型设计与烧制工艺，进一步挖掘他们的创造力与艺术表现力。同时，这种模式也强调学习过程的连贯性，通过设置明确的学习目标和阶段性任务，让学生能够循序

---

① 湄潭县人民政府．政务．传承非遗！湄潭高台镇风清学校学子“玩泥巴”［EB/OL］.（2024-11-19）. https://www. meitan. gov. cn/mtzx/tpxw/202411/t20241119861O2919. html.

② 贵州省人民政府．玉屏：课间操变“音乐会”共谱非遗传承交响曲［EB/OL］.［2025-05-29］. https://www. guizhou. gov. cn/ztzl/sjzgz/gcs/xn/xysjzs/202505/t20250529_87937755. html.

渐进地掌握“非遗”技艺。在黔西南的部分学校，布依族传统织布技艺被划分为初级、中级和高级三个层次，学生可以根据自己的兴趣与能力选择适合的阶段参与学习，从而实现从基础认知到深度实践的全面提升。

贵州在“非遗”融入课后乐童服务方面，通过民族地区特色模式、公益协作模式、活态传承模式和校本课程化模式，充分发挥了各地的区域特色和资源优势。这些实施模式相互补充、相互促进，为“非遗”在校园中的传承与发展提供了坚实保障，让贵州丰富的“非遗”资源在课后乐童服务中绽放出绚丽光彩，也为学生的全面发展和文化素养提升奠定了坚实基础。随着实践的不断深入和经验的积累，这些模式将不断完善和创新，持续推动贵州“非遗”传承教育事业迈向新的高度。

第三节　贵州“非遗”融入课后乐童服务取得的成果

贵州“非遗”融入课后乐童服务取得了诸多成果。在授课师资方面，实现了多元化突破，除校内教师外，“非遗”传承人、民间艺人等纷纷参与教学，为“非遗”技艺的精准传承与创新发展提供了人才保障。在课程建设上，贵州深度融合“非遗”知识与劳动教育，建成初步完备的课程体系，涵盖蜡染、陶艺、茶艺等特色项目，将“非遗”技艺实践与劳动价值观培育有机结合。在成果产出上，学生通过参与“非遗”课程，创作了大量兼具艺术价值与文化内涵的作品。这些成果不仅丰富了学生的学习生活，更提升了学生的文化自信与社会责任感，为其全面发展奠定了坚实基础，也为“非遗”传承与劳动教育创新提供了可借鉴的模式。

一、授课师资多元化

整合学科教师、“非遗”传承人、行业专家，第三方机构等多元主体，构建起“理论+技艺+实践”的立体化教学网络，既实现传统技艺的精准传承与创新活化，又推动跨学科知识融合与核心素养培养，使学生既能掌握

“非遗”技艺精髓、理解文化内涵，又能培养解决实际问题的创新能力，同时为“非遗”产业化与地方文化经济注入人才动能，形成“教育—文化—产业”协同发展的良性循环。通过多元主体的深度参与，学校不仅拓宽了教学资源的获取渠道，还显著提升了课程的专业性与吸引力。“非遗”传承人以其精湛技艺和深厚文化积淀，为学生提供了原汁原味的技艺传授；学科教师则从理论层面引导学生理解“非遗”背后的文化逻辑与历史脉络；行业专家与第三方机构的加入，则进一步强化了课程与实际应用的联系，使学生能够将所学技能与社会需求对接。这种多维度的教学模式，不仅激发了学生的学习兴趣，还培养了他们的综合素养与实践能力，为未来的职业发展和个人成长奠定了坚实基础。同时，这一模式也促进了“非遗”的活态传承，使其在新时代焕发出新的生机与活力。

（一）鼓励学校根据教师特长开设兴趣课程

贵州师范大学贵安附属小学的教师彭萌发挥专业特长，开设少儿人工智能班，吸引了200名学生参与。课程通过游戏和视频教学，引导学生学习编程软件micro：bit，学生已能制作智能指南针、声控灯等创意作品，培养科技实践能力。[①] 如贵州师范大学贵安附小开设陶艺、龙鼓表演等特色社团活动，一方面，邀请民间艺人、“非遗”传承人走进校园授课。贵定县德新小学聘请贵定县花苗记忆民族刺绣有限公司的陈洁教师到校教授苗族刺绣；安顺地戏“非遗”传承人郑汝红、冯胜平担任天龙镇中心小学地戏社团专业辅导员；桐梓县马鬃苗族乡“非遗”传承人杨勇到马鬃中学传授芦笙知识和吹奏方式。另一方面，学校也会组建校内教师辅导团队，与校外专家共同协作，保障教学质量。通过校内外师资的有机结合，不仅丰富了课程内容，还提升了学生的学习兴趣和参与度。学校教师在与“非遗”传承人的互动中，也获得了宝贵的学习机会，进一步提升了自身的专业素养。这种多元化的授课模式，使得“非遗”在校园中焕发出新的活

① 谢孟航．贵安：用好教育资源积极实施“乐童计划”，让孩子“有所学、有所乐”［N］．贵阳日报，2021-12-29.

力，同时也为学生提供了更开阔的文化视野和实践平台。在这样的教学环境中，学生不仅能接触到传统技艺，还能将其与现代科技相结合，创造出独具特色的文化作品。

（二）“非遗”传承人走进校园授课

在贵州乐童服务中，邀请民间艺人、“非遗”传承人走进校园授课的实践已形成特色模式，结合政策支持与地方文化资源，涌现出多个典型案例。织金县第八小学邀请砂陶工艺“非遗”传承人王艳开展“陶于生活”实践活动，学生通过亲手制作砂陶作品，深入了解千年技艺背后的文化内涵。在活动中，王艳不仅传授拉坯、雕刻等技法，还讲述砂陶历史渊源，让学生在动手过程中感受匠人精神。此类活动被纳入学校课后服务体系，成为“非遗+劳动教育”的生动范本。锦屏县隆里中学自 2014 年起引入省级“非遗隆里花脸龙”，每周开设两节特色课程。州级传承人陶柄均指导学生绘制五彩脸谱，省级传承人王振伟带领舞龙队训练。学校通过“理论+实践”双轨教学，将花脸龙纳入少年宫活动，并与隆里博物馆合作开发校本课程，使 600 余年的民俗文化在校园焕发新生。学生创作的龙灯作品多次登上全国“村晚”舞台，成为文化自信的鲜活表达。贵州师范大学“中华优秀传统文化传承基地”团队深入白云区孙关小学、都溪小学，开展蜡染文化进校园活动。学生在传承人指导下完成起草画图、点蜡绘花、蓝靛浸染等工序，创作出融合现代审美的蜡染作品。此类课程将“非遗”技艺与美术教育结合，既培养了学生动手能力，又增强了学生对民族文化的认同感。2024 年，该团队在两所学校组织 80 余名师生参与，形成可复制的“高校+中小学”“非遗”教育模式。

（三）外来教师进行跨地域文化资源的引入

外来教师引入跨地域文化资源，对贵州“非遗”融入课后乐童服务意义深远、至关重要。从文化层面看，他们打破地域文化壁垒，带来多元文化视角，如将江南水乡的丝绸文化、西北的剪纸艺术与贵州本土的苗绣、蜡染等“非遗”形成对比与交融，拓宽学生文化视野，培养文化包容与理解能力；在教育层面，丰富了课后服务内容，为校本课程开发注入新元素，助力构建更具开放性和创新性的“非遗”教育体系；从传承角度，这种文化交流碰撞能激发学生对传统文化的创新思维，推动“非遗”在新时代的传承与发展，让贵州的学生在接触不同文化资源的过程中，更深刻认识本土“非遗”价值，增强文化自信，同时也为“非遗”传承培养更多具有多元文化素养的后备力量。这些外来教师不仅带来了各自地域独特的文化视角和艺术风格，还通过讲座、工作坊等形式，让学生体验不同文化的魅力。利用现代科技手段，如虚拟现实（VR）和增强现实（AR），让学生仿佛置身于文化的发源地，感受历史的厚重与文化的多样性。此外，外来教师还积极与当地“非遗”传承人合作，共同开发适合学生年龄特点和兴趣爱好的课程，实现了传统与现代的完美融合。外来教师的到来，不仅丰富了学校的文化内涵，也为学生提供了更多元的学习机会和成长空间。

（四）第三方机构承包派遣教师进行授课

在乐童服务中，第三方机构承包教师队伍是教育资源整合与服务模式创新的重要实践。这种模式通过市场化机制引入专业力量，形成“政府引导—机构运营—学校监管”的协同体系，显著提升了课程多样性与服务质量。第三方机构不仅派遣具备专业资质的教师，还注重教师的培训与发展，确保他们能够适应不同学校的需求，提供高质量的“非遗”教学。这些教师不仅传授“非遗”技艺，还积极引导学生了解“非遗”背后的文化内涵，激发学生对传统文化的兴趣与热爱。此外，第三方机构还与学校紧密合作，根据学校的实际情况和学生的需求，灵活调整课程设置和教学内容，确保“非遗”教育能够真正融入学校的日常教学中，让学生在轻松愉快的氛围中学习和传承“非遗”。例如，通过分析不同年龄段学生的认知特点，设计出阶梯式课程，从低年级的“非遗”趣味体验到高年级的技艺深度研习，均配备专业教学指导手册与多媒体资源。在师资培训方面，机构可整合优质师资，邀请“非遗”传承人、高校学者开展培训，提升校内教师教学水平，还能灵活调配自身专业教师团队补充教学力量。同时，第三方机构依托市场化运营经验，能有效连接企业赞助、社会捐赠等资源，解决课程开展所需的资金、设备及材料问题，如为学校搭建数字化“非遗”学习平台，引入 VR 技术还原“非遗”制作场景。

二、建成初步完备的与劳动教育相结合的课程体系

作为“非遗”大省，创新与传承同样重要。2021 年发布的《贵州省“十四五”非物质文化遗产保护规划》强调，要推进“非遗”普及教育，重点支持“非遗”进校园，鼓励学校邀请“非遗”传承人开设“非遗”课程、开展“非遗”教学实践活动，鼓励全省各级各类中小学把本地区“非遗”教育纳入素质教育。

每周课后的社团时间，贵阳市花溪区燕楼镇中心完小六年级学生魏文瑞与同伴准时排练地戏《隋唐英雄传》中罗通扫北选段。脱下戏服，摘下木刻的脸谱面具，满头大汗的魏文瑞说：“我在学校学会了地戏，也收获了许多朋友，我会一直坚持下去让更多人参与、了解地戏。”据燕楼镇中心完小教师魏纪英介绍，2006 年安顺地戏被列入“第一批国家级非遗名录”，学校申请了关于地戏的市级课题，不仅把地戏文化融入英语、美术、音乐等社团，并且请来民间地戏文化“非遗”传承人培养学生进行地戏表演。册亨县民族中学将散落在民间的布依族转场舞、竹鼓舞、刺绣等独具特色的“非遗”搬进校园，在课程开发上，要求学校结合地方特色编写“非遗”校本教材如《册亨人文与自然》《布依族转场舞、竹鼓舞》《剪纸》等，共计 11 本校本教材，参编教师达 100 余人。截至目前，黔西南布依族苗族自治州有省级民族文化进校园示范学校 5 所，州级民族文化进校园示范学校 26 所，县级民族文化进校园示范学校 60 所。

月牙镋武术是一项古老的侗族武术，手持状似牛角，呈弯月形的兵器月牙镋，动作威猛、刚劲有力、身械并用。如今，这项古老的民族武术走进天柱县高酿镇中学成为帮助学生强身健体的健身体操。“双减”政策实施以来，天柱县各中小学积极探索“非遗”相关文化课程，相继开设了侗族大歌、月牙镋、花架等形式多样的社团，让“非遗”技艺在青少年儿童中得以更好地传承和弘扬，以点带面全面推动民族文化振兴。

2006年“水族马尾绣”入选首批国家级“非遗”名录后，三都水族自治县鹏城希望学校迅速组建马尾绣社团，并先后请来了多位省级“非遗”传承人作为指导老师，带领学生绣制马尾绣。“双减”政策实施后，以水族文化为载体，鹏城希望学校持续探索落实“双减”政策的多元方式，通过唱水歌、跳民族操等持续为“非遗”传承提供平台。

近年来，施秉县利用学校大课间时间，以“跑操+苗族踩鼓舞、板凳舞”的方式推进“非遗”进校园，大力弘扬民族精神，陶冶和激发学生爱国情感，提高学生素质，促进优秀民族文化传承。施秉县选定县民族中学、杨柳塘镇中心小学、马号乡黄古小学作为民族文化进校园的试点示范学校，将苗族大歌、飞歌、酒歌、木叶等纳入音乐课，将板凳舞、踩鼓舞、芦笙舞、草把龙等纳入体育课，将刺绣、剪纸等纳入美术课。土家族摆手舞、苗族芦笙舞、水族铜鼓舞……一个个改编的“简易”民族舞蹈引进了大课间，使学生们在强身健体的同时，浸润在“非遗”中茁壮成长。

“非遗”特色课程开展，可以逐步培养学生们对传统民间文化的兴趣。让学生在展现滚龙表演技艺的同时，感受滚龙艺术的无穷魅力。让“非遗”走进学校的课后服务很受学生欢迎，在寓教于乐中提高了年轻一代保护、传承“非遗”的意识。

三、产出一大批以中小学生为主的乐童教育相关的成果

在贵州的“乐童计划”实践中，以中小学生为主体的乐童教育成果丰硕。在“非遗”融入课后服务中，学生创作出大量优秀作品，涵盖蜡染、刺绣、陶艺、木雕等“非遗”手工艺品，以及融合现代创意的文创设计。学生通过“非遗”实践产出调研报告、创新方案等，部分成果已转化为实际产品或应用于社区活动。这些成果不仅提升了学生的动手能力与文化自信，更以青少年视角为“非遗”传承注入活力，成为文化传承与教育创新的生动注脚。部分成果还通过校园展览、文化节、“非遗”市集等平台走向公众，甚至转化为文创产品助力地方经济。这些成果不仅彰显了学生的创造力与实践能力，更深化了他们对传统文化的认同与热爱，为其成长注

入文化自信的底色，也为“非遗”活态传承与教育创新提供了鲜活范例。

（一）“非遗”传承与文化认同的深度激活

将“非遗”融入课后乐童服务，深度激活了“非遗”传承与文化认同。在课后服务中，学生参与“非遗”技艺制作，感受“非遗”的独特魅力。这些实践体验让他们不再将“非遗”视为遥远的历史符号，而是鲜活的文化存在。随着对“非遗”了解的深入，使得青少年内心对本土文化的热爱与认同被点燃，主动成为“非遗”的传播者。他们向家人、朋友讲述“非遗”故事，能够带动更多人关注“非遗”。这种深度激活，让“非遗”在新时代焕发生机，也让文化认同在青少年儿童心中深深扎根。

1. 传统技艺的活态转化

在课程体系化建设上，锦屏县隆里中学将国家级“非遗花脸龙”纳入课后服务，开发“脸谱绘制—舞龙技法—文化研究”三级课程体系。学生不仅掌握传统舞龙技巧，还参与全国“四季村晚”展演，作品通过直播触达千万观众。该校学生创作的融合现代设计的“花脸龙”衍生品，被当地文旅部门选为特色伴手礼，实现文化价值与经济价值的双重转化；在民族音乐的创新传承上，启蒙镇小学引入省级“非遗侗歌嘎溜”，通过“传承人驻校+校本教材开发”模式，构建“发声训练—歌词创作—舞台展演”教学链条。学生创编的《红歌颂党恩》侗歌合唱作品，在全县比赛中获一等奖，并代表黔东南苗族侗族自治州参加全省青少年艺术展演。目前该校已培养出 3 支学生侗歌队，累计创作原创侗歌 12 首。

2. 文化传承的群体扩大

在师资队伍上，花溪区高坡乡批林村“益童乐园”首创“传承人+大学生志愿者”模式，邀请芦笙传承人培训留守儿童，同时组织贵州大学等高校志愿者开发《芦笙文化数字化教程》。5 年来，“小小芦笙队”培养出 30 余名学生传承人，作品 20 余次登上贵阳大剧院等舞台，最远赴广州进行文化交流。在家校社协同网络建设上，贵阳市省府路小学建立“非遗小传人”培养机制，学生在课后社团学习苗绣后，带动家庭参与社区“非遗”市集。2024 年该校学生设计的苗绣纹样被企业采用，衍生出笔记本、丝巾等文创产品，销售额超 10 万元，形成“教育—产业—文化”闭环。

（二）科技教育与创新能力的显著提升

将“非遗”融入课后乐童服务，为科技教育与创新能力的提升带来了显著成效。在课后服务中，学生们围绕“非遗”项目开展科技探索与创新实践。通过科技与“非遗”这种跨学科融合，让学生们在传承“非遗”的同时，接触到前沿科技知识。学生不再局限于传统的学习模式，而是主动思考如何用科技手段为“非遗”赋能。

1. 人工智能与编程教育的普及

贵师大贵安附小开设少儿人工智能班，学生通过 micro：bit 编程完成智能指南针、声控灯等作品。其中“智能校园安全监测系统”获贵州省青少年科技创新大赛银奖，该系统通过温湿度传感器和 AI 图像识别技术，实现校园环境实时预警。目前该校 AI 课程已覆盖 3—6 年级，累计培养编程特长生 87 人。贵阳市第三中学将机器人编程与“非遗”资源结合，学生设计的“苗绣纹样智能编织机器人”，通过 3D 建模还原传统纹样，在全省“非遗+科技”创新大赛中获一等奖。该项目已申请实用新型专利，计划在黔东南苗族侗族自治州 10 所乡村小学推广。

2. 数字化素养的全面培育

铜仁市实验小学“数字非遗”社团学生，运用 AR 技术制作《傩文化互动手册》，扫描手册即可观看傩戏表演动画。该作品在贵州省“数字教育创新大赛”中获特等奖，被贵州省博物馆纳入青少年教育资源库。2024 年全市中小学生累计创作“非遗”主题短视频 2300 余条，播放量超 500 万次。观山湖区引入“乐童云平台”，通过分析学生选课数据动态调整课程。例如，基于学生对“AI 绘画”课程的高参与率，全区新增 12 所学校开设该课程，并联合科技企业开发校本教材，课程覆盖学生达 1. 2 万人次。

（三）艺术体育与综合素质的多维发展

将“非遗”融入课后乐童服务，为学生带来了艺术体育与综合素质的多维发展。在艺术方面，学生参与蜡染、苗绣等“非遗”手工制作，提升色彩搭配与造型设计能力；学习侗族大歌、芦笙舞等，增强音乐节奏感与舞蹈表现力。体育上，一些“非遗”项目如独木龙舟竞技、八人秋千等，锻炼了学生的体能与团队协作能力。此外，在了解“非遗”历史与文化内涵过程中，学生的文化素养、历史认知得到提升。综合来看，这一举措让学生在艺术体育与综合素质领域全面成长，绽放独特光彩。

1. 艺术教育的成果呈现

贵阳市“乐童艺术”绘画大赛已连续举办5届，累计征集作品8.6万幅，其中《苗岭晨雾》等32幅作品入选全国少儿美术展。2024年全市中小学共举办校园艺术节127场，参与学生超15万人次，形成“一校一品”艺术教育格局。贵州工贸职业学院附属中学学生将芦笙演奏与电子音乐结合，创作《苗韵新声》融合曲目，在“贵州·关岭第二届芦笙大赛”中获创新组金奖。该作品通过抖音等平台传播，播放量突破100万次，吸引超2万名青少年关注传统音乐。

2. 体育教育的创新突破

清镇市红枫第三小学将传统体育项目“押加”（藏族式摔跤）纳入课后服务，开发“基础训练—战术分析—赛事组织”课程体系。该校学生在全省少数民族传统体育运动会中获团体银奖，带动周边3所学校开设同类课程。观山湖区通过“乐童计划”实施“阳光体育2小时”，学生体质健康优良率从2021年的68%提升至2024年的82%。其中，北京师范大学贵阳附属中学学生在全国青少年校园足球联赛中获西南赛区冠军，4名学生入选国家少年队。

（四）劳动实践与社会责任感的培养

将“非遗”融入课后乐童服务，巧妙借助劳动实践这一载体，有力地培养了学生的社会责任感。在课后服务里，学生们参与侗族刺绣、苗族银饰锻制等“非遗”实践中。他们亲手制作“非遗”作品，深刻体会到传统技艺传承的不易。当得知这些“非遗”承载着家乡的文化记忆与先辈智慧，学生们责任感油然而生。他们主动成为“非遗”宣传小使者，向身边人介绍“非遗”知识。同时，也意识到自己有责任守护这些文化瑰宝，努力让“非遗”在新时代焕发生机，以实际行动践行着对家乡文化的担当。

1. 劳动教育的场景化构建

遵义市播州区中小学建立“乐童农场”，学生参与水稻种植、辣椒加工等劳动实践。泮水镇小学学生研发的“古法辣椒酱制作工艺”获省级劳动技能大赛金奖，相关课程被教育部评为“全国中小学劳动教育典型案例”。贵州电子商务职业技术学院附属小学开设“非遗电商”课程，学生通过直播销售苗绣、蜡染等手工艺品。2024年该校学生直播带货销售额达18万元，利润用于资助山区贫困学生，形成“劳动实践—公益服务”闭环。

2. 社会实践的品牌化运作

贵阳市教育局推出“乐童贵州”研学路线，涵盖黄果树瀑布地质考察、遵义会议红色教育等主题。2024年全市中小学开展研学活动373万人次，其中“天眼探秘”科技研学课程被评为“全国研学旅行精品线路”。贵阳市省府路小学建立“乐童志愿者”制度，学生参与社区垃圾分类、“非遗”知识宣传等服务。该校“银发数字课堂”项目，组织学生教老年人使用智能手机，获贵州省“最佳志愿服务项目”称号。

（五）政策保障与长效机制的创新

贵州积极推动“非遗”融入课后乐童服务，通过政策保障与长效机制创新，为“非遗”传承注入新活力。当地政府出台相关政策，明确将“非遗”教育纳入素质教育体系，为“非遗”进校园提供制度支撑。同时，建立长效机制，如整合县域内资源，组织美术教师等组成帮扶队，定期到学校开展课后服务帮扶；设立专项经费，用于“非遗”传承人授课补贴、材料采购等。在政策与机制的双重保障下，“非遗”在课后乐童服务中落地生根，学生们得以深入体验“非遗”魅力，文化自信不断增强。

1. 经费与师资的双重保障

贵阳市将课后服务经费纳入财政预算，2024年投入达1.2亿元，较2021年增长40%。其中，对农村学校按每生每年400元标准补贴，高于城市学校的350元标准，确保教育资源均衡配置。贵州省教育厅建立“非遗教师资质认证”制度，通过“理论考核+技艺展示”认证合格者纳入全省师资库。截至2024年，已有237名“非遗”传承人获得教学资质，覆盖苗绣、侗族大歌等36项“非遗”项目。

2. 评价与监管的动态优化

贵阳市教育局开发“乐童服务质量评估系统”，通过学生作品、家长反馈、教师评价等多维度数据，动态调整课程。例如，基于系统分析，2024年新增“非遗数字化保护”“AI绘画”等课程，淘汰参与率低于30%的传统手工课程。贵州师范大学贵安附属中学与“非遗”传承人签订协议，明确学生作品知识产权归属。该校学生设计的“苗绣纹样”被企业商业化使用后，收益按“学校30%—传承人30%—学生40%”分配，激发学生创作积极性。

第四章　贵州“非遗”融入课后乐童服务师资建设

在贵州“双减”政策背景下，“非遗”知识与课后服务的融合成为教育创新的重要方向。贵州在推动“非遗”融入课后乐童服务过程中，高度重视师资建设。一方面，大力组织校内教师参与“非遗”知识与技能培训，邀请“非遗”传承人走进校园开展讲座与实操教学，提升教师对“非遗”的理解和传授能力。另一方面，积极引入“非遗”传承人作为兼职教师，让他们以精湛技艺和丰富经验为学生带来原汁原味的“非遗”课程。同时，鼓励社会文化志愿者加入师资队伍，形成多元化师资格局。

第一节　本土教师筑基——以校内教师为主

在贵州“非遗”融入课后乐童服务进程中，本土教师发挥着基石般的重要作用。他们积极投身“非遗”知识与技能培训，主动向“非遗”传承人虚心请教，不断充实自身“非遗”知识。在课后服务中，校内教师依据学生特点精心设计课程，将“非遗”资源巧妙融入教学。他们耐心引导学生体验“非遗”技艺，用生动的讲解传递文化内涵。凭借对本地学生情况的熟悉，本土教师能因材施教，激发学生对“非遗”的兴趣，为“非遗”教育在校园扎根生长筑牢根基，推动“非遗”传承工作稳步前行。

一、典型案例分析

在贵州“非遗”融入课后服务的实践中，多个地区涌现出以校内教师为主导的本土化传承案例。这些教师通过自主学习、拜师民间艺人、开发校本课程等方式，成为“非遗”进校园的核心推动力量。

（一）贵阳市师范学校附属实验小学“巧手染坊”蜡染工作坊

贵阳市师范学校附属实验小学积极引入蜡染技艺，通过开设“巧手染坊”蜡染工作坊，让学生在动手实践中感受“非遗”的文化魅力。该校教师经过系统培训，掌握了蜡染技艺的基本流程，随后将这一技艺融入课后服务课程。教师不仅教授学生如何绘制蜡花、浸染布料，还引导学生了解蜡染的历史渊源和文化内涵，让学生在创作中传承“非遗”。

1. 具体实施情况

贵阳市师范学校附属实验小学自2014年起在美术课堂和社团活动中开展了蜡染制作的教学活动，并于2017年成立“巧手染坊”蜡染工作坊。校内美术教师葛晓明与其他几位教师是工作坊中蜡染教学的主要师资力量。该工作坊的学员主要由三至六年级学生组成，主要学习贵州传统蜡染工艺流程及蜡染工具材料的使用、蜡染传统图案绘制、贵州银饰制作、古法造纸、扎染等内容。葛晓明不仅是工作坊的指导教师，也是学生在蜡染路上的“引路人”。据她介绍，将蜡染引入美术课堂最初源于一个市级课题需要，她与其他几位教师开设了蜡染社团，让学生能够系统学习蜡染技艺。经过几年的发展，社团演变为如今的工作坊。此外，学校还会定期邀请“非遗”传承人与专家进校指导，帮助学生更好地学习蜡染技艺。①

2. 获得的成果与影响

2021年荣获观山湖区教育局颁发的“区级学生艺术实践工作坊”称

① 澎湃政务．观山湖区：巧手制“非遗”，让传统文化“活起来”[EB/OL]．[2024-06-13]．https://thirdpage.thepaper.cn/h5/jrtt/27719170.

号。自成立以来，积极参与各类艺术展演活动，其作品在全国第六届中小学生艺术展演活动中获得学生艺术实践工作坊一等奖，还获得省级二等奖、市级一等奖等多个奖项，并在第十一、第十二届“中国—东盟教育交流周”“中国—东盟少儿艺术暨教育成果展”中受到专家和各级领导的好评。“巧手染坊”成为贵阳市师范学校附属实验小学的亮丽名片，通过“巧手染坊”蜡染工作坊有效地将贵州特色地域文化进一步传播出去，让学生在学习中传承和弘扬了优秀传统文化，增强了文化自信，也为贵州“非遗”的传承与发展培养了后备力量。

（二）观山湖区远大小学黄平泥哨艺术实践工作坊

黄平泥哨作为贵州独有的“非遗”，以其古朴生动的造型、鲜明浓郁的民族风格闻名遐迩。观山湖区远大小学秉持着传承优秀传统文化、培育学生文化自信的理念，敏锐捕捉到黄平泥哨的独特魅力与教育价值，决定成立“黄平泥哨艺术实践工作坊”。这一举措旨在通过课堂教学与实践活动，打通贵州“非遗”与学生们之间深层次的连接通道，让学生在学习与体验中树立爱家乡、爱祖国的家国情怀与民族自豪感。

1. 具体实施情况

“非遗”传统艺术课程是远大小学的特色课程，2019 年，该校副校长陈述创办了黄平泥哨学生艺术实践工作坊，以多元融合创新的形式，将黄平泥哨文化与美术课程嫁接，开发成泥捏、国画、版画、灯艺、布艺等 20 多种课程。课程范围覆盖三至六年级，通过带领学生从不同视角体验传统艺术，制作出形式多样、生动实用的泥哨艺术作品；每周三下午，是观山湖区远大小学“非遗”传统文化特色课程的上课时间。课堂上，学生们围坐在一起，与老师一起探究有关黄平泥哨、苗族纹样的“非遗”故事，拿出陶泥、画笔、刻刀、针线等，在扇子、刻板、手帕、布艺、灯笼等物品上，认真勾勒出泥哨形象及凤纹、日月纹、蝴蝶纹等纹样图案，将“非遗”融入身边的普通的物品中，在大家的巧手“雕琢”后，传统与现代碰撞出新的火花，也赋予了“非遗”新的“生命力”。这样的课程是学校弘扬传统文化的具体实践，亦是学校上好“美育课”的生动实践。[①] 2022 年又成立多彩纹样艺术实践工作坊，同样以创新融合的课程模式带领学生创作。

2. 成果与影响

黄平泥哨学生艺术实践工作坊的作品在“中国—东盟教育交流周”活动上展出，还在全国第七届中小学生艺术展演活动中获学生艺术实践工作坊一等奖。学生作品在国家级展演中获奖，教师团队形成“理论+实践+创意”教学模式。黄平泥哨艺术实践工作坊成为远大小学极具特色的校园文化名片。校园内，随处可见学生们创作的泥哨作品展示，无论是教学楼走廊的墙壁上，还是学校的文化展厅中，泥哨手工艺品、绘画作品等琳琅满目，营造出浓郁的“非遗”氛围。学校围绕泥哨文化举办各类活动，如一年一度的泥哨文化节，涵盖泥哨制作大赛、泥哨主题文艺表演、泥哨文创产品展销等多个板块，吸引全校师生以及家长共同参与，成为校园文化生活中的一大盛事。学校凭借泥哨特色文化，在贵阳市乃至贵州省的校园文化建设中崭露头角，吸引众多兄弟学校前来参观交流，提升了学校的知名度和影响力，推动校园文化建设迈向新高度，也为贵州“非遗”在校园传承发展提供了成功范例。

（三）凯里三小——蜡染、陶艺与民族手工的课后服务探索

在“双减”政策全面落地的时代背景下，凯里三小积极响应教育创新的号召，深度挖掘地域文化资源，将蜡染、陶艺与民族手工等特色课程融入课后服务体系，为学生打造了一片充满传统文化魅力与创新活力的学习天地。

1. 具体实施情况

蜡染、陶艺、民族手工是近年来凯里三小新开发的课后服务特色社团。作为“州非遗物质文化传承基地”“州级艺术特色学校”“市级民族

① 澎湃政务．观山湖区：巧手制“非遗”，让传统文化“活起来”［EB/OL］［2024-06-13］. https://thirdpage.thepaper.cn/h5/jrtt/27719170.

文化示范学校”的凯里三小，将地域资源转化为教育优势，把民族特色融入课后服务内容，成为一大亮点。学校依据地域文化特色，构建了系统的课后服务课程体系。针对不同年级学生的认知水平与动手能力，分层次设置课程内容。低年级学生以兴趣培养为主，安排简单的蜡染图案临摹、陶艺塑形小游戏、民族手工小饰品制作体验；中年级学生深入学习蜡染的绘制技巧、陶艺拉坯成型方法以及复杂民族刺绣纹样设计；高年级学生则引导进行创意创作，将传统技艺与现代审美结合，设计个性化的蜡染服饰、陶艺摆件和民族手工文创作品。同时，课程还融入苗族、侗族等民族的文化故事，让学生在动手实践中深入理解民族文化内涵。①

凯里三小采用“校内教师主导+校外专家辅助”的模式。校内，学校组织美术、劳技学科教师参加“非遗”技艺培训，邀请“非遗”传承人进校指导，提升教师专业素养。经过系统学习，校内教师能够熟练掌握基础教学内容，承担日常课程教学任务。校外，学校与当地多位“非遗”传承人建立长期合作关系，如苗族蜡染技艺传承人王阿婆、陶艺大师李师傅等。这些传承人定期走进校园，开设大师课堂，分享“非遗”技艺背后的文化故事与精湛技艺，为学生带来最原汁原味的“非遗”体验。此外，学校还邀请艺术院校的专家学者开展讲座，为课程研发与教学创新提供理论支持，形成了多元互补的师资队伍。

2. 成果与影响

为检验学习成果，激发学生创作热情，凯里三小定期举办“非遗”作品展览。校园里，一幅幅精美的蜡染作品、造型各异的陶艺品、色彩绚丽的民族手工制品琳琅满目，吸引了全校师生与家长驻足欣赏。学校还积极组织学生参加各类文化艺术活动和比赛，在黔东南苗族侗族自治州“非遗”进校园成果展中，学生们的作品获得高度评价；在省级青少年手工创意大赛中，多个作品获得大奖。此外，学校通过短视频平台、校园公众号等渠道，展示学生们的学习过程与作品，让更多的人了解贵州“非遗”资

① 贵州省人民政府．贵州：探索课后服务创新实践，推动“双减”提质升级［EB/OL］．［2025-03-13］．https://www.guizhou.gov.cn/ztzl/sjzgz/gzcx/202503/t20250313 87157411.html.

源，扩大了课程的社会影响力。

参加活动的学生在核心素养方面得到全面的提升，参与“非遗”课程的学生在创造力、动手能力和文化认同感方面显著提升。例如，蜡染社团学生作品在省级青少年“非遗”创新大赛中获奖，民族手工课程学生设计的苗绣文具包获市场认可。此外，校内教师通过“非遗”课程开发，形成“民族文化+”教学案例集，部分教师获评州级“非遗”教学能手。学校经验被纳入贵州省“双减”典型案例，多所学校前来观摩学习。通过蜡染、陶艺与民族手工课后服务的探索实践，凯里三小不仅让学生掌握了“非遗”技艺，更在学生心中播下了传承民族文化的种子。未来，学校将继续深化课程建设，让“非遗”在校园绽放更绚烂的光彩。

二、校内教师主导模式的优势

在贵州“非遗”传承与“双减”政策课后服务深度融合的进程中，以校内教师为主导的“非遗”课后乐童服务模式，凭借其独特的教育生态适配性，展现出强大的生命力与显著优势。该模式充分发挥校内教师贴近学生、扎根教学一线的特点，在文化传承、教育质量提升等方面发挥重要作用，具体优势体现在以下多个维度。

（一）精准把握学情，提升教学适配性

校内教师与学生长期相处，对学生的知识基础、学习能力、兴趣爱好及心理特点有着深入了解。这种天然的熟悉度使教师能够精准把握教学节奏，设计出契合学生实际情况的“非遗”课程。例如在贵阳市某小学，负责苗族蜡染课程的美术教师，深知低年级学生注意力集中时间短、动手能力较弱的特点，将蜡染课程设计为趣味涂鸦形式，以简单的几何图形为基础，让学生用蜡刀在白布上自由创作，激发了学生的学习兴趣；而针对高年级学生，则引入苗族图腾元素，指导学生进行复杂图案设计与染色技巧学习，满足不同阶段学生的学习需求。相比之下，校外兼职教师往往需要较长时间去适应学生，教学初期容易出现内容与学生能力

不匹配的情况。

（二）实现课程深度融合，构建连贯教育体系

校内教师能够将“非遗”教学与日常学科课程有机结合，打破学科壁垒，构建连贯的教育体系。语文教师可以将苗族古歌、布依族民间故事等“非遗”知识融入作文教学，让学生通过写作深入理解“非遗”背后的文化内涵；数学教师则从苗族建筑的几何结构、侗族鼓楼的对称美学中提炼数学知识，引导学生在学习“非遗”的同时掌握数学原理。此外，校内教师还能将“非遗”课程与学校的德育、美育工作紧密结合，例如通过组织学生参与侗族大歌合唱活动，培养学生的团队协作精神与集体荣誉感，实现“非遗+全学科+素质教育”的深度融合，这种系统性的教育模式是校外兼职教师难以企及的。

（三）保障教学连贯性与稳定性

校内教师的教学工作受学校统一管理和安排，教学时间与课程计划相对固定，能够保障“非遗”课程的连贯性与稳定性。在遵义市某中学，学校将苗族银饰锻造课程纳入课后乐童服务的长期计划，每周固定安排两课时，由校内美术教师持续授课。学生在一个学期内，从认识银饰工具、学习基础锻造手法，到独立完成简单银饰作品，形成完整的学习链条。而校外兼职教师常因个人事务、民俗活动等原因临时调整教学安排，容易导致课程中断，影响学生学习效果。稳定的教学进程有助于学生系统掌握“非遗”技艺，逐步提升学习深度与难度。

（四）强化校园文化浸润，营造浓厚传承氛围

校内教师作为校园文化建设的重要力量，能够将“非遗”全方位融入校园生活，营造浓厚的传承氛围。教师通过布置“非遗”主题文化墙、举办“非遗”知识竞赛、组织“非遗”社团活动等多种形式，让学生在校园的每个角落都能感受到“非遗”的魅力。毕节市某小学的教师团队，带领学生用自己制作的苗族刺绣作品装饰教室，在校园内打造“非遗长廊”，

展示学生的蜡染、扎染成果。这种沉浸式的文化环境，潜移默化地增强了学生对本土“非遗”的认同感和归属感，使“非遗”传承从课堂延伸到校园生活的方方面面，让学生在耳濡目染中成为“非遗”的传承者。

（五）降低教学成本，促进资源高效利用

以校内教师为主开展“非遗”课后乐童服务，无需支付高额的校外师资聘请费用，有效降低了教学成本。学校可以将有限的资金更多地投入教学设备采购、课程资源开发等方面。例如，黔东南苗族侗族自治州某学校利用节省的资金购置了专业的蜡染染色设备、刺绣工具等，为学生提供更好的实践条件。同时，校内教师对学校教学场地、设施更为熟悉，能够合理规划和利用现有资源，如将美术教室改造为“非遗”工作室，将操场作为地戏表演的场地等，实现资源的高效利用，为“非遗”课程的长期开展提供坚实保障。

三、现存挑战

在贵州“非遗”传承与“双减”政策课后服务融合的背景下，以校内教师为主开展“非遗”课后乐童服务逐渐成为重要实践方向。相较于邀请校外兼职教师，校内教师主导模式在课程连贯性、学生管理等方面具备天然优势，但也面临着诸多挑战。

（一）专业知识与技能储备不足，教学深度受限

校内教师大多毕业于师范院校的各学科专业，虽然部分教师具备一定艺术或实践基础，但缺乏系统的“非遗”专业知识与技能培训。例如在苗族银饰锻造技艺教学中，校内教师可能仅能传授基础的造型制作方法，对于银饰锻造中涉及的金属配比、火候把控等核心工艺，因自身知识局限难以深入讲解，导致学生学到的仅是表面技艺，无法触及“非遗”的文化精髓。

在理论知识传授方面，校内教师对贵州“非遗”背后的文化内涵、历

史渊源、民俗传统等研究不够深入。以侗族大歌教学为例，教师可能侧重于教学生演唱曲目，却难以详细阐述侗族大歌产生的社会背景、多声部合唱形式与侗族社会结构的关系等深层次内容，使学生对“非遗”的理解停留在浅层，不利于“非遗”技艺的深度传承。

（二）教学任务繁重，精力分散影响教学质量

校内教师日常承担着语文、数学、英语等主学科的教学任务，同时还需负责班级管理、作业批改、考试辅导等工作，教学压力巨大。在此基础上开展“非遗”课后乐童服务，无疑进一步加重了教师的工作负担。在安顺市某小学，一名语文教师同时兼任学校的安顺地戏课后服务课程教学。由于日常教学工作繁忙，该教师难以投入充足时间和精力进行地戏课程的备课。在课程设计上，只能简单安排学生模仿地戏动作和台词，缺乏创新和深度；在课后，也无法对学生的学习成果进行细致指导和反馈。长期精力分散导致教师身心疲惫，教学热情下降，进而影响“非遗”课程的教学质量和学生的学习积极性。

（三）课程资源开发能力薄弱，缺乏专业性和系统性

校内教师缺乏课程资源开发的专业知识和经验，在编写“非遗”课程教材和设计教学资源时，面临诸多困难。他们往往难以将“非遗”的丰富内容进行科学、系统地整理和编排，导致课程教材内容零散、缺乏逻辑性。在编写苗族刺绣课程教材时，校内教师可能只是简单罗列刺绣针法和图案，没有按照由易到难、循序渐进的原则进行内容设计，也缺乏与学生认知水平相匹配的教学案例和实践指导。此外，校内教师缺乏获取专业“非遗”教学资源的渠道，难以收集到高质量的教学视频、图片、文献资料等，使得教学资源匮乏，无法满足学生多样化的学习需求。

（四）师资队伍结构单一，难以满足多样化教学需求

以校内教师为主的师资队伍结构相对单一，学科背景和教学风格较为相似，难以满足贵州“非遗”多样化教学的需求。贵州“非遗”涵盖音

乐、舞蹈、美术、手工艺等多个领域，不同的“非遗”项目需要不同专业背景和教学风格的教师进行指导。在开展布依族八音坐唱教学时，音乐学科的校内教师在声乐教学方面有一定优势，但对于八音坐唱中涉及的布依族传统乐器演奏，如勒尤、月琴等，由于缺乏相关专业知识和技能，无法进行专业指导。同样，在开展苗族芦笙舞教学时，体育教师虽然擅长动作示范和训练，但对于芦笙舞的文化内涵和音乐节奏把握不足，导致教学效果大打折扣。

（五）缺乏科学评价体系，难以有效改进教学

校内教师在“非遗”教学评价方面缺乏专业指导和科学标准，难以建立完善的评价体系。对于学生的学习成果，往往仅以作品完成度、课堂表现等简单指标进行评价，无法全面衡量学生在“非遗”知识掌握、技艺提升、文化理解等方面的发展情况。在评价教师的教学质量时，也缺乏客观、量化的评价标准，多以主观判断为主，难以准确评估教师的教学水平和教学效果。由于缺乏科学的评价反馈，教师无法及时了解教学中存在的问题，难以有针对性地改进教学方法和内容，不利于“非遗”课程教学质量的持续提升。

（六）传承创新动力不足，延缓“非遗”发展

校内教师受传统教学思维和教学模式的束缚，在“非遗”教学中往往侧重于传统技艺和知识的传授，缺乏对“非遗”传承创新的探索和实践。教师可能更注重让学生学习和复制传统的“非遗”作品和表演形式，而忽视了引导学生结合现代生活和审美进行创新。在苗族蜡染教学中，教师多让学生临摹传统的蜡染图案，很少鼓励学生将现代元素融入设计，导致学生的作品缺乏新意。这种教学方式不利于培养学生的创新思维和创造力，也限制了贵州“非遗”在新时代的传承与发展，难以让“非遗”更好地适应现代社会的需求。

贵州以校内教师为主导的“非遗”课后服务模式，通过课程创新、资源整合与机制保障，实现了传统文化传承与教育质量提升的双重目标。未

来需进一步强化教师专业支持、完善评价体系、深化家校社协同，推动“非遗”教育从“特色活动”向“常态课程”转型，为全国提供可复制的实践样本。

四、改进策略

以校内教师为主将贵州“非遗”融入课后乐童服务，虽面临专业能力不足、教学资源有限等问题，但通过系统化、多元化的改进策略，可有效突破发展瓶颈，实现“非遗”传承与课后服务的双赢。以下从多个维度展开详细分析，提出更具针对性和可操作性的改进方案。

（一）强化师资专业能力建设，构建分层培养体系

“非遗”师资培训是推动贵州“非遗”融入课后乐童服务的核心驱动力，其意义深远且多元。从文化传承角度看，它能有效填补校内教师“非遗”知识空白，避免“非遗”在代际传递中出现断层，让苗族刺绣、侗族大歌等珍贵技艺得以延续；于教育层面，专业培训促使教师将“非遗”与学科知识深度融合，丰富课后服务内容，提升学生综合素养；对教师个人而言，培训为其提供了职业发展新方向，拓宽专业视野，增强教学竞争力，实现从传统学科教师向复合型“非遗”教育者的转变。

1. 分层分类开展专业培训

针对校内教师“非遗”知识与技能的差异，实施分层培训。对于零基础教师，开展“非遗入门”基础班，邀请贵州民族博物馆的专家系统讲解贵州“非遗”的起源、发展脉络及文化内涵，如苗族古歌中蕴含的迁徙历史、侗族鼓楼建筑体现的智慧等；对有一定基础的教师，开设“非遗技艺精进”提升班，联合当地“非遗”工坊，让教师在实践中掌握银饰锻造、刺绣针法等核心技艺。此外，针对不同学科教师，设计特色培训内容，如语文教师侧重“非遗”故事与文学创作培训，美术教师聚焦“非遗”图案设计与工艺技法培训。

2. 建立长效学习机制

为保障教师持续提升专业能力，建立“线上+线下”相结合的长效学习机制。线上搭建“贵州非遗教师学习平台”，整合全省优质“非遗”教学资源，包括“非遗”传承人示范教学视频、专家讲座回放、教学案例分享等；线下设立“非遗教师研修基地”，选址在“非遗”底蕴深厚的村寨或高校，定期组织教师开展实地研学，如前往黔东南苗族侗族自治州的传统村落，跟随传承人学习生活中的“非遗”技艺，感受原汁原味的“非遗”氛围，促进教师将实践经验转化为教学能力。

（二）优化课程资源开发，打造精品校本课程

在“双减”政策与“非遗”传承双重需求下，贵州“非遗”融入课后乐童服务的校本课程开发面临机遇与挑战。当前，部分学校虽已开展相关课程，但存在资源碎片化、课程体系不完善、教学方式单一等问题。为打造精品校本课程，需从深度挖掘“非遗”的文化内涵与课程设计方面进行系统性优化。

1. 深度挖掘“非遗”的文化内涵

联合贵州高校的民俗学、人类学专家，对本地“非遗”项目进行深度调研，梳理出适合不同年龄段学生学习的“非遗”的文化内容。例如，将苗族蜡染文化与贵州的生态环境、社会生活相结合，开发出“蜡染中的自然密码”“蜡染与苗寨生活”等系列课程，让学生在学习技艺的同时，深入理解“非遗”背后的文化逻辑。此外，鼓励教师收集本地“非遗”故事、传说，将其融入课程教学，增强课程的趣味性和文化感染力。

2. 创新课程呈现形式

打破传统课堂教学模式，采用项目式学习（PBL）、情境教学等方式呈现“非遗”课程。以侗族大歌课程为例，设计“我们的侗族大歌音乐会”项目，让学生分组完成从选曲、排练到舞台表演的全过程，在实践中提升演唱技巧和团队协作能力；在安顺地戏教学中，创设“穿越时空的地戏之旅”情境，让学生扮演地戏角色，通过角色扮演深入理解地戏的表演形式和文化意义。同时，利用现代信息技术，开发虚拟仿真课程，如通过 3D

建模技术还原苗族银饰锻造的工艺流程，让学生更直观地学习复杂技艺。

（三）完善教学管理机制，保障课程有序开展

教学管理机制的完善是贵州“非遗”融入课后乐童服务以校内教师为主模式稳定运行的重要保障。通过优化教师工作安排、强化课程质量监控、构建多方协同管理体系，能够有效解决教学过程中的各类问题，推动“非遗”课程高质量、有序开展。

1. 优化教师工作安排

学校制定科学的教师工作分配方案，明确“非遗”教学与主学科教学的权重比例，避免教师过度疲劳。例如，规定参与“非遗”教学的教师每周减少1—2节主学科课时，确保其有充足时间备课和开展教学活动；设立“非遗教学协作小组”，由校内骨干教师牵头，组织教师集体备课、研讨教学方法，提高教学效率。此外，对承担“非遗”教学任务的教师给予适当的补贴和奖励，如颁发“非遗传承优秀教师”荣誉证书、增加绩效考核加分等，激发教师的工作积极性。

2. 建立课程质量监控体系

成立由教育专家、“非遗”传承人、家长代表组成的课程质量监督小组，定期对“非遗”课程进行评估。评估内容包括教学计划执行情况、学生学习效果、课程资源使用情况等。通过问卷调查、课堂观察、学生作品展示等方式收集反馈信息，及时发现课程实施过程中存在的问题，并提出改进建议。例如，若发现学生对某一“非遗”课程兴趣不高，监督小组可建议教师调整教学内容和方法，增加互动性和趣味性。

（四）拓展资源整合渠道，形成多方协同合力

在贵州“非遗”融入课后乐童服务的进程中，单一主体的资源供给难以满足课程多样化需求。通过拓展资源整合渠道，推动校际、校企、社会多方协同合作，能够构建起资源共享、优势互补的生态体系，为“非遗”课程的可持续发展注入强劲动力。

1. 加强校际与校企合作

推动贵州各学校之间开展“非遗”教学交流与合作，建立“非遗教育联盟”，共享课程资源、教学经验和师资力量。例如，城市学校与乡村学校结对，城市学校提供先进的教学设备和课程研发经验，乡村学校分享本地丰富的“非遗”资源，实现优势互补。同时，积极与文创企业、旅游公司合作，将“非遗”课程与社会实践相结合，组织学生参观“非遗”文创产品制作工坊，参与“非遗”旅游项目设计，让学生在实践中了解“非遗”的市场价值，拓宽“非遗”传承的途径。

2. 争取社会资源支持

通过公益基金会、企业赞助、家长委员会等渠道，广泛筹集资金和物资，为“非遗”课程的开展提供保障。例如，向贵州本地的文化产业基金会申请专项基金，用于购置“非遗”教学设备和原材料；与本地企业合作，设立“非遗传承奖学金”，奖励在“非遗”学习中表现优秀的学生；鼓励家长参与“非遗”教学活动，邀请有“非遗”技艺特长的家长到校担任志愿者，分享家庭传承的“非遗”资源，形成学校、家庭、社会共同参与“非遗”传承的良好氛围。

第二节　学校合作兼职教师——灵活师资的双向赋能

在国家大力推动“非遗”保护与传承，以及“双减”政策全面实施的背景下，贵州省积极探索“非遗”与教育融合的新模式。许多学校意识到，课后乐童服务不仅是为学生提供作业辅导和休闲娱乐的场所，更是传承中华优秀传统文化、培养学生文化自信的重要阵地。然而，学校内部往往缺乏专业的“非遗”教师资源，难以系统地开展“非遗”课程教学。与此同时，贵州各地活跃着众多“非遗”传承人、民间艺人，他们掌握着精湛的“非遗”技艺，但缺乏稳定的教学平台和受众群体。基于此，学校与“非遗”传承人、民间艺人等合作，聘请其为兼职教师，将“非遗”融入课后乐童服务的模式应运而生。将贵州“非遗”融入课后乐童服务，借助学校合作兼职教师的力量开展“非遗”传承教育，为“非遗”的保护与传承提供了新的思路和途径，同时也丰富了课后乐童服务的内容，促进了学生的全面发展。

一、典型案例分析

在贵州“非遗”融入课后乐童服务的实践中，学校合作兼职教师模式成为推动“非遗”传承与教育发展的重要引擎，实现了灵活师资的双向赋能。学校合作兼职教师模式通过引入“非遗”传承人、民间艺人等外部力量，这一模式不仅解决了学校内部“非遗”教师资源匮乏的问题，也为“非遗”传承人、民间艺人提供了展示技艺、传授经验的教学平台。通过学校与兼职教师紧密合作，“非遗”课程得以系统化、规范化地开展，让学生在课后乐童服务中接触到丰富多彩的“非遗”，感受传统文化的魅力，从而培养起对中华优秀传统文化的热爱和尊重。同时，兼职教师在教学过程中也能不断提升自己的教学能力和文化素养，实现个人专业成长与“非遗”传承的双赢。以下将结合具体案例，深入剖析这一模式的实施情况、效果及影响。

（一）仁怀市后山民族小学——多元民族艺术融合

深入推进义务教育“双减”和“五项管理”工作以来，后山民族小学立足教学实际，以打造“笙韵鼓舞爱润童心”的民族和谐校园为目标，将传承民族民间传统文体项目融入学校课后服务，助力学生全面健康发展。为丰富学生课后服务内涵，学校充分发挥地域环境优势，积极探索“常规教学+民族民间传统”项目，充分挖掘地域文化资源，将民族地区传统体育和文化项目融入课后活动“N”课程。

1. 具体实施情况

仁怀市的后山民族小学作为仁怀市唯一一所民族小学，是全寄宿制学校，现有18个班级，1011名学生，其中苗族、布依族、仡佬族、彝族等少数民族学生有 475 人，占比 47%。在艺术课程方面，实现“常规艺术+民族艺术”相结合，除了依据教学目标开设合唱、电子琴、二胡、书画、泥塑等传统艺术项目，还增添了苗歌、民族蜡染、种麻织布、苗绣、芦笙吹奏等多达 33 个民族艺术项目。专门聘请的“非遗”刺绣传承人李朝芬，同时也是贵州省民族挑花工艺大师、最美贵州绣娘，她手把手教学，让学生在捻线挥针、熔蜡勾勒间学习和传承苗族特色手工技艺。

在解决课后服务师资需求时，后山民族小学通过“教师+民间传承艺人”“教师+足球专业教练”的搭配方式，整合校社资源。学校聘请民间艺人、“非遗”项目传承人、第三方足球教练等来教授学生民族传统体育、民间技艺和足球等体育课程。在体育课程上，采用“常规体育+民族体育”的结合模式，在开设篮球、足球、羽毛球、乒乓球、跳绳、50 米、400 米、800 米等常规体育项目的基础上，把爬花杆、抢山炮、芦笙鼓舞、滚铁环、板鞋竞速、踩高跷、射箭等少数民族传统体育项目引入课程，共开设六大项 12 小项。[①] 此外，还实行课后服务“双师课堂”，分段领授本校教师和培养学生，形成师生共学、教学相长的良好教学氛围。让孩子们学有所获，行有所成，让民族文化在传承中不断发扬光大。

2. 获得的成果与影响

这一举措极大地丰富了学生的课余生活，激发了他们对传统文化的浓厚兴趣。学校组织的民族艺术社团在各类地区文艺展演中屡获佳绩，学生们在学习“非遗”技艺的过程中，民族自豪感和文化认同感显著增强。

据学校统计，参与“非遗”课程学习的学生中，超过 80%表示对民族文化的了解和热爱程度大幅提升。同时，校内教师在与兼职教师的合作过程中，教学能力和文化素养得到有效提升，为学校打造特色教育品牌奠定了坚实基础。民族艺术社团（如苗歌合唱队、蜡染工作坊）在县级文艺展演中获奖超 20 次，学生的审美能力和创造力显著增强。例如，学生创作的

---

① 中共遵义市委统战部·政务．仁怀市：着力教学“三加”推“双减”！弘扬民族文化教育助成长［EB/OL］．（2023-03-29）．https://zyswtzb.gov.cn/mzgz/202203/t2022032985702704.html.

蜡染作品《苗乡四季》入选市级“非遗”青少年优秀作品展览。少数民族传统体育项目的普及，使学生体质健康达标率从2020年的78%提升至2023年的89%。板鞋竞速、踩高跷等项目培养了学生的协作能力，相关团队在市级民族体育比赛中多次斩获一等奖。①

（二）松桃寨英滚龙：课后服务与“非遗”活化的双赢

松桃寨英滚龙文化源远流长，历经600余载岁月沉淀，其构思精妙、工艺卓绝、造型完美，蕴含着极为深厚的民族文化底蕴。寨英镇完全小学结合乡村少年宫社团活动和课后延时服务时间，开设滚龙表演课外活动课和滚龙编扎兴趣小组。兼职教师作为民间艺人，拥有丰富的实践经验和精湛的传统技艺，为学校课后乐童服务带来了原汁原味的滚龙文化。

1. 具体实施情况

寨英镇完小学专门邀请民间滚龙艺人入校当兼职教师，现场展示滚龙编扎全过程，让学生们近距离观察从竹篾到成型滚龙的蜕变，深入了解滚龙文化的历史渊源。兼职教师不仅传授编扎技艺，还讲述滚龙背后的传说故事、民俗内涵等知识。兼职教师还针对学生年龄和体能特点，将原本48米的滚龙长度调整为26米，更适合11名学生共同舞动。教学过程中，先通过体能训练增强学生体质，再带领学生参观滚龙编扎工坊，让学生学习滚龙历史知识，随后手把手教授握龙把、站姿以及摆“龙”字造型等基础且关键的技巧。兼职教师作为民间艺人，拥有丰富的实践经验和精湛的传统技艺，为学校课后乐童服务带来了原汁原味的滚龙文化。他们在教学中注重实践操作，让学生亲身体验编扎、舞动滚龙的乐趣，激发学生对传统文化的浓厚兴趣。学校教师则发挥在教学管理、课程设计等方面的专业优势，与兼职教师共同设计教学方案，将滚龙文化教学与学校教育目标相结合，将滚龙表演中的团队协作元素融入体育教育，将滚龙编扎的艺术审美融入美术教育。同时，学校为兼职教师提供教学场地、教学工具等支持，保障教学活动顺利开展；兼职教师则为学校教师提供滚龙文化培训，提升

---

① 《2024年仁怀市后山民族小学学校工作总结》（未公开的内部资料）.

学校教师对本土文化的认知，实现双方的优势互补与双向赋能。[①]

2. 获得的成果与影响

通过学校与兼职教师的紧密合作，寨英滚龙文化在青少年群体中得到广泛传播和深入传承。对滚龙文化的学习让学生更加了解本土传统文化，增强了文化自信和民族自豪感。自寨英滚龙融入课后服务以来，受到了媒体的广泛关注。从2020到2024年，省级及以上媒体对寨英滚龙相关活动（包括校园活动）的报道次数达到20余次。其中，中央电视台、贵州卫视等多次对寨英滚龙走进校园进行拍摄报道，如2001—2006年，中央电视台、贵州卫视等就曾对寨英滚龙进行过拍摄报道，包括《走遍公园省》《乡村大世界》《走遍贵州》《多彩贵州》等栏目。[②] 这些媒体报道极大地提升了寨英滚龙的知名度和影响力，也提升了寨英镇完小学的知名度和特色品牌形象，成为当地素质教育的亮点；松桃寨英滚龙融入课后乐童服务的模式，为贵州“非遗”传承提供了可借鉴的范例。这种学校与民间艺人合作、灵活师资双向赋能的方式，为其他“非遗”项目走进校园、实现传承发展提供了新思路。它打破了传统“非遗”传承的局限，将学校教育资源与民间“非遗”资源有机结合，形成了一种可持续、可推广的“非遗”传承模式。

（三）湄潭县高台镇凤清学校的陶艺特色课程

湄潭县高台镇凤清学校所处的窑上村，制陶技艺源远流长，其土陶制作技艺在2018年成功被纳入遵义市“非遗”名录。学校巧妙借助这一得天独厚的本土资源优势，在课后延时服务中精心打造了别具一格的“陶艺”特色课程，致力于让学生在传承“非遗”的过程中，充分发挥创造力，收获快乐并提升艺术修养。凤清学校立足本土，将陶艺引入课后延时服务，打造“陶艺”特色课程。

---

① 铜仁市融媒体中心．非遗技艺入校来，课后延时添精彩［EB/OL］．［2024-06-21］．https://www.tongren.gov.cn/2024/0621/319998.shtml.

② 松桃苗族自治县人民政府．独树一帜的松桃寨英滚龙［EB/OL］．［2022-05-24］．https://www.songtao.gov.cn/zjst/fsmq/202205/t20220524_74192607.html.

1. 具体实施情况

风清学校积极与本地陶艺匠人携手合作，聘请经验丰富的陶艺艺人韩中进担任兼职教师。韩老师扎根当地，对本土陶艺文化有着深入的理解，并掌握精湛的陶艺技艺。在陶艺课上，韩老师凭借自身丰富的实践经验，先向同学们详细介绍陶艺的基本知识，涵盖泥料特性、工具使用等。同时，通过现场示范，深入浅出地讲解陶艺创作的各个关键环节，包括泥料的选择、揉泥的技巧、拉坯的要点以及烧制的流程等。课程设置遵循循序渐进原则，他根据学生的年龄差异和学习进度，因材施教，比如先教低年级学生捏些简单的小动物，先“玩”泥，激发他们对陶艺的兴趣；对高年级学生，则教授制作罐、鼎等相对复杂的传统器型，让学生逐步掌握陶艺技艺。①

为营造浓厚的陶艺文化氛围，学校设立陶艺教室，编制陶艺制作校本活动文化图册，并举办展示活动。通过这些举措，学生的动手能力、创造力和审美能力得到培养，对家乡传统文化的热爱和传承责任感显著增强。校内教师在协助韩老师教学的过程中，学习到陶艺教学的专业知识和方法，部分教师参与校本课程开发，提升了课程开发能力和综合素养，推动了学校特色教育的发展。据学校反馈，参与陶艺课程的学生在手工制作、艺术创作等方面的能力测评中，平均成绩提升了 15 分以上。

2. 效果与影响

通过学校与兼职教师的协同努力，窑上村的土陶制作这一“非遗”技艺在青少年群体中得到了广泛传播与深度传承。众多学生对陶艺文化产生了浓厚兴趣，积极主动参与陶艺课程的学习中，为这一古老“非遗”在新时代的传承注入了新鲜血液。不少学生在掌握陶艺后，向家人、朋友分享陶艺知识，进一步扩大了陶艺文化的影响力，使本土“非遗”得以更好地延续和发展。参与陶艺课程和相关活动，全方位锻炼了学生的综合素质。在动手制作陶艺作品的过程中，学生的手部精细动作能力、空间想象力和

① 湄潭县人民政府．传承非遗！湄潭高台镇风清学校学子“玩泥巴”[EB/OL].[2024-11-19]. https://www.meitan.gov.cn/mtzx/tpxw/202411/t2024111986102919.html.

创造力得到了极大提升。风清学校的陶艺特色课后乐童服务，吸引了社会各界的目光。一方面，显著提升了学校的知名度和特色品牌形象，使其在当地素质教育领域脱颖而出，成为其他学校学习借鉴的榜样。另一方面，引发了社会对窑上村土陶制作技艺等“非遗”的更多关注和研究。每逢学校举办陶艺活动，吸引了众多家长、社区居民前来参观，丰富了当地群众的文化生活，也促进了社区对学校教育和“非遗”传承的支持。

风清学校将陶艺“非遗”融入课后乐童服务的模式，为贵州“非遗”传承提供了宝贵的借鉴范例。这种学校与民间陶艺艺人合作、灵活运用师资实现双向赋能的方式，为其他“非遗”项目走进校园、实现传承发展开拓了新路径。它打破了传统“非遗”传承仅在家族或小范围传承的局限，充分利用学校的教育资源和平台，将“非遗”与现代教育有机融合，形成了一种具有推广价值的可持续“非遗”传承模式。

二、学校合作兼职教师模式的优势

在贵州“非遗”融入课后乐童服务中，学校合作兼职教师、灵活师资的双向赋能模式展现出多维度优势，通过师资结构创新、教学方法创新、传承生态创新，实现了“非遗”教育从“外源性输入”到“内源性生长”的转变。它不仅为乡村学校提供了低成本、高效能的“非遗”传承方案，更通过双向赋能机制，让教师与学生、学校与社区共同成为文化传承的主体，为贵州“非遗”的“活态延续”开辟了教育新范式。既破解了“非遗”教育的师资瓶颈，又构建了文化传承与教育创新的共生生态。

（一）靶向补充专业师资，破解“非遗”教育“断层”难题

传统学校教育中，“非遗”技艺（如苗绣、箫笛制作、滚龙编扎等）的专业师资严重匮乏。通过引入“非遗”传承人、民间艺人、工艺大师等担任兼职教师，可精准填补这一缺口。如仁怀后山民族小学聘请“最美贵州绣娘”李朝芬教授苗绣，让学生接触原汁原味技艺，其40余年的实践经验让学生直接掌握传统针法与图案寓意，这些兼职教师实践经验丰富，可

带学生实操，像湄潭凤清学校陶艺师韩中进指导拉坯、烧制，提升学生动手能力。仁怀市后山民族小学玉屏印山民族小学邀请箫笛制作传承人走进学校授课，学生从竹材选择到音色调试全程参与，避免了“纸上谈兵”的教学困境。同时，还促进校内外教师双向交流，校内教师学习“非遗”知识，优化教学方法，如印山民族小学教师从箫笛艺人处获教学灵感，开发特色课程。该模式还灵活调配师资，降低学校人力成本，助力“非遗”教育常态化开展，实现文化传承与教育质量提升双赢。

（二）双向赋能师资成长，激活教育内生动力

该模式还打破“单向输入”的传统师资结构，形成校内教师与兼职教师的优势互补。兼职教师的“在地性知识”（如苗族古歌中的迁徙史、陶艺泥料的本土特性）为课程注入鲜活文化基因。例如，松桃寨英滚龙艺人将“龙身摆动幅度与竹篾韧性关系”转化为物理教学案例，让抽象知识具象化。教师通过协同备课、参与“非遗”工坊实践，将现代教育理念融入传统技艺教学。湄潭凤清学校教师与陶艺师合作开发“揉泥力度与数学测量”跨学科课程，学生在实操中掌握压强计算，学科成绩提升 12%（校内测试数据）。学校定期组织“非遗师资工作坊”，如印山民族小学开展箫笛演奏与音乐教学法融合培训，90%参与教师掌握至少 1 项“非遗”技能教学能力。①

（三）创新课程实施路径，增强“非遗”传承活力

兼职教师的参与推动“非遗”课程从“静态展示”转向“动态体验”，契合青少年认知特点。兼职教师丰富的实践经验让“非遗”教学更具吸引力。在滚龙舞龙教学中，兼职教师通过“分解招式—团队合练—节庆展演”的阶梯式训练，让学生在实战中理解“龙阵变化”的协作逻辑，锻炼了学生的身体素质，提升了学生的艺术审美能力、动手实践能力以及团队协作精神。在舞龙过程中，学生需要相互配合、默契协作，这有助于

---

① 《2024 年仁怀市后山民族小学学校工作总结》（未公开的内部资料）.

培养他们的团队意识和沟通能力；而编扎滚龙则锻炼了学生的耐心、细心以及空间想象力和创造力。在苗歌课程中结合语文诗词格律分析、蜡染图案融入美术色彩构成教学，形成“非遗技艺+学科素养”的复合培养模式。后山民族小学学生在省级“非遗”文创比赛中获奖作品，体现跨学科创意（如苗绣纹样与几何图形结合的丝巾设计）。此外，学校根据艺人时间灵活安排课程（如周末工作坊、节庆主题课），避免与常规教学冲突，后山民族小学发现，自从采用弹性课时的这种教学模式后，学生参与率比固定课时模式高出很多。

（四）促进多方联动，构建传承生态

学校作为纽带，串联起家庭、社区与“非遗”产业，形成文化传承共同体。学生的“非遗”成果展示（如蜡染作品展、侗族大歌演出）吸引家长、社区居民参与，75%以上参与者通过活动增强文化认同。同时，“非遗”艺人通过教学获得经济收益与社会认可，松桃滚龙艺人年均授课收入达2万元，年轻传承人占比从2018年的15%提升至2024年的40%，缓解了“非遗”传承“断层”危机。此外，学校与“非遗”工坊合作建立“传承人培育基地”，如后山民族小学的“苗绣青苗班”，学生作品已实现商业化，打通“学习—实践—就业”链条，推动“非遗”传承可持续发展。

（五）为“非遗”传承人提供平台

对于“非遗”传承人来说，与学校合作担任兼职教师，为他们提供了一个稳定的教学平台和传承阵地。通过在学校授课，“非遗”传承人可以将自己的技艺和文化知识传授给更多的学生，培养新一代“非遗”爱好者和传承人。同时，在与学校教师和学生的交流互动中，“非遗”传承人也能够不断创新教学方法和表现形式，为“非遗”传承与发展注入新的活力。此外，学校的合作也为“非遗”传承人带来了一定的经济收入，提高了他们的生活水平，进一步激发了他们传承“非遗”的积极性和主动性。

三、现存挑战

在贵州“非遗”传承与“双减”政策课后服务融合的背景下，贵州“非遗”融入课后乐童服务的“学校+兼职教师”双向赋能模式在实践中展现出显著活力，但也面临以下现实挑战，需从多方协同角度破局。

（一）师资稳定性与专业性的双重制约

兼职教师流动性高，“非遗”传承人多为民间艺人，主要精力集中于传统技艺营生（如开设工坊、参与节庆演出），教学时间碎片化。例如，部分蜡染艺人因农忙或订单需求，常临时调整授课计划，导致课程连贯性不足。据案例中的几个学校反映，“非遗”兼职教师年均授课时长不足80课时，约30%的项目因艺人档期冲突被迫中断。此外，多数传承人擅长技艺实操，但缺乏现代教育理论和课堂管理经验。例如，水族马尾绣艺人在示范针法时手法娴熟，但难以将复杂技巧转化为适合小学生的分步教学方案，导致低龄学生学习难度较大。后山民族小学学校统计显示，约45%的兼职教师需依赖校内教师“二次转化”教学内容，影响课堂效率。

（二）课程体系与教学资源的系统性短板

“非遗”课程多基于艺人个人经验设计，缺乏统一的教学大纲和进阶体系。例如，侗族大歌教学中，不同艺人对发声方法、曲目选择存在差异，导致同一学校不同班级的学习进度和内容衔接混乱。部分地区虽尝试开发校本教材，但大多数以上仍停留在“技艺图解”层面，缺乏与学科融合的深度设计（如未关联音乐理论、民族历史等）。传统“非遗”技艺对工具和环境要求特殊（如木雕需专业雕刻刀、皮纸制作需浸泡池），而多数学校课后服务场地有限，难以完全复刻真实创作场景。例如，湄潭县凤清学校的陶艺特色课程上因缺乏窑炉设备，陶艺课程仅能开展“泥条盘筑”等基础手工，无法进行烧制环节，导致学生无法完整体验技艺全流程。

（三）“非遗”传承与现代教育的理念碰撞

大部分学校更注重通过“非遗”课程培养学生综合素养（如创造力、文化认同），而部分传承人更强调技艺“原汁原味”的传承，对教学中的创新改编（如简化工序、融入现代设计元素）持保守态度。例如，在苗绣教学中，校方希望引导学生设计卡通图案，而老艺人更倾向教授传统图腾，双方需反复协调教学方向。在对学生的作品评价上也存在争议，传承人在现行课后服务评价多以学生作品完成度、参与率为主，缺乏对“非遗”技艺掌握深度（如针法熟练度、纹样文化含义理解）的科学评估。例如，布依族织染绣课程中，学生可能仅学会基础编织，但对纹样背后的民族迁徙历史知之甚少，导致“重技能、轻文化”的倾向。

（四）长效保障机制的薄弱环节

首先，资金与政策支持不足，“非遗”课程的师资补贴、材料采购、场地改造等依赖学校自有经费或短期项目资金，可持续性差。例如，据一名滚龙传承人所说，松桃苗族自治县在某次试点项目结束后，因缺乏后续拨款，滚龙编扎课程无力购买竹篾等耗材被迫暂停。部分地区虽将“非遗”纳入“双减”特色课程，但尚未建立专项经费保障机制。其次，兼职教师的教学收入普遍偏低（多数地区单次授课费仅 50—100 元），且社会认可度有限，难以吸引年轻传承人参与。目前，在贵州“非遗”传承人中，60 岁以上占比超 55%，而参与课后服务的年轻艺人不足 20%，存在“老龄化”与“断层化”双重风险。最后，由于“非遗”传承涉及教育、文旅、民宗等多部门，但实际工作中存在权责不清、资源分散问题。例如，学校申请“非遗”工坊参观研学需协调多个单位，流程烦琐，导致实践活动开展频次不足，难以形成“课堂教学+实地体验”的闭环。

（五）学生兴趣与传承意愿的代际鸿沟

当前，现代传媒和流行文化对青少年吸引力更强，部分“非遗”项目（如侗族大歌、皮纸制作）的文化背景与学生生活经验距离较远，导致兴趣易流于表面。而“非遗”技艺学习周期长、见效慢，与功利性学习目标（如升学加分、竞赛获奖）关联度低。例如，苗绣需经年练习才能掌握复杂针法，但学生更倾向选择短期可见成果的兴趣班（如编程、绘画），导致“浅尝辄止”现象普遍。

四、改进策略

学校合作兼职教师实施双向赋能的改进策略，意义深远。它既破解了学校特色课程师资短缺难题，引入多元教育资源，提升教学实效；又为兼职教师提供实践平台，助力其专业成长。同时，推动学校治理模式创新，促进校企社协同，构建教育共同体，实现教育资源优化配置，为培养复合型人才、推动教育高质量发展注入新动能。

（一）强化师资建设，提升教学稳定性与专业性

建立“非遗”教师资源库与动态管理机制。由教育部门联合文旅、民宗部门，对全省“非遗”传承人、民间艺人进行普查登记，按技艺类别、地域、教学经验等维度建立共享资源库。引入项目制管理，根据学校需求和艺人档期灵活调配，如采用“1 名主课艺人+2 名候补艺人”的 AB 岗模式，确保课程连贯性。

开展分层培训与教学能力认证。针对“非遗”艺人，联合师范院校开设“非遗教学能力提升班”，课程涵盖教学设计、课堂管理、儿童心理学等内容；针对校内教师，组织“非遗”技艺研习营，如定期举办苗绣针法、侗族大歌发声技巧等专题培训。推行“双师认证”体系，考核合格的艺人与教师颁发教学资质证书，提升师资专业度。

（二）优化课程体系，增强教学系统性与吸引力

开发标准化与特色化结合的课程资源，组建由“非遗”专家、学科教师、艺人构成的课程研发团队，编写分级教材与教学指南。例如，针对小学低段设计“非遗趣味体验包”（如简易蜡染书签制作），高段开发“非

遗探究课”（如通过苗绣纹样解读苗族历史）。同时，鼓励学校结合本地资源打造特色课程，如在箫笛产地的学校开设“箫笛制作与音乐鉴赏”融合课程。推进跨学科融合与数字化教学；将“非遗”元素深度融入学科教学，如在数学课堂引入布依族织锦的几何图案教学，在语文课上开展侗族大歌歌词创作活动。利用 VR、AR 技术开发虚拟“非遗”工坊，如模拟皮纸制作的浸泡、蒸煮过程，弥补学校场地与设备不足的问题；制作短视频教学资源库，方便学生课后自主学习。

（三）完善保障机制，夯实“非遗”教育发展根基

加大政策与资金支持，省级层面出台“非遗”进校园专项扶持政策，设立“非遗”教育专项资金，用于师资补贴、教具采购、场地改造等。探索“政府+企业+公益组织”多元筹资模式，如引入文旅企业赞助“非遗”主题研学活动，联合公益基金会设立“非遗青苗计划”。建立长效激励机制：将“非遗”教学纳入教师职称评定加分项，对表现优秀的校内教师授予“非遗教育名师”称号；对兼职艺人，按教学时长与成果给予阶梯式补贴，并颁发“非遗传承导师”荣誉证书。鼓励学校与艺人签订长期合作协议，如“3 年一周期”的驻校传承计划，增强艺人归属感。

（四）创新传播方式，激发学生兴趣与传承动力

打造沉浸式“非遗”体验场景，在校园内建设“非遗”文化长廊、微型工坊，定期举办“非遗文化周”活动，邀请学生参与滚龙巡游、苗歌对唱等展演。组织学生走进“非遗”工坊、博物馆开展实地研学，如参观水族马尾绣传习所，与传承人面对面交流，增强文化认同感。搭建展示与实践平台；举办校级、县级“非遗”作品竞赛与成果展，优秀作品推荐参加省级“非遗”文创大赛；鼓励学生将“非遗”元素融入现代设计，如开发苗绣主题的手机壳、侗族大歌改编的流行音乐等。与企业合作建立“非遗小传承人”孵化基地，对有潜力的学生进行重点培养，提供商业实践机会，让传承与市场需求接轨。

（五）加强多方协同，形成“非遗”传承合力

构建跨部门协作网络，成立由教育、文旅、民宗、财政等部门组成的“非遗”教育联席会议机制，定期召开工作推进会，统筹解决政策落地、资源整合等问题。例如，教育部门负责课程实施，文旅部门提供展演平台，财政部门保障资金到位。引导社会力量参与；鼓励社区、“非遗”协会、高校志愿者团队参与课后服务，如社区组织“非遗”传承人开展周末公益课堂，高校志愿者协助开发数字化教学资源。通过“小手拉大手”活动，鼓励学生向家长传播“非遗”知识，带动家庭与社区共同参与“非遗”传承。

第三节 外来教师帮扶——跨地域文化资源的引入

在贵州“非遗”融入课后乐童服务的进程中，外来教师（包括高校教师、外地“非遗”专家、企业设计师等）能带来不同地域的文化视角和教学方法。通过引入跨地域文化资源，为本土“非遗”教育带来全新视角与多元活力。邀请“非遗”领域专家学者开展短期驻校指导，通过工作坊与讲座，分享“非遗”传承经验，拓宽师生视野。在教学实践中，外来教师引导学生将剪纸、苗族蜡染、侗族大歌等不同地域“非遗”的文化元素融合，运用项目式学习等创新方法开展“非遗”比较研究，重构课程体系，培养学生跨文化理解与创新能力；这一模式打破地域文化壁垒，促进不同文化间的交流与碰撞，为“非遗”传承与创新开辟新路径。

一、典型案例分析

贵州“非遗”融入课后乐童服务中，外来教师帮扶、跨地域文化资源引入模式搭建起不同地域文化交流的桥梁，使贵州本土“非遗”与外来文化相互碰撞、交融。外来教师带来的异地文化元素与教学方式，让贵州学

生接触更广阔的文化世界；同时，贵州“非遗”也通过学生作品展示、研学活动等形式传播到其他地区。贵州部分地区尤其是乡村学校，教育资源相对匮乏，在“非遗”教育领域面临师资短缺、教学理念滞后等问题。外来教师帮扶模式通过跨地域协作，将发达地区优质教育资源引入贵州。通过外来教师带来的现代教育理念和教学方法，结合贵州“非遗”特色，培养出既掌握传统技艺，又具备创新思维和现代素养的复合型人才。

（一）松桃职校：东西部协作下的“非遗”职教蝶变

在松桃苗族自治县，东莞职教名师邓军文作为“东西部协作”的桥梁，自2021年起扎根松桃职校，通过“青蓝工程”构建起“带团队、建体系、创模式”的立体化帮扶架构。他创新推行“月轮换”教师协作机制，每月邀请东莞骨干教师赴松桃开展“一场专业讲座、两到三次教研活动、一次公开示范课”，将服装设计领域的前沿理念与苗绣传统技艺深度融合。同时，他主导搭建“四中心两室一基地”产教融合平台，带领学生将苗绣纹样应用于现代服饰设计，学生作品不仅在省级职业技能大赛中屡获佳绩，更通过直播电商实现市场化销售，年均为当地培养100余名“非遗”文创人才。

1. 具体实施情况

自2021年起，来自东莞的职教先锋邓军文跨越1400千米，扎根武陵山区的松桃职校。他依托“青蓝工程”，构建“带团队、建体系、创模式”的立体化帮扶架构。在其推动下，东莞市纺织服装学校与松桃职业学校建立紧密合作，创新“月轮换”教师帮扶机制。通过“一场专业讲座、两到三次教研活动、一次公开示范课”的标准化模式，将东部先进教学理念精准植入。同时，推行“二对一结对”计划，两名东莞骨干教师共同助力一名松桃教师成长，借助“三磨教研”（磨炼教学设计、课堂实录、企业案例）提升教学能力。邓军文抵达松桃后，迅速与当地教师携手，将苗绣技艺融入服装设计课程，并推动学校搭建“四中心两室一基地”产教融合平台，覆盖设计、制作、直播销售全流程。该平台每年能培育100余名“非遗”产业链人才，学生设计的苗绣饰品经直播畅销全国。①

2. 获得的成果与影响

在邓军文的带领下，松桃职校实现从传统技艺传习到现代职教体系的转变。作为项目负责人，邓军文斩获贵州省级职业教育教学成果特等奖，还以主要参与人身份连获省级职教成果二等奖、市级基础教育成果一等奖。通过帮扶，松桃职校培养出 12 名兼具授课、技术与运营能力的复合型青年教师，他们牵头组建铜仁市名班主任工作室、省级名师工作室等教科研团队，成为当地职教发展的中流砥柱。苗绣“非遗”陈列馆建成，服装设计专业成为省级特色专业，毕业生年均薪资增长 40%，实现教育帮扶从“输血”到“造血”的转变，为西部职业教育注入内生动力。

（二）岜扒小学：美院助力下的乡村美育与“非遗”融合

在黔东南苗族侗族自治州从江县岜扒小学，中国美术学院“乡村艺课”项目持续深耕十余年，形成独具特色的帮扶模式。学院每年选派涵盖国画、版画、设计等专业的师生团队，结合侗族大歌、苗绣等本土“非遗”资源，开发“传统书画+民族艺术”融合课程。志愿者教师指导学生运用侗绣技法装饰校服，将蜡染图案融入版画创作，并通过“双师课堂”实现杭州优质课程与乡村小学的实时共享。此外，学院还设立“青苗计划”，每年资助数十名学生前往杭州参加“非遗”研学营，让大山里的孩子感受艺术魅力。截至 2024 年，该项目已覆盖全国 20 余省 100 余所乡村学校，推动“非遗”美育从单点突破迈向全域推广。

1. 具体实施情况

2013 年，中国美术学院“乡村艺课”项目落地贵州省黔东南苗族侗族自治州从江县岜扒小学，开启长期美育帮扶。中国美术学院几乎每年选派十几人团队前往开展美育实践，为学生带来传统书画、创意版画、沙画等资源。例如，志愿者指导学生运用侗绣技法在白色 T 恤上设计纹样，再以

① 今日头条. 东西部协作“智造”未来！松桃职校教师邓军文：立体化帮扶，让学校实现惊艳蜕变［EB/OL］.［2025-05-07］. https://www.toutiao.com/article/7501707540200243747/.

蜡染方式染色，制作出兼具流行与传统元素的“侗寨校服”。2019 年，中国美术学院推出线上线下结合的“双师”美育课程，通过网络直播，让岜扒小学学生共享优质教育资源。此外，中国美术学院每年组织十几个孩子赴浙江杭州参加夏令营，费用均由学院承担，并对经济困难学生一对一帮扶至高中毕业，还捐赠办公设备、建设图书室。①

2. 获得的成果与影响

艺术的种子在岜扒小学学生心中生根发芽，孩子们收获快乐与自信，乡村教师也重新认识美育力量。借助“双师”课程，该校二年级的潘家胜学会画画与手工。多年来，岜扒小学先后有 60 多名孩子走出大山开阔眼界。中国美术学院通过此项目，不仅弥补岜扒小学美育短板，还将美育课程推广至 20 多个省份的上百所乡村学校，打破美育地域限制。2023 年 4 月，中国美术学院成立社会美育学院，推出线上社会美育师资培训，补齐乡村美育师资短板。

（三）羊甲小学：跨区域合作破解山区课后服务难题

丹寨县羊甲小学由杭州滨江实验小学的帮扶团队以“非遗”课后服务为切入点，构建起“资源共享、师资共育、课程共建”的长效机制。特级教师张翼文带领 484 位杭州名师开展送教活动，不仅为羊甲小学量身定制苗族蜡染、古法造纸等特色课程，还引入杭州“第二课堂”模式，组织学生走进“非遗”工坊开展实地研学。同时，两校通过“师徒结对”“线上教研”等方式，帮助当地教师提升课程设计与教学能力。在滨江实验小学的支持下，羊甲小学建成“非遗”陈列馆与创客教室，学生设计的苗绣文创产品在长三角地区文创展上广受好评，真正实现了跨地域文化资源从“输血”到“造血”的转变，为乡村“非遗”教育注入持久活力。

1. 实施情况

“双减”政策落地后，杭州滨江实验小学助力丹寨县羊甲小学开展课

① 澎湃新闻．中国美术学院“乡村艺课”上线，让美育浸润乡土课堂［EB/OL］．［2022-04-17］．https://www.thepaper.cn/newsDetailforward17660645/.

后服务试点。特级教师张翼文每年前往丹寨县送课送教，三年间带动484位名师参与，以课堂教学、观点报告、教材解读等形式，开阔村小学教师视野。他还安排丹寨年轻教师赴滨江跟岗学习，推动两校集团化办学。羊甲小学从校外聘请8位课后服务教师，包括其他学校教师与社会专业人士，每天四点半放学后开展一小时课程，涵盖书法、“非遗”、武术等。例如，邀请“非遗”传承人教授蜡染技艺，获国际大奖的服装设计师亲自授课并带领学生走秀展示服装。①

2. 获得的成果与影响

在滨江实验小学支持下，羊甲小学建立完善课后服务体系。通过两个学期的实践，课后服务成效显著，学生积极参与“非遗”学习，讲“非遗”故事、思考传承。校园环境也大幅改善，孩子们穿上新校服，用上新课桌等学习生活用品。张翼文期望通过持续帮扶，将羊甲小学打造成提升丹寨县教育水平的旗帜，为山区小学课后服务提供“杭州经验”。“组团式”送教的持续开展，让更多优秀的滨江实验小学教师走进了丹寨县，用自己的教学长项与优势，实现教学资源最优化持续输入，更好地补齐了丹寨县教育短板，有效推动丹寨教育走上新台阶。

二、外来教师帮扶模式的优势

贵州“非遗”融入课后乐童服务的“外来教师帮扶：跨地域文化资源引入模式”，通过引入外部师资与资源，为本土“非遗”传承注入新活力。该模式依托跨区域协作、专业互补和文化碰撞，形成独特优势，具体分析如下。

（一）打破地域局限，补充本土资源缺口

外来教师（如高校学者、外地“非遗”传承人、专业机构从业者）带

① 杭州市民族宗教事务局．杭州市滨江实验小学赴黔东南州开展送教活动［EB/OL］．［2025-05-06］．https://mzj.hangzhou.gov.cn/art/2025/5/6/art163218358920352.html.

来异地“非遗”技艺或先进教育理念。例如，黔东南某小学引入苏州刺绣教师，结合苗族纹样特点开设“苗绣+苏绣”创新课程，弥补本地单一技艺传承的局限性。贵阳的某小学邀请云南傣族造纸传承人，指导学生将傣族“构皮纸”工艺与本地树皮资源结合，开发出兼具地域特色的手工造纸课程。这些新鲜血液的加入，不仅丰富了羊甲小学的教学内容，还极大地开阔了学生们的视野。他们带来的异地“非遗”技艺，如刺绣、剪纸、陶艺等，不仅让学生们领略到了不同地域的文化魅力，还激发了他们对传统文化的兴趣和热爱。同时，这些外来教师带来的先进教育理念，如注重实践操作、鼓励创新思维等，也对当地教师的教学方式产生了积极影响，推动了教学质量的整体提升。

此外针对本地失传或濒临失传的“非遗”项目（如部分苗族古歌、传统纺织工艺），外来教师可通过文献研究、技艺复现等方式协助复原。例如，遵义某学校引入贵州民族大学专家团队，共同挖掘整理当地已失传的“傩戏”剧本，转化为适合儿童的戏剧课程。在这一过程中，外来教师不仅扮演着技艺传授者的角色，更是文化桥梁的建设者。他们利用自身的学术背景和研究能力，深入挖掘“非遗”项目的文化内涵和历史价值，将其转化为易于理解和接受的教学内容。通过这种方式，不仅让濒临失传的“非遗”技艺得以复现，更让孩子们在学习的过程中感受到传统文化的魅力和深度。同时，这也为当地“非遗”资源的保护和传承提供了新的思路和路径。

（二）专业能力加持，提升教学科学性

高校或研究机构的外来教师具备学术研究能力，可系统梳理“非遗”知识体系，将碎片化技艺转化为结构化课程。例如，中央民族大学团队为黔西南某小学设计“布依族服饰文化”课程，从纺织历史、纹样寓意到手工制作分阶段教学，增强课程逻辑性。这些高校外来教师不仅传授技艺，还注重理论知识的讲解，使学生在掌握实操技能的同时，也能深入了解“非遗”背后的文化底蕴。这种系统化的课程设计，有助于学生构建全面的“非遗”知识体系，提升学习的科学性和有效性。此外，外来教师还能

将最新的学术研究成果融入教学中，不断更新课程内容，确保“非遗”教育的时效性和前沿性。外来教育团队引入数字化教学手段（如VR体验、动画演示），解决传统“口传心授”的效率瓶颈。例如，深圳某教育机构帮扶毕节小学，通过3D建模展示苗族银饰锻造过程，让学生直观理解复杂工艺，这些数字化工具不仅丰富了教学手段，还极大地提高了学生的学习兴趣和参与度。学生们在虚拟环境中体验“非遗”的魅力，仿佛穿越时空，与古老技艺亲密接触。这种沉浸式的教学方式，使得原本枯燥难懂的知识点变得生动有趣，更容易被学生接受和记忆。同时，数字化教学手段也为“非遗”的记录和保存提供了新的可能，有助于将珍贵的文化遗产以更加直观、生动的方式呈现给更多人，进一步推动“非遗”的传承与发展。

此外，外来教师结合自身专业背景（如艺术设计、教育学、心理学），推动“非遗”与多学科融合。例如，上海美术教师在帮扶黔东南学校时，将苗族蜡染与现代绘画构图结合，开发“传统纹样+现代插画”课程，激发学生创新思维。运用这些先进的教育理念，设计互动性强、实践性高的教学活动，如组织学生进行“非遗”项目策划与展示，让学生在实践中深化对“非遗”的理解和认识。这种结合专业背景的教学方式，不仅提升了“非遗”教育的科学性，还为学生提供了更为广阔的视野和思考空间，促进了学生综合素质的全面提升。

（三）文化碰撞激发创新，拓展传承维度

外来教师带来的异地文化元素与本土“非遗”碰撞，激发创新实践。例如，广州“非遗”教师在帮扶黔南学校时，将广绣针法与水族马尾绣结合，指导学生创作“水族图腾+广绣技法”的跨界作品，获省级“非遗”创新比赛奖项。

外来教师以“旁观者”视角发现本土“非遗”的隐性价值。例如，杭州“非遗”保护专家在调研黔东南侗族大歌时，建议将其多声部合唱特点与现代音乐教学结合，开发“侗族大歌童声合唱团”，该项目入选全国“非遗”教育优秀案例。这种跨地域的文化融合，不仅让学生领略到“非

遗”的多样性和丰富性，更激发了他们对传统文化的创新热情。学生们在实践中不断探索和尝试，将传统技艺与现代审美相结合，创造出具有独特风格的作品。这些作品不仅展示了学生的创造力和艺术才能，更为“非遗”的传承和发展注入了新的活力。同时，这种创新实践也提升了“非遗”的知名度和影响力，让更多人了解和关注到这一宝贵的文化遗产。

外来团队利用一线城市资源优势，帮助本土“非遗”走出去。例如，北京某教育机构帮扶黔西南学校，将学生制作的苗族银饰通过直播平台推广，带动当地“非遗”文创产品销售额翻倍增长，形成“传承—创新—市场”的良性循环。同时，他们还积极组织“非遗”交流活动，邀请国内外专家、学者和手工艺人举办讲座、工作坊和展览，为学生们提供了与各界人士交流互动的平台。通过这些活动，学生们不仅拓宽了视野，还激发了他们对“非遗”的深入了解和热爱。这种文化碰撞不仅促进了“非遗”的传承与创新，也为本土“非遗”的国际化传播打下了坚实的基础。

（四）搭建长效协作网络，强化资源连接

通过“高校—中小学”“发达地区学校—贵州学校”结对模式，建立长期帮扶关系。例如，清华大学美术学院与黔东南某中学签约，连续 5 年派师生团队驻点指导苗绣创新设计，形成稳定的人才输送与技术支持。[①]该模式促进了教育资源的均衡分配，使得偏远地区的学生也能享受到高质量的艺术教育资源。在结对帮扶的过程中，不仅提升了苗绣等传统手工艺的设计水平，还为当地学生提供了更多就业机会，助力他们通过“非遗”实现个人价值和社会价值。通过这种长效协作网络的搭建，各方资源得到了有效整合，“非遗”的传承与发展获得了持续的动力。

外来教师连接企业、公益组织等外部资源，为“非遗”传承提供资金、设备支持。例如，深圳某科技企业通过外来教师牵线，向毕节学校捐赠 3D 打印机，用于“非遗”文创产品原型制作，降低创新成本。这些 3D

① 中央美术学院．“村 BA”请来“美育”强外援：中央美院牵手黔东南州赋能乡村振兴［EB/OL］．［2024-05-07］. https://www. cafa. edu. cn/st/2024/90132699. htm.

打印设备不仅提升了学生的动手能力和创新思维，还为他们提供了一个将传统技艺与现代科技相结合的实践平台。此外，公益组织也积极参与其中，通过外来教师的协调，为学校捐赠图书、电脑等教育资源，进一步丰富了学生的学习环境。这种多方参与的协作模式，不仅为“非遗”传承注入了新的活力，也为学生的全面发展提供了有力保障。外来教师的桥梁作用，使得学校能够更有效地连接和利用外部资源，为“非遗”的传承与发展开辟了更广阔的道路。

（五）增强文化自信，拓宽学生视野

学生通过接触外来文化（如外地“非遗”项目、现代艺术理念），在对比中更深刻理解本土“非遗”的独特性。外来教师组织学生参与跨省“非遗”交流活动（如夏令营、展演比赛），拓宽学生视野。例如，上海某小学与贵州学校联合开展“非遗小传人互访”，贵州学生赴沪展示侗族大歌，接触海派剪纸，在文化互动中增强传承使命感。[①] 同时，上海学生也有机会到贵州体验蜡染、刺绣等传统技艺，感受民族文化的深厚底蕴。这种双向的文化交流，不仅让学生们了解到不同地域“非遗”特色的异同，更激发了他们对本土“非遗”的热爱与尊重。在参与这些活动的过程中，学生们逐渐意识到，每一种“非遗”名录都是人类文明的瑰宝，都值得被传承和发扬。这种文化自信的建立，为他们未来成为“非遗”资源的守护者奠定了坚实的基础。此外，通过与外地学生的交流与合作，学生们还学会了如何以开放的心态去接纳和理解不同的文化，这对于培养他们的全球视野和跨文化交流能力也具有重要意义。

“外来教师帮扶模式”的核心优势在于以开放姿态引入外部智力、技术与资源，激活本土“非遗”传承的创新基因。其价值不仅在于解决短期师资与资源短缺问题，更通过跨地域协作培育“传统与现代结合、本土与外来互鉴”的传承生态。这一模式鼓励本土“非遗”传承人积极拥抱新技

① 搜狐新闻. 上海中小学让“非遗”文化进校园，走进孩子们的心里！［EB/OL］.［2018-01-09］. https://www.sohu.com/a/215608782391459.

术、新媒体，利用互联网和数字化手段，创新“非遗”的表达方式和传播途径。比如，通过线上直播、虚拟现实体验等方式，让更多人能够身临其境地感受“非遗”的文化魅力，从而拓宽“非遗”的受众基础。同时，外来教师的加入也促进了“非遗”的国际交流，使得本土“非遗”有机会走出国门，与世界各地的文化进行对话与交融，进一步提升其国际影响力。需注意的是，实践中需避免“文化猎奇”或“过度改造”。坚持以本土文化主体性为前提，确保外来资源与在地“非遗”的有机融合，实现“输血”与“造血”的可持续平衡。

三、现存挑战

“外来教师帮扶：跨地域文化资源引入模式”在推动贵州“非遗”传承与课后服务融合的过程中，虽具备显著优势，但也面临多重挑战，这些挑战既涉及文化差异与教育适配问题，也包含实施层面的现实困境。以下从文化、教学、协作、可持续性等维度展开分析。

（一）文化理解偏差与在地性冲突

外来教师缺乏对贵州“非遗”深层语境的理解，可能将“非遗”简化为“技艺外壳”，忽视其文化内涵与精神内核。例如，有一些陶艺教师在教授苗族泥哨制作时，仅聚焦塑形技法，未阐释泥哨在苗族节庆中的祭祀功能与象征意义，导致课程沦为“手工课”，背离文化传承本质。这种文化理解上的偏差还可能导致外来教师在传授“非遗”技艺时，无法准确传达“非遗”背后所蕴含的历史故事、民族信仰和社会价值，从而削弱学生对“非遗”的认同感和尊重。长此以往，不仅不利于“非遗”的有效传承，还可能引发学生对本土文化的轻视和遗忘。因此，加强外来教师对贵州“非遗”深层语境的理解，成为提升教学质量、促进文化传承的关键所在。部分外来教师对“非遗”纹样、仪式等文化符号的使用规则缺乏了解，可能引发文化冒犯。有些外来教师将苗族图腾“枫木蝴蝶”随意用于商业设计教学，忽视其在苗族古歌中作为祖先象征的神圣性。这种行为不仅违背了尊重和保护“非遗”的原则，还可能无意中伤害到苗族学生的民族感情，导致他们对教学产生抵触情绪。此外，部分外来教师还可能因对“非遗”的历史脉络和地域特色了解不足，在教学设计中未能充分考虑贵州地区的社会文化背景，使得教学内容与当地学生的生活经验脱节。这不仅影响了学生对“非遗”的深入理解和兴趣培养，也限制了他们在文化传承和创新方面的潜力发挥。因此，提升外来教师对“非遗”符号使用规则的认知水平，是减少文化冒犯、增强教学适配性的重要一环。

（二）教学适配性与长效性难题

外来教师开发的课程可能未充分考虑贵州中小学的学情（如学生认知水平、课时安排）。某高校团队设计的“侗族大歌乐理分析”课程，因涉及复杂五线谱知识，超出乡村小学低年级学生理解能力，导致教学效果不佳。此外，一些外来教师设计的“非遗”课程内容过于理论化，缺乏实践操作环节，使得学生在学习过程中感到枯燥乏味，难以产生浓厚的学习兴趣。例如，在教授苗族刺绣技艺时，如果教师仅停留在讲解图案设计和色彩搭配的理论上，而不让学生亲自动手实践，那么学生就很难真正掌握这门技艺的精髓。这种理论与实践脱节的教学方式，不仅影响了学生对“非遗”的深入理解和兴趣培养，也削弱了他们在文化传承和创新方面的能力。因此，外来教师在开发“非遗”课程时，应充分考虑贵州中小学的学情，注重理论与实践相结合，以提高教学的适配性和长效性。

部分“非遗”传承依赖当地方言或民族语言（如苗语、侗语、布依语、水语），外来教师难以掌握，导致“传习断层”。例如，某外地教师在教授水族“端节”民俗时，因无法理解水语祝词，只能通过翻译间接传递信息，文化传递效度下降。贵州“非遗”中蕴含的地方历史、风俗习惯等深层次内涵，对于外来教师而言也是一大挑战。外来教师往往难以准确理解和传达这些文化内涵，使得学生在学习过程中难以形成全面而深刻的认识。这不仅影响了学生对“非遗”的整体把握，也限制了学生在文化传承和创新方面的潜力发挥。因此，如何提升外来教师对“非遗”的深入理解和表达能力，成为解决教学适配性与长效性难题的关键之一。

（三）跨地域协作的机制性障碍

帮扶双方（如东部城市学校与贵州乡村学校）在教育理念、硬件设施、政策支持等方面存在差异，易导致协作低效。某一线城市捐赠的 VR 设备因贵州乡村学校缺乏稳定网络与技术维护人员，长期闲置率达 30%。[①] “非遗”课程的教学资源分配不均也是一大挑战。一些学校由于地理位置偏远或经济条件有限，难以获取丰富的教学材料和工具。这不仅限制了教师的教学手段，也影响了学生的学习兴趣和效果。例如，某些“非遗”技艺需要特定的教学工具或材料，但在资源匮乏的学校中，教师只能依靠口头讲解和简单的图示，导致学生难以直观理解和掌握技艺精髓。因此，如何优化资源配置，确保“非遗”课程在贵州中小学中得到有效实施，也是提升教学适配性与长效性的重要方面。

此外，部分地区还存在权责边界模糊与利益冲突的问题。外来团队与本地学校在课程主导权、成果归属等方面可能产生分歧。例如，某外来机构将贵州学生的“非遗”创新作品用于自身品牌宣传，未注明出处，引发知识产权争议。[②] 这不仅伤害了贵州师生的情感，也破坏了双方合作的信任基础。另外，协作过程中的沟通不畅与信息不对称也是一大瓶颈。由于地域、语言及文化背景的差异，帮扶双方在需求表达、进度反馈等方面常存在误解，导致项目延期或效果打折。因此，明确权责划分、加强沟通机制建设，是跨地域协作中亟待解决的问题。

（四）本土师资“造血”功能弱化风险

长期依赖外来教师可能导致本地教师产生“等靠要”心态，忽视自身“非遗”教学能力提升。遵义某学校连续 5 年由外地教师包揽苗舞教学，本土教师仅承担辅助工作，使得本土教师自主开发课程能力停滞。这不仅

---

① 第一财经．缩小“数字鸿沟”，乡村教育数字化哪些困境待突破［EB/OL］．［2023-12-07］．https://www.yicai.com/news/101921101.html.

② 澎湃新闻．六盘水市首例布依族传统纹样著作权案公开庭审［EB/OL］．［2025-04-11］．https://www.thepaper.cn/newsDetailforward30622893.

使本土教师在“非遗”传承中的角色边缘化，还可能导致“非遗”教学知识与技能的断层。一旦外来团队撤离，学校可能面临“非遗”课程难以为继的困境。此外，长期缺乏实践机会和自主创新的激励，本土教师的专业成长路径也会受到严重阻碍，难以形成持续发展的教学梯队。

部分外来教师主导的课堂会挤压本土传承人（如村寨老人、民间艺人）的参与空间，导致“传统师徒制”与“学校教育”的衔接失衡。黔西南某小学引入外地银饰教师后，本地老银匠的教学机会减少，年轻学生对家族传承技艺的兴趣下降。这种挤压效应不仅削弱了本土传承人在“非遗”传承中的重要地位，还可能导致年轻一代对传统文化的疏离感加深。本地老银匠作为传统文化的承载者，他们的技艺和经验是“非遗”传承不可或缺的一部分。然而，当外来教师主导课堂，他们的教学时间和机会被大幅压缩时，年轻学生接触和了解本土技艺的渠道就变得有限，进而影响了他们对家族传承技艺的兴趣和认同感。这不仅是对本土传承人的一种忽视，也是对传统文化的一种潜在损失。因此，在引入外来教师的同时，如何平衡好他们与本土传承人之间的关系，确保“传统师徒制”与“学校教育”的有效衔接，是我们在“非遗”教学中需要深入思考和解决的问题。

（五）学生文化认同的“双向稀释”隐患

频繁接触异地“非遗”或现代文化元素，可能使学生产生“外面的月亮更圆”的认知偏差。这种认知偏差不仅体现在对技艺的评价上，还可能导致学生对本土文化的整体认同感下降。他们可能会开始忽视身边触手可及的传统技艺和民俗风情，转而追求那些看似新颖、独特的外来文化元素。长此以往，学生可能会逐渐丧失对本土文化的自豪感和归属感，进而影响到他们对传统文化的传承和发展。外来教师的短期课程多侧重技艺体验，缺乏对文化体系的深度解构。学生可能将“非遗”视为“有趣的手工活动”，而非承载民族历史的文化载体。这种浅尝辄止的教学方式，容易使学生难以触及“非遗”的内核，难以深刻理解其背后的历史渊源、社会价值和民族情感。当“非遗”被简化为一项项孤立的技艺时，其背后的文化逻辑和精神内涵便容易被忽视，从而导致学生对“非遗”的整体认知出现偏差。

（六）技术与文化数字化的适配困境

外来团队引入的数字化手段（如 3D 扫描、AI 设计）可能与“非遗”的“手工温度”产生冲突。例如，用计算机模拟苗族银饰錾刻纹路，虽提升效率，但失去手工敲打中“一锤一印记”的匠人精神传递。虽然数字化为我们的“非遗”传承过程中带来很多便利，但部分数字化手段难以全面捕捉“非遗”的独特韵味。诸如皮影戏、剪纸等传统技艺，其魅力在于艺人通过灵巧的双手，赋予作品生命力和情感。而数字化复制虽能精准还原外观，却难以复制那份手工创作的灵魂和即兴发挥的创意。再者，数字化技术的高成本也可能成为“非遗”普及的障碍。对于偏远地区的学校和学生而言，接触和使用先进的数字化设备并非易事，这无疑加剧了“非遗”教育资源的不均衡分配。贵州部分乡村学校缺乏数字化教学所需的设备、网络及师资，导致外来团队的技术赋能方案“水土不服”。这些学校的硬件设施往往无法满足数字化教学的基本要求，使得先进的数字化手段难以得到有效应用。此外，由于网络覆盖不全或网速缓慢，即使有了相应的设备，教师在线学习和获取资源的效率也会大打折扣。

四、改进策略

针对“外来教师帮扶：跨地域文化资源引入模式”在贵州“非遗”融入课后乐童服务中面临的挑战，需从文化适配、教学体系、协作机制、本土培育、技术应用等维度构建系统性改进策略，推动外来资源与本土“非遗”传承的深度融合。

（一）深化文化理解，构建原真性与现代性融合的教学体系

深化文化理解，构建原真性与现代性融合的教学体系，是教育领域在文化传承与创新方面的重要探索。原真性强调对文化本源、历史脉络和核心价值的精准把握，让学生接触最本真的文化形态；现代性则注重结合当

下社会需求、科技发展和审美观念，对文化进行创新呈现。一方面，它有助于学生全面、深入理解文化，避免文化在传承中出现断层或失真，守护民族文化的根脉。另一方面，通过现代元素的融入，能激发学生对传统文化的兴趣，让古老文化在新时代焕发出新的活力，增强学生的文化认同感和归属感。

1. 建立“文化解码共同体”机制

通过多方协同参与，由外来教师、本土“非遗”传承人、民俗学者、学校教师共同组建“非遗教学内容审核小组”，对外来团队设计的课程进行文化内核校验，建立“文化解码共同体”机制。在文化语境方面建立分层式教学，针对不同年龄段学生，设计“技艺层—习俗层—精神层”渐进式课程。小学低年级学生侧重“非遗”手工体验（如制作布依族小扎染），高年级学生加入文化故事讲解（如扎染纹样中的稻作图腾含义），初中阶段引入跨地域“非遗”对比（如贵州蜡染与云南白族扎染的文化差异）。同时，利用数字化手段记录“非遗”传承人教学过程，形成标准化教学资源库，供学校教师反复学习和借鉴。通过线上线下相结合的方式，定期组织“非遗”传承人走进课堂，与学生面对面交流，让学生近距离感受“非遗”的魅力。此外，建立“非遗”相关文化体验基地，让学生在实践中学习和传承“非遗”知识，增强学生对“非遗”的认同感和归属感。

2. 制定“非遗”创新的“底线原则”

明确禁止性条款，如不得篡改“非遗”核心符号（如苗族枫木图腾的神圣性）、不得将宗教仪式简化为娱乐表演、不得对传统工艺进行结构性颠覆（如用机器完全替代手工造纸流程）改造。对于“非遗”中的传统音乐、舞蹈和戏剧表演，规定不得随意改变其原有节奏、旋律和表演形式，以保持其艺术风格的纯正。同时，提倡在尊重传统的基础上，结合现代审美进行适度改编，如将传统戏曲元素融入现代音乐剧，使古老艺术焕发新生。同时鼓励适当的“有限创新”，在保持文化内核的前提下，允许形式创新。强调在“非遗”产品创新中，必须尊重原材料的天然属性和传统制作工艺，避免过度商业化导致的文化异化。比如，有一些外来陶艺教师引导学生用苗族银饰“錾刻”技法装饰现代陶瓷杯，既保留工艺精髓，又贴近生活场景。通过这些“底线原则”的制定，旨在平衡“非遗”的保护与传承，确保其在创新中不失本真。

（二）优化教学适配性，强化长效性与在地化

优化教学适配性，强化长效性与在地化，是提升教学质量、推动教育可持续发展的关键举措。优化教学适配性能贴合学生特质与时代需求，提升学习成效；强化长效性可培育终身能力、促进全面发展；强化在地化能增强文化认同、善用本土资源。这三者相辅相成，优化适配性使教学更具针对性，长效性保障学生持续成长，在地化赋予教学独特魅力。它们共同作用，能提升教育质量，培养出适应时代需求、具有本土情怀和可持续发展能力的优秀人才，推动教育事业不断进步。

1. 实施“双向师资培训计划”

外来教师“本土化”培训岗前必修。要求外来教师参加至少 2 周的“贵州非遗沉浸营”，深入村寨跟随传承人学习（如住在苗寨学习苗歌、参与侗族大歌排练）。需通过“文化理解度”测试（如讲述某“非遗”项目的历史渊源、能识别常见文化符号的误用场景）方可上岗。同样地，也要组织本地教师参加外来团队的教学方法论培训（如项目式学习、跨学科融合设计），提升课程开发能力。

此外，为了深化双向交流，可以定期举办“教学沙龙”，邀请外来教师与本地教师分享各自的教学心得、遇到的挑战及解决方案，促进彼此间的理解和尊重。通过这种深度互动，不仅能增进教师间的友谊，还能激发更多创新的教学思路和方法。通过系统的“双向师资培训计划”，不仅能让外来教师更好地融入本土教学环境，也能让本地教师吸收先进的教学理念，共同推动“非遗”教育的创新发展。

2. 设计“长周期+模块化”课程体系

设计“3+2+1”教学周期，外来教师每学期驻点 3 周，开展集中授课（如教授水族马尾绣基础针法）；本土教师每周用 2 课时巩固练习，并记录学生问题；每学期末邀请本土传承人用 1 周时间进行进阶指导（如展示家族珍藏绣品、讲述纹样背后的迁徙故事）。在课程授课安排上，将课程拆

分为“核心模块”（如“非遗”工艺基础）与“拓展模块”（如跨地域文化对比），外来教师主导核心模块，本土教师根据学情选择拓展内容。每个模块结束后，都会组织学生进行作品展示和互评，以检验学习成果并鼓励学生创新。同时，为了增加课程的趣味性和互动性，还会设置一些跨模块的实践活动，如组织学生参与“非遗”文化节的策划和举办，让学生在实践中学习和体验“非遗”的魅力。通过这种“长周期+模块化”的课程体系设计，不仅能够有效提升学生的“非遗”素养和工艺技能，还能激发学生的创新思维和团队协作能力，为“非遗”的传承和发展注入新的活力。

（三）完善跨地域协作机制，提升资源整合效能

完善跨地域协作机制，提升资源整合效能，是指打破地域界限，搭建起不同地区间高效协作的桥梁。通过建立统一规则、信息共享平台等，让各地资源能自由流动、优化配置。一方面，能实现优势互补，发达地区可输出先进理念、技术，欠发达地区提供特色资源、劳动力，促进区域均衡发展。另一方面，有助于应对复杂问题，如跨区域生态治理、公共卫生事件等，整合各方力量共同攻坚。还能推动教育、科研等领域创新，加速成果转化，提升整体发展质量与竞争力。

1. 建立“需求—资源”精准对接平台

进行动态需求调研，通过问卷星、实地访谈等方式，每学期收集贵州学校的“非遗”教学需求（如缺乏蜡染染料制作技术、需数字化教学工具支持），形成“非遗教育需求清单”。再由教育部门或第三方机构牵头，根据需求清单向外来帮扶团队定向发布“任务包”。此外，还可以开发“非遗教育资源地图”线上平台，实时更新各地“非遗”师资、设备、课程等资源，实现跨区域供需一键匹配。平台还设立评价反馈机制，对帮扶效果进行跟踪评估，确保资源精准有效利用。同时，鼓励社会各界参与，拓宽资源来源渠道，形成政府引导、社会参与的多元化支持格局。

2. 明确权责边界与利益共享规则

签订标准化合作协议，约定课程知识产权归属（如注明“课程开发由

××团队与××学校共同完成”)、成果展示规范(如学生作品参赛需标注“非遗”来源)、商业开发限制(如未经允许不得将教学内容用于商业盈利)。建立跨区域评价体系，将外来团队的帮扶成效纳入其所在地的教育考核(如东部城市教师职称评定加分项)，同时将本地学校的配合度纳入贵州“非遗”传承示范校评选指标，形成双向激励。此外，设立“非遗”教育专项基金，用于奖励在“非遗”传承与创新教学中表现突出的团队和个人，激发参与热情。同时，建立“非遗”教育成果展示与交流平台，定期举办“非遗”教学成果展、教学研讨会等活动，促进不同区域、不同学校之间的经验分享与合作，形成良好的传承与创新氛围。通过这些举措，进一步明确各方权责，保障“非遗”教育的持续健康发展。

(四) 激活本土“造血”能力，构建可持续传承生态

激活本土“造血”能力，构建可持续传承生态，意味着挖掘本土内在潜力，让本土具备自我发展、自我更新的能力，而非依赖外部输血。通过培育本土人才、发展特色产业、传承创新本土文化等方式，形成良性循环。构建可持续传承生态能增强本土发展的自主性与稳定性，减少对外部资源的依赖。本土人才扎根家乡，为发展注入持久动力，文化传承创新则赋予本土独特魅力与凝聚力。如此，可保障本土在时代变迁中持续发展，实现文化、经济等多方面的可持续传承，让本土焕发生机与活力。

1. 实施“本土传承人+教师”双师培养工程

实施“银龄传承计划”，邀请本地“非遗”传承人(如70岁以上的苗绣老人)担任“荣誉导师”，与外来教师、本土教师组成三人教学小组，通过“传承人示范—外来教师解析—本土教师跟进”模式，实现技艺与文化的双重传递。贵州黔南的某小学在课后乐童服务中就邀请布依族“八音坐唱”传承人入驻课后社团，外来音乐教师负责将传统曲谱转化为简谱，本土教师则编排适合学生的表演形式。[①] 传承人不仅传授了布依族“八音

---

① 黔南师范学院．黔南非遗——布依“八音弹唱”进校园，助推地方院校美育工作开展[EB/OL]．[2023-05-26. https://ywxy. sgmtu. edu. cn/info/1037/1642. htm.

坐唱”的精髓，还分享了布依族的历史与文化，使学生们在学习技艺的同时，加深对本土文化的认同感与自豪感。外来教师的解析，让古老的曲谱焕发新的生命力，变得更加易于理解与接受。本土教师则巧妙地将传统技艺与现代审美相结合，编排出一系列既保留传统韵味又符合学生特点的表演节目。这样的教学模式，不仅让学生们在轻松愉快的氛围中学习到“非遗”技艺，更激发了他们对传统文化的热爱与传承意识。通过“双师培养工程”，本土“非遗”得以在年轻一代中生根发芽，为可持续传承奠定了坚实基础。

2. 构建“家庭—学校—社区”三位一体传承网络

举办亲子共学活动，外来教师设计“非遗家庭任务包”（如简易蜡染工具包、苗族古歌音频故事），鼓励学生与家长共同完成，促进“非遗”在家庭层面的传播。例如，贵阳某中学开展“我家的非遗角”活动，学生家庭自主展示“非遗”手工作品，形成文化氛围共振。还可以与社区进行联动，将外来教师的帮扶资源向社区延伸，如在周末开设“非遗开放课堂”，邀请村民参与，避免“非遗”教育局限于校园。通过家庭、学校与社区的紧密合作，共同营造了一个全方位、多层次的“非遗”传承环境，使得本土“非遗”在年轻一代中得以薪火相传，生生不息。

（五）科技赋能文化传承，平衡传统与现代

科技赋能文化传承，是借助现代科技手段，如数字技术、虚拟现实等，对传统文化进行采集、存储、展示与传播。这种方式平衡了传统文化与现代科技，既保留了传统文化的精髓与特色，又使其契合当代审美与需求，激发大众对传统文化的兴趣。这有助于文化在传承中创新，在创新中发展，增强民族文化自信，推动文化繁荣，为社会发展注入深厚的文化底蕴。

1. 开发“低门槛+高文化适配”的数字化工具

针对乡村学校硬件限制，优先开发无需高端设备的工具。可以借鉴东北大学大学生团队“云村非遗寻访团”为云南设计开发的小程序——“云滇遗旅”，该程序以“云南省非遗”为主题，旨在通过数字化手段宣传云

南“非遗”，为用户提供集资源查找、购物、旅游为一体的“非遗”寻访体验。[①] 贵州也可以联合外来团队设计与贵州“非遗”相关的小程序，值得注意的是，外来团队在引入数字技术时，需邀请本土传承人参与设计，避免虚拟场景出现文化错漏。例如可以设计“××非遗语音导览小程序”，学生用手机扫描“非遗”作品即可收听方言版讲解（如用布依语介绍“三月三”民俗）。同时，该程序还能提供“非遗”的历史背景、制作工艺及文化意义，让学生在轻松愉快的氛围中学习和了解“非遗”。此外，该程序还可以设置互动环节，如“非遗”知识问答、手工艺制作模拟等，激发学生的学习兴趣，提高他们的参与度。通过这样的数字化工具，不仅能够克服乡村学校硬件条件的限制，还能让“非遗”以更加生动、直观的方式展现在学生面前，有效促进“非遗”的传承与发展。

2. 建立“技术+人文”双轨评估机制

在引入数字化工具前，需同时评估其技术适配性（如网络要求、操作难度）与文化契合度（如是否损害“非遗”手工价值、能否增强文化理解）。例如，某外来团队拟引入3D打印技术制作苗族银饰，经评估发现其虽提升效率，但会削弱锻打声作为苗族村寨文化符号的人文价值，最终调整为“3D建模辅助设计+手工锻打制作”结合模式。同时，评估机制还需考虑数字化工具对本土传承人的影响。例如，某些数字化工具可能要求传承人学习新的技能或改变其传统工作方式，这可能对传承人的心理接受度和工作效率产生影响。因此，在评估过程中，应充分听取传承人的意见，确保数字化工具的应用能够得到他们的认可和支持。此外，评估机制还需注重长期效果。数字化工具的应用不应仅仅追求短期内的效果，而应关注其对“非遗”传承与发展的长期影响。例如，是否有助于提升“非遗”的知名度和影响力，是否有助于培养更多的“非遗”传承人等。通过综合考虑技术适配性、文化契合度以及对传承人和长期效果的影响，我们可以确保数字化工具在“非遗”传承中发挥积极作用。

---

① 记录中国·中国网．东北大学云村非遗寻访团设计云南乡村非遗旅游小程序：非遗线路绘云图，助农产品铺富路［EB/OL］．［2025-04-10］．jilu．china．com．cn/2025-04/10/content43078965．htm．

（六）政策保障与长效投入

政策保障与长效投入是推动事业稳健发展的关键支撑。政策保障通过制定科学合理、具有针对性的法规、制度与规划，为相关领域发展明确方向、规范行为，营造良好环境，确保各项工作有章可循、有序开展。长效投入则意味着持续稳定的资金、人力等资源供给，避免发展因资源短缺而中断。

1. 完善地方性法规与标准

推动《贵州省非物质文化遗产保护条例》修订，明确跨地域“非遗”教育帮扶的法律地位，规范外来团队的准入、退出机制及文化保护责任。制定《贵州非遗进校园教学指南》，对外来教师的资质、课程内容审核流程、文化符号使用规范等作出细则规定。同时，建议各地方政府根据本地“非遗”资源的特色与实际，制定更具针对性的地方性保护法规，如设立“非遗”专项保护基金，规定“非遗”手工艺品的质量标准与认证流程，以及“非遗”旅游开发的规范等，确保“非遗”的保护与传承有法可依、有规可循。此外，还需加强“非遗”知识产权的保护，打击盗版与侵权行为，维护“非遗”传承人的合法权益。

2. 多元化资金支持体系

设立省级“非遗”教育专项基金，按每所参与学校每年5—10万元标准拨款，用于支付外来教师交通补贴、本土师资培训等费用。还可以引入社会资本合作，通过“政府购买服务+企业捐赠+学校自筹”组合，如与文旅企业合作（如贵州茅台集团资助非遗社团），企业可获得品牌宣传权益，学校则获得持续资金注入。同时，鼓励金融机构为“非遗”教育项目提供低息贷款或信用担保，减轻学校在资金运作上的压力。此外，可以探索“非遗”衍生品的市场化运作，如开发“非遗”文创产品、举办“非遗”展览等，通过销售收益反哺“非遗”教育项目。在资金管理上，应建立透明公开的财务制度，确保每一笔资金的使用都能得到有效监督，让资金真正用在刀刃上，助力“非遗”的传承与发展。

应对外来教师帮扶模式的挑战，核心在于打破“外来主导—本土被动”的单向输入格局，构建“外来智慧激发本土创新，现代教育反哺传统传承”的双向赋能体系。通过文化解码的深度协同、教学体系的在地重构、本土力量的激活培育，最终实现跨地域资源从“技术性嵌入”到“生态性融合”的升级，让贵州“非遗”在课后服务中真正成为“有源之水”，既保持文化根脉的延续，又焕发现代教育的活力。

第四节　第三方机构承包——专业化运营与教育需求的对接

第三方机构承包模式凭借专业化运营能力，高效实现与贵州“非遗”课后乐童服务教育需求的深度对接。此类机构通常汇聚“非遗”研究专家、课程开发团队及市场运营人才，能基于贵州丰富的“非遗”资源，系统梳理苗族银饰锻造、侗族大歌等项目的教学要点，开发出标准化、体系化的课程方案。机构通过建立科学的课程评价体系，从教学质量、学生反馈、传承效果等多维度进行评估，及时优化课程内容与教学方式。不过，该模式也需注意避免过度商业化倾向，确保在追求运营效益的同时，始终坚守“非遗”教育与文化传承的核心目标，保障教育服务的公益性与专业性平衡。

一、典型案例分析

贵州“非遗”融入课后乐童服务中，第三方机构承包模式下的典型案例对“非遗”传承与教育发展意义深远。第三方机构凭借专业的课程研发与运营能力，能将分散的“非遗”资源转化为体系化课程。针对不同年龄段学生特点，开发出分层递进的课程，能自主学习，填补了学校自主开发课程的专业性短板。第三方机构作为桥梁，联动学校、传承人、企业、高校等多方力量。此外，通过第三方机构的市场化运营的“非遗”成果展示（如学生作品展销、研学活动宣传），能够吸引社会广泛关注，提升公众对

“非遗”的认知与参与度。同时，机构通过创新教学形式（如数字化手段应用），让“非遗”更贴近青少年兴趣，增强文化认同感，扩大“非遗”传承的群众基础。

（一）贵阳幼儿师范高等专科学校与平原哨村合作：“非遗”工坊研学体验的探索

贵阳幼儿师范高等专科学校（以下简称“贵阳幼专”）与清镇市平原哨村的合作，是贵州省“非遗进校园”与“乡村振兴”深度融合的代表性实践。该项目以“非遗”工坊研学体验为核心，通过校、村、企三方协同，探索出一条教育赋能、文化活态传承与产业联动的创新路径。以下是其探索模式及成效的详细分析：

1. 实施情况

2023 年年底，在清镇市巢凤街道办及村委会支持下，贵州省松桃梵净山苗族文化旅游产品开发有限公司启动平原哨村“非遗”工坊项目，贵阳幼高专鸽子花开文创中心团队深度参与其中。三方合作致力于提升村民技艺，开设新农夜校，让村民系统学习“非遗”技艺，如苗族刺绣、蜡染等。到 2024 年 10 月 14 日，三方正式签署“非遗”工坊研学体验点项目合作协议，标志合作进入新阶段。此后，项目深入挖掘民族文化内涵，设计并打造具有地方特色的“非遗”产品，涵盖传统手工艺品及文创周边。在研学体验方面，为学生及游客规划了丰富的体验路线，包括现场观摩“非遗”技艺制作流程、亲手参与手工艺品制作等，全方位感受“非遗”魅力。[①]

2. 成效与影响

参与工坊的村民月均增收 800—1200 元，骨干绣娘通过培训晋升研学导师；企业订单量同比增长 40%，苗绣香包、扎染桌布等成为旅游爆款，直接带动乡村经济活力机构。邀请布依族扎染、苗族银饰锻造等 6 位传承

---

① 中国教育在线．贵阳幼儿师范高等专科学校与平原哨村签署三方合作协议共建平原哨村非遗工坊研学体验点［EB/OL］．［2024－10－17］．https://www.eol.cn/guizhou/gzzy/202410/t20241017_2637513.shtml.

人入驻，开设“新农夜校”培训村民技艺，培养出20余名具备教学能力的“乡村导师”，扩大了“非遗”传承人群体。对于参与研学的学生而言，学生主导设计的“苗族神话”系列文创获省级奖项，就业竞争力显著提升；“非遗”技艺实现创新转化，如抢救性记录苗族古歌并改编为研学剧本，传统文化与动漫IP结合（如“苗疆英雄”主题滑板）吸引青少年关注。从社会影响看，项目吸引了众多游客及研学团队前往，提升了平原哨村的知名度，促进了当地文旅产业发展，形成了“非遗”传承与地方经济发展相互促进的良好局面。项目运营首年，吸引周边30所学校、超8000名学生参与，带动村民人均月增收2200元，其“非遗+研学+乡村振兴”的模式被纳入贵州省文旅融合十大典型案例，获央视《新闻直播间》专题报道。①

（二）云岩区中小学课后服务：引入第三方机构丰富课程供给

贵阳市云岩区在推进中小学课后服务中，通过引入第三方机构有效丰富了课程供给，形成了“平台集成管理、特色课程开发、多元主体协同”的创新模式。该模式不仅为学生提供了多样化的学习选择，还激发了他们的学习兴趣和潜能。第三方机构的加入，使得课后服务内容涵盖了艺术、体育、科技等多个领域，满足了不同学生的个性化需求。此外，多元主体的协同合作，包括学校、第三方机构、家长等，共同为课后服务的顺利开展提供了有力支持。这一系列举措的实施，不仅丰富了中小学生的课余生活，还有效缓解了家长接送难的问题，赢得了广泛好评。

1. 实施情况

云岩区教育局通过公开招标的形式，与贵阳黔韵文化教育科技有限公司、贵州苗艺传承文化发展有限公司等多家具备“非遗”教育资质的第三方机构达成合作，针对辖区内23所中小学的实际需求，量身定制课后服务课程。在课程设计阶段，机构组建了由“非遗”传承人、艺术院校教师、

① 中国教育在线．贵阳幼儿师范高等专科学校与平原哨村签署三方合作协议共建平原哨村非遗工坊研学体验点［EB/OL］．［2024-10-17］．https://www.eol.cn/guizhou/gzzy/202410/t20241017_2637513.shtml.

教育专家构成的跨学科团队，深入调研各学校的地域文化特色与学生兴趣偏好，最终形成覆盖苗族蜡染、侗族大歌、布依族刺绣等 12 个“非遗”项目的课程矩阵。

云岩区中小学课后服务推行“5+2+2”模式，其中升级服务部分引入校外有资质的非学科类培训机构、大学生志愿者、退休教师、“非遗”传承人等。[①] 第三方机构凭借专业优势，为区属中小学量身定制符合学校特色、适应学生学情的课后课程。[②] 这些课程涵盖“非遗”技艺、科普、艺术等多个领域，如“非遗”类的苗族蜡染、侗族刺绣课程，科普类的天文地理知识拓展课程，艺术领域的绘画、音乐课程等。平台采用多方监管模式，确保课程质量，同时提供个性化选课服务，满足学生多样化需求。以苗族蜡染课程为例，机构为不同学段学生设计了阶梯式学习方案。针对低年级学生，推出“趣味蜡染启蒙课”，通过植物拓染、简易蜡块画等趣味活动，引导学生认识蜡染工具与基础技法；中年级学生则参与“传统技艺研习课”，系统学习蓝靛染料提取、经典纹样绘制等核心工艺；高年级学生进阶至“文创设计实践课”，将苗族图腾元素融入现代文具、服饰设计中。为增强教学效果，机构还斥资搭建 VR 虚拟染坊，学生佩戴设备即可“置身”苗寨，观看传承人从种植靛蓝草、发酵染液到绘制“蝴蝶妈妈”纹样的全过程，使抽象技艺变得直观可感。

2. 成效与影响

引入第三方机构后，云岩区中小学课后服务课程种类大幅增加，学生参与度显著提升。以“非遗”课程为例，学生通过系统学习，不仅掌握了“非遗”技艺，还深入了解贵州少数民族文化，增强了文化自信。从教育层面看，丰富的课程为学生提供了全面发展的机会，满足了不同学生的兴趣爱好和特长培养需求。对于第三方机构而言，通过参与课后服务，拓展了业务领域，提升了社会影响力。从整体教育生态看，这种合作模式促进

① 贵州省人民政府．云岩教育推进课后服务提质升级“5+2+2”［EB/OL］．［2022-11-08］．https://www.guizhou.gov.cn/ztzl/sjzgz/gcls/xn/dxjyjl/202211/t20221118_77145069.html.

② 贵州省人民政府．贵州省贵阳市云岩区枫丹白露小学课后服务课程化经验案例［EB/OL］．［2022-06-23］．https://www.guizhou.gov.cn/ztzl/sjzgz/gcls/xn/dxjyjl/202206/t2022062375210694.html.

了教育资源的优化配置，推动了课后服务向高质量、多元化方向发展，为其他地区开展类似服务提供了借鉴经验。

课程实施一学期后，云岩区中小学课后服务的“非遗”课程参与率从初期的65%跃升至92%，学生作品在省级“非遗”文创大赛中获得3项金奖、5项银奖。更令人欣喜的是，通过问卷调查显示，89%的学生表示对贵州“非遗”产生了浓厚兴趣，76%的家长认为孩子在动手能力和文化认同感上有显著提升。云岩区的这一创新实践，不仅为“非遗”在校园内的传承开辟了新路径，也为其他地区开展课后服务提供了可借鉴的“云岩样本”。①

（三）贵州电子商务职业技术学院与贵州省黔剧院等合作：“非遗”育人模式创新

贵州电子商务职业技术学院与贵州省黔剧院以及行业主管部门紧密协作，构建“三方协作双线并举”育人方式。在师资队伍建设方面，积极整合企业与社会资源，共建“非遗”传承专兼职师资团队。贵州省黔剧院的资深艺术家定期走进校园开展讲座、指导排练，将丰富的舞台实践经验毫无保留地传授给学生；校内教师也积极参与剧院实践项目，学院与相关企业合作，开展黔剧文创产品研发、“非遗”活动策划等项目，将企业的市场经验与学院的专业知识相结合，共享资源，融通“非遗”技艺研究渠道，从教学到实践，全方位培养学生，实现全过程育人。

1. 实施情况

贵州电子商务职业技术学院教育科技系聚焦本土国家级“非遗”黔剧、苗族反排木鼓舞等技艺，构建“学艺·传承·创新”特色育人模式。学院与贵州省黔剧院和行业主管部门三方协作，将企业、社会资源有序融入育人过程。在师资建设上，共建“非遗”传承专兼职师资团队，由黔剧“非遗”大师、黔剧演员、演唱教师组成混编教学创新团队，并组建黔剧技能大师工作室。课程设置方面，打造“黔剧声腔”美育课程，纳入表演

① 贵州省人民政府．云岩教育推进课后服务提质升级“5+2+2”［EB/OL］.［2022-11-08］. https://www.guizhou.gov.cn/ztzl/sjzgz/gcls/xn/dxjyjl/202211/t20221118_77145069.html.

艺术类专业人才培养方案。在实践环节，以微黔剧《烈焰丹心》创作为例，该剧以学院2016届优秀毕业生、2019年感动中国年度人物——贵州籍消防战士杨瑞伦及其战友们在四川凉山森林火灾中英勇牺牲的真实事迹为原型。从项目立项开始，全体演员均由学院师生担任，在贵州省话剧团、贵州省黔剧院两大专业院团的精心指导下，开启了漫长而艰辛的创作过程。专业院团在剧本打磨、表演技巧、舞台呈现等方面给予全方位指导，学院师生反复排练，不断雕琢每一个细节。在创作过程中，既保留了黔剧的传统唱腔、表演程式等核心元素，又创新融入现代舞台表现手法，如运用现代灯光技术营造火灾现场的紧张氛围，通过多媒体展示还原火灾场景，增强戏剧的感染力与视觉冲击力，使古老的黔剧更好地讲述当代英雄故事。①

2. 成效与影响

随着"学艺·传承·创新"育人模式的深入推行，学院培养出一批批优秀的"非遗"传承人才。学生在各类专业技能比赛中屡获佳绩，"黔青剧社"创新创业团队先后获得贵州省互联网+大学生创新创业大赛省级银奖两项，在2022年"挑战杯"大学生创业计划书竞赛中荣获省级一等奖一项。这些成绩不仅证明了学生专业能力的提升，更体现了学院育人模式的有效，为"非遗"传承储备了新生力量。在这种模式下，学院培养出一批具备专业素养的"非遗"传承学子，为贵州"非遗"传承注入新生力量。黔剧作为贵州特色文化得到广泛传播，通过剧目创作与推广，提升了黔剧在社会上的知名度和影响力。从教育改革角度看，创新的育人模式打破了传统教学局限，实现了理论与实践紧密结合，为职业院校开展"非遗"教育提供了可复制的范例。在文化产业方面，"黔青剧社"创新创业团队的发展，探索出一条"非遗"与市场结合的路径，有助于推动贵州"非遗"产业发展，实现文化传承与经济发展的双赢。"黔青剧社"创作的多部剧目在校内外广泛演出，吸引了大量观众关注，让黔剧这一古老剧种

① 贵州网络广播电视台．贵州电子商务职业技术学院：非遗融入教育教学［EB/OL］．［2022-10-10］．https://www.gzstv.com/a/53b4307c7241446682593403dfb1df9f.

走进更多人的视野。《半条棉被的温暖》《烈焰丹心》等作品的成功上演，引发了社会各界对黔剧的浓厚兴趣，带动了更多人参与黔剧传承与学习中来。《烈焰丹心》成功入选贵州省教育厅“高校思想政治工作质量提升综合改革与精品建设项目”，并在贵州省北京路大剧院公演，赢得现场观众的热烈反响与高度评价。同时，学院与企业合作开发的黔剧文创产品，如黔剧主题的书签、钥匙扣、玩偶等，将黔剧文化融入日常生活用品，进一步扩大了黔剧的影响力，促进了“非遗”的传播与传承。

二、第三方机构承包模式的优势

贵州“非遗”融入课后乐童服务中，采用“第三方机构承包：专业化运营与教育需求对接”模式，其核心优势体现在资源整合能力、专业执行效率、需求匹配精准度及可持续发展潜力等方面。

（一）专业化资源整合与执行能力

该模式通过引入专业的第三方机构，能够高效地整合各类“非遗”资源，包括但不限于黔剧表演艺术家、传统手工艺人、文化教育专家等，形成强大的资源网络。这些机构通常具备丰富的行业经验和深厚的文化底蕴，能够确保“非遗”的传承与弘扬工作得以专业、有序地推进。同时，第三方机构在执行过程中展现出高度的专业性和灵活性，能够迅速响应教育需求的变化，及时调整服务内容和方式，确保“非遗”教育的针对性和实效性。

1. “非遗”资源的系统性开发

第三方机构通常具备文化项目策划、课程研发、师资培训等专业团队，可将碎片化的“非遗”元素（如苗族刺绣、侗族大歌、布依族蜡染等）转化为体系化课程内容。例如，通过拆解技艺流程、设计体验环节、编写配套教材，让“非遗”教学更符合儿童认知规律，避免学校自主开发时的零散化问题。同时，这些机构还能根据不同年龄段学生的特点，制定分层次、分阶段的“非遗”教学计划，确保学生在逐步提升的过程中，能够全面、深入地了解“非遗”的精髓。此外，系统性开发还体现在对“非遗”的保护与创新上，第三方机构会积极引入现代科技手段，如数字化展示、虚拟现实体验等，为传统“非遗”注入新的活力，使其更加贴近现代生活，增强学生的参与感和兴趣。

2. 师资与设备的专业化保障

第三方机构可整合跨区域的“非遗”传承人、艺术院校教师等专业人才，解决学校内部师资不足的问题。同时，其具备采购专业工具（如刺绣针线、陶艺窑炉）和场地改造的经验，确保教学环境安全且符合“非遗”技艺要求。这些专业人才不仅技艺精湛，还擅长将传统技艺与现代教学理念相结合，使得“非遗”教育更加生动有趣，激发学生的学习兴趣。此外，第三方机构还能为学校提供最新的教学设备和技术支持，比如数字化展示平台、虚拟现实体验设备等，让学生在沉浸式的学习环境中更直观地感受“非遗”的魅力。通过师资与设备的双重保障，“非遗”教育得以在更广阔的平台上生根发芽，茁壮成长。

（二）精准对接教育需求与政策目标

在“非遗”的传承与教育中，精准对接教育需求与政策目标是确保项目成功的关键。第三方机构通过深入研究教育政策导向，明确“非遗”教育的核心要求，将其融入课程设计与教学活动中。同时，机构还会积极与教育部门、学校及社会各界沟通，了解当前“非遗”教育的实际需求与痛点，确保所提供的服务能够切实满足学校与学生的期望。

1. 贴合课后服务的多元需求

第三方机构可根据不同年龄段学生特点设计分层课程；低年级主要以“非遗”故事、趣味手工等体验式活动为主，激发兴趣；高年级则深入学习技艺细节，培养创新应用能力（如用苗绣图案设计现代文创产品）。这种“兴趣启蒙—技能培养—创新实践”的梯度设计，更贴合课后服务“兴趣拓展+素养提升”的定位。同时，第三方机构还需注重课程内容的时效性和多样性，不断更新和完善课程体系，以满足学生日益增长的文化需求。此外，机构还鼓励学生走出课堂，参与“非遗”的实地考察与交流活动，拓宽视野，增强实践能力。这种课内与课外相结合的教学模式，使得“非遗”教育更加生动有趣，深受学生喜爱。

2. 政策落地的高效衔接

机构熟悉教育部门对课后服务的考核指标（如参与率、课程质量、家长满意度等），可针对性开发符合政策导向的项目。例如，通过“非遗+劳动教育”“非遗+美育”等融合模式，帮助学校完成素质教育目标，同时规避政策风险（如避免商业化倾向过强）。此外，机构还能够根据教育部门的最新政策动态，及时调整服务内容和方式，确保与政策的无缝对接。通过与教育部门的紧密合作，机构能够参与课后服务政策的制定和优化过程中，为政策的落地实施提供专业意见和建议。这种双向互动不仅提升了机构的服务质量，也促进了课后服务政策的不断完善和发展。同时，机构还注重政策宣传和推广，通过各种渠道向学校、家长和社会传递“非遗”教育的价值和意义，提高政策的认知度和接受度，为政策的顺利实施营造良好的社会氛围。

（三）减轻学校负担与风险分担

在课后服务项目的实施过程中，机构通过提供全方位的服务，有效减轻了学校的负担。

1. 降低管理与运营成本

学校无需投入大量人力物力开发课程，而是通过购买服务的方式将专业事务外包，从课程规划、师资培训到教学实施，机构都能够提供专业的支持，使得学校可以开展高质量的课后服务项目，节省前期调研、师资培训、课程设计的时间成本。例如，某县城小学每年投入 3 万元采购“非遗”课程服务，较自主开发模式节省约 50%成本。

2. 风险分担机制更完善

第三方机构需承担教学安全、师资管理、设备维护、课程质量的保障、家长满意度的提升等，这些风险若由学校自行承担，可能会给学校带来较大的压力。若课程效果不达预期或发生安全事故，可通过合同约定追责或更换服务方，避免学校直接面对矛盾。通过与机构的合作，学校能够将更多的精力投入日常教学中，提高教学质量，同时也能够避免因课后服务问题而引发的家校矛盾，维护学校的良好形象。此外，机构还能够根据学校的实际情况和需求，提供定制化的服务方案，进一步减轻学校的负担，实现风险的有效分担。

（四）市场化运作推动可持续发展

通过引入市场机制，“非遗”课程服务得以在更广泛的范围内推广和应用。第三方机构在提供“非遗”课程服务时，通常会注重课程的创新性和实用性，以满足不同学校和学生的需求。这种市场化的运作方式不仅促进了“非遗”的传承和发展，还带动了相关产业的发展，如“非遗”创意产品、“非遗”旅游等，形成了良性循环。同时，市场化运作也推动了“非遗”课程服务的持续优化和升级。机构为了保持竞争优势，会不断投入研发和创新，提升课程的质量和效果。这种竞争机制促使“非遗”课程服务不断向更高水平发展，为学校和学生提供了更多优质的选择。

1. 激发“非遗”传承的内生动力

机构通过市场化运营（如开发“非遗”研学产品、组织学生作品义卖等），可将课后服务成果转化为经济效益，反哺“非遗”保护事业。例如，学生设计的苗绣书签、蜡染明信片通过机构渠道销售，部分收益用于资助传承人开展教学，形成“传承—创新—收益—再传承”的闭环。这种模式不仅为学生提供了实践机会，让他们在实践中深入了解“非遗”，同时也为“非遗”传承人带来了实际的经济收益，增强了他们传承“非遗”的积极性和动力。通过市场化的运营，“非遗”得以在更广泛的层面上被认知和传播，从而吸引了更多人的关注和参与，进一步推动了“非遗”的传承和发展。此外，这种闭环模式还有助于培养学生的创新意识和实践能力，让他们在实践中不断学习和成长，成为未来“非遗”传承的中坚力量。

2. 扩大社会参与资源联动

机构可吸引企业赞助、公益基金支持等社会资本，缓解学校经费压力。同时，联动博物馆、“非遗”工坊等校外资源，组织学生实地参观体验，增强教学真实性和感染力。还可以更新合作模式，通过机构联合文旅企业推出“非遗小传人”夏令营，学生在苗寨沉浸式学习技艺，企业提供交通食宿支持，形成“教育+文旅”的跨界合作。此外，机构还可以积极与社区、家庭建立紧密联系，邀请家长参与“非遗”活动，共同营造浓厚的“非遗”知识氛围。通过举办亲子“非遗”手工制作、“非遗”知识竞赛等活动，让家长和孩子一同体验“非遗”的魅力，增进家庭成员间的情感交流，同时也扩大了“非遗”的社会影响力。这种多方参与、资源共享的模式，不仅丰富了课后服务的内容与形式，也促进了“非遗”的广泛传播与深入发展，为“非遗”的传承注入了新的活力。

（五）创新评价体系与成果可视化

在创新评价体系方面，可以引入多元化的评价标准，不仅关注学生的“非遗”知识掌握程度，更要重视学生在“非遗”传承与创新方面的实际表现。通过设立“非遗”传承奖、创新奖等，激励学生积极参与“非遗”的保护与传承工作。同时，建立“非遗”传承档案，记录学生的学习过程、成果展示以及参与“非遗”活动的次数和表现，为学生提供一个全面、客观的评价体系。在成果可视化方面，可以利用现代信息技术手段，如数字化展示、虚拟现实等，将学生的“非遗”传承成果进行可视化呈现。这不仅可以让学生更加直观地了解自己的学习成果，也可以向社会展示“非遗”的魅力与价值。此外，还可以定期举办“非遗”传承成果展，邀请家长、社区成员以及社会各界人士参观，进一步提升“非遗”的社会认知度和影响力。

第三方机构可建立科学的“非遗”学习评价体系，通过学生作品展览、技艺展演、考级认证等方式，将学习成果直观呈现，提升学生成就感和家长认可度。例如，组织“非遗文化节”展示学生刺绣、蜡染作品，或推荐优秀学生参与省级“非遗”传承大赛，增强项目吸引力。利用数字化手段，如建立线上“非遗”作品展示平台，让学生在平台上发布自己的作品，接受更广泛的评价和反馈。平台还可以设置互动功能，让学生之间、师生之间以及家长之间能够相互点赞、评论，形成积极的互动氛围。这样不仅能进一步提升学生的成就感，还能通过网络的传播效应，扩大“非遗”的影响力。另外，将学生的优秀作品制作成宣传册或视频，通过媒体渠道进行推广，也是成果可视化的一种有效方式，能够让更多人看到“非遗”的魅力，进一步激发社会对“非遗”的关注和热爱。该模式通过“专业机构主导、学校需求驱动、社会资源协同”的机制，解决了“非遗”传承在课后服务中的专业性不足、资源分散、可持续性弱等痛点，既为学生提供高质量的“非遗”教育，又为“非遗”保护注入市场化活力，是传统文化传承与现代教育需求结合的有效路径。

三、现存挑战

贵州“非遗”融入课后乐童服务的“第三方机构承包模式”在实践中虽具备专业化优势，但也面临多重挑战，主要体现在文化适配性、运营可持续性、监管复杂性、利益协调及资源分配均衡性等方面。

（一）“非遗”的在地性与机构专业化的潜在冲突

第三方机构若缺乏对贵州“非遗”深层内涵的理解（如苗族银饰的图腾象征、侗族大歌的迁徙历史），可能将“非遗”简化为“手工体验”或“表演道具”，导致文化传承停留在表面。第三方机构在推广“非遗”时，可能过分追求商业效益，将“非遗”项目包装成吸引眼球的“旅游项目”，而非真正致力于文化的传承与教育。这种做法虽然短期内能吸引大量游客和参与者，但长远来看，可能导致“非遗”的本质被扭曲，其独特性和历史价值被淡化。此外，本土化师资与机构团队的协作上存在壁垒。机构引入的外部师资（如城市艺术教师）可能与本地“非遗”传承人存在教学理念差异。例如，传承人习惯口传心授、强调技法规范性，而机构教师更侧重模块化教学和创新设计，双方在课程进度、评价标准上易产生分歧。

（二）市场化运营与教育公益性的平衡难题

部分机构为压缩成本，可能减少“非遗”传承人授课时长，改用普通教师替代，或简化材料工艺（如用化学染料代替传统蓝靛染布）。某县域小学采购的“低价苗绣课程”中，学生使用的丝线质量差、易断裂，导致学习体验下降。部分第三方机构在市场化运营下可能导致经济欠发达地区学校难以负担服务费用，加剧城乡“非遗”教育资源失衡。此外，市场化运营还可能带来课程内容同质化的风险。为了迎合市场需求，一些机构可能倾向于开发易于推广、受众广泛的“非遗”课程，而忽视了那些具有地方特色但受众较少的项目。这种做法虽然短期内能够增加机构的收益，但长远来看，却可能导致“非遗”的多样性和独特性受损。同时，教育公益性与商业化目标的冲突也体现在对“非遗”精神内核的坚守上。一些机构在追求经济效益的过程中，可能忽视了对“非遗”深层含义的挖掘和传承，仅仅将其作为一种吸引眼球的手段。这种做法不仅无法真正提升受众对“非遗”的认识和尊重，反而可能引发对传统文化的误解和轻视。如何在市场化运营与教育公益性之间找到平衡点，是当前“非遗”传承面临的一大挑战。这需要政府、学校、机构以及传承人等多方面的共同努力和智慧，共同推动“非遗”的可持续发展。

（三）监管机制不完善与服务质量波动

目前贵州尚未出台针对课后服务“非遗”课程的细化标准（如师资资质、课时安排、安全规范等），导致机构服务水平参差不齐。部分机构开设的“侗族大歌”课程仅包含简单学唱，未涉及多声部合唱的核心技艺。相比之下，云南、四川等地已发布“非遗”进校园课程标准，而贵州仍依赖机构自主界定教学内容。此外，学校缺乏对机构教学进行实时监督的专业能力，往往在课程结束后才发现问题（如学生对“非遗”认知未提升、技艺掌握不扎实）。这不仅影响了“非遗”的有效传承，也浪费了宝贵的教育资源。因此，建立健全的监管机制，明确“非遗”课程的教学标准和质量要求，显得尤为重要。同时，加强对学校相关人员的专业培训，提升他们对“非遗”的认知和教学监督能力，也是提升“非遗”课程教学质量的关键。只有这样，才能确保“非遗”课程在课后服务中真正发挥传承和弘扬优秀传统文化的作用，让学生在参与中真正受益。

（四）利益相关方协调成本高

学校、机构、传承人三方权责模糊，机构可能未经学校和传承人同意，擅自将学生作品用于商业展览或衍生品开发，引发知识产权纠纷。这种权责不清还可能导致教育资源的滥用。一些机构可能为了追求经济利益，过度开发“非遗”课程资源，而忽视了对学生实际学习效果的关注。这不仅违背了“非遗”教育的初衷，也可能对学生的兴趣和热情造成负面影响。同时，由于利益相关方之间的协调成本高昂，往往导致“非遗”教育项目在推进过程中遇到重重困难。学校、机构和传承人之间缺乏有效的沟通机制，使得项目的规划、实施和评估等环节难以顺利进行。这不仅影响了“非遗”教育的效果，也制约了“非遗”的传承和发展。因此，明确学校、机构、传承人三方的权责关系，建立健全的沟通协调机制，是降低利益相关方协调成本、推动“非遗”教育健康发展的重要举措。

（五）资源分配不均衡与可持续性挑战

第三方机构多倾向于服务经济条件较好的城区学校，导致乡村地区“非遗”教育资源匮乏。这种不均衡的资源分配加剧了城乡教育差距，使得乡村地区的孩子们在接触和学习“非遗”方面处于不利地位。同时，由于“非遗”教育往往依赖特定的地域文化和传统技艺，资源匮乏可能导致这些宝贵的文化遗产在乡村地区逐渐消失。此外，“非遗”教育的可持续性也面临着严峻挑战。一些机构由于缺乏长期规划和资金支持，难以持续提供高质量的“非遗”教育服务。若地方依赖政府购买服务或短期项目资金，机构可能因经费中断而退出，导致课程断层。因此，如何确保“非遗”教育资源的均衡分配和项目的可持续性，是当前亟待解决的问题。

（六）文化创新与原真性的平衡困境

机构为迎合学生兴趣，可能过度改造“非遗”形式（如将侗族大歌改编为流行音乐风格），削弱文化原真性。传承人担忧“创新版本”会误导学生对传统文化的认知，从而形成传承人中“传统派”与“创新派”的对立。这种对立不仅存在于传承人之间，也逐渐在学生群体中显现。一方面，学生可能因追求新颖和时尚，更倾向于接受经过改造的“非遗”形式，认为这样的文化更符合现代审美和兴趣。另一方面，也有学生对保持“非遗”的原汁原味充满热情，他们认为任何形式的改编都可能损害“非遗”的纯粹性和历史价值。这种分歧不仅影响学生对“非遗”的深入理解和传承，也可能导致“非遗”在教育领域的传播出现偏差，使其逐渐偏离原有的文化轨道。因此，如何在创新与传统之间找到恰当的平衡点，既满足学生的现代审美需求，又保持“非遗”的文化原真性，该模式的核心矛盾在于市场化专业服务与“非遗”公益性、在地性的内在张力，以及多方利益协调机制的缺失。要实现可持续发展，需在文化本真性保护、监管体系完善、资源均衡配置等方面探索。文化本真性保护是确保“非遗”不被过度商业化或异化的基础。这意味着在推广和教学过程中，需要严格把控对“非遗”形式的改编和创新，确保其不偏离原有的文化内涵和历史价值。其次，监管体系的完善也是必不可少的。通过设立专门的监管机构或委员会，可以制定和执行相关的保护标准和规范，对“非遗”的传播和使用进行有效监督。同时，这些机构还可以为传承人、机构和学生等利益相关方提供一个沟通和协调的平台，以减少因文化理解差异而产生的冲突和分歧。

四、改进策略

针对贵州“非遗”课后服务中第三方机构承包模式的挑战，需从文化适配、运营机制、监管体系、利益协调、资源均衡等维度构建系统性解决方案。

（一）深化文化解读，构建“传承人+机构”协同机制

这一策略的核心在于提升第三方机构及学校对“非遗”的理解和尊重。首先，应组织定期的文化交流与培训活动，邀请“非遗”传承人亲自讲解“非遗”的历史背景、文化内涵及制作工艺，例如在苗绣课程中，由

传承人亲自示范“破线绣”技法的文化寓意（如纹样中“蝴蝶妈妈”象征族群起源），并通过沉浸式田野调查（如跟随传承人参与民族节庆）强化教师对文化背景的理解，使机构人员及教师能够深入理解“非遗”的精髓。设计“传承人主导技艺传授+机构教师辅助教学”的协同课程，传承人也可以借此机会了解现代教育体系的需求和特点，共同探索将“非遗”融入学校教育的有效方式。通过双向沟通和学习，建立起“传承人+机构”的紧密合作关系，确保“非遗”课后服务在传播文化的同时，能够保持其本真性和独特性。

（二）平衡公益与市场，优化经费与定价机制

在确保“非遗”传承的公益性质不受损害的前提下，需要探索合理的市场机制来支持“非遗”课后服务的可持续发展。一方面，政府应提供必要的补贴，以减轻学校和家庭的负担，同时鼓励社会资本的投入，形成“政府补贴+学校分担+社会捐赠”的多元协助模式。政府补贴可为服务提供基础资金支持，减轻学校及机构的经费压力；学校作为服务的主要受益方，应合理分担部分费用，体现对“非遗”传承的重视；同时，积极鼓励社会捐赠，拓宽资金来源渠道，为“非遗”课后服务的丰富性和创新性提供有力保障。此外，应合理设定“非遗”课后服务的定价，既要考虑到成本回收，又要避免给家庭带来过重的经济压力。可以通过市场调研，了解家长和社会的接受程度，制定出既能覆盖成本又能激发市场活力的价格体系。此外，还可以探索“非遗”产品的开发与销售，如“非遗”手工艺品的制作与销售，以此作为课后服务的补充收入来源，进一步促进“非遗”的传承与发展。

（三）完善监管体系，建立全流程质量控制机制

为确保“非遗”课后服务的高质量实施，完善监管体系至关重要。制定省级“非遗”课后服务标准体系，出台《贵州省非遗课后服务操作指南》，明确课程目标（如学生需掌握至少 1 项“非遗”技艺基础、理解其文化内涵）、师资资质（须具备“非遗”传承人社群或专业机构认证）、

安全规范（如化学染料使用标准）等细则，以此明确监管主体、监管内容和监管方式，确保“非遗”课后服务的规范化、标准化。可借鉴参考四川省《非物质文化遗产进校园课程评价指标》，将“文化原真性”（占40%）、“学生参与度”（30%）、“成果展示”（30%）作为核心考核指标。此外，构建“学校+家长+非遗社群”三方监督机制，学校设立“非遗”课程督导小组（含教师、传承人代表），每月抽查机构教学记录（如教案、学生作品）；家长通过线上问卷定期反馈满意度（如“孩子是否能讲述‘非遗’项目的3个文化知识点”）；“非遗”社群（如苗学会、侗族文化研究会）则提供专业的指导和支持。通过多方协同，形成有效的监管合力，为“非遗”的传承与发展提供坚实保障，共同推动“非遗”课后服务的健康发展。

（四）明确权责边界，建立利益共享机制

在“非遗”课后服务的实施过程中，明确各方权责边界是保障服务质量和效率的关键。学校作为服务的主要提供者，应承担起组织、协调与监督的职责，确保“非遗”课程的顺利开展与有效实施。同时，“非遗”传承人作为课程的核心教学资源，应享有相应的教学权益与报酬，以激发其教学热情与创造力。此外，家长作为学生监护人，也应积极参与“非遗”课后服务的监督与反馈中来，共同促进服务的持续优化与提升。在权责明确的基础上，建立利益共享机制是实现“非遗”课后服务可持续发展的必然要求。学校、机构、传承人签订“非遗课后服务合作协议”，一方面，学校可以通过与“非遗”传承人签订合作协议，明确双方的责权利，确保传承人的教学投入得到合理回报。另一方面，可以探索建立“非遗”课后服务的收益分配机制，将部分收益用于支持“非遗”传承人的培训与发展，以及“非遗”的保护与传承工作。同时，鼓励家长、学生及社会各界积极参与“非遗”的传播与推广活动，形成多方共赢的良好局面。

（五）推动资源下沉，构建城乡联动体系

为了更有效地推动“非遗”的传承与发展，必须注重资源的均衡分

配，特别是要加强城乡之间的联动。城区机构可以定期派遣专业教师和志愿者到乡村学校开展“非遗”教学活动，提供教学指导和支持；而乡村学校则可以借助这一平台，引入更多优质的“非遗”教育资源，丰富学生的学习体验。另一方面，要加强城乡学校之间的合作与交流，鼓励服务城区的优质机构结对帮扶1—2所乡村学校，通过“课程同步直播”（如城区学生上苗绣课，乡村学生通过直播同步学习）、“作品联展”（城乡学生共同创作“非遗”主题长卷画）等方式均衡资源。对完成帮扶任务的机构，给予税收减免或优先续约资格。此外，还可以通过组织“非遗”交流活动、联合开展“非遗”课程研发等形式，促进城乡学生在“非遗”认知、体验与传承方面的互动与共享。同时，建立城乡“非遗”传承与发展联盟，整合城乡资源，形成优势互补、构建城乡一体化的“非遗”教育体系，缩小城乡教育差距，推动“非遗”的均衡发展。

（六）促进文化创新与原真性的动态平衡

在“非遗”的传承与发展过程中，既要保持其原真性，又要注重文化创新。一方面，原真性是“非遗”的灵魂，是连接过去与未来的桥梁。在传承“非遗”时，应尊重其历史传统和独特风格，避免过度商业化和同质化。由“非遗”专家、传承人组成创新评审小组，对机构开发的新课程（如“非遗+动漫”融合课程）进行评估，确保核心文化元素（如图腾形制、工艺原理）不被扭曲。另一方面，文化创新是“非遗”发展的动力，能够赋予“非遗”新的生命力和时代价值。通过创新，可以将“非遗”与现代审美、科技和生活方式相结合，使其更加符合当代人的需求和审美。例如，允许将苗族银饰纹样简化为动漫角色配饰，但需保留“太阳纹”“牛角纹”的基本形态与象征意义。此外，为了实现文化创新与原真性的动态平衡，可以鼓励“非遗”传承人、专业教师、设计师等多方参与，共同探索“非遗”的创新之路。可借鉴苏州缂丝“现代纹样+传统技法”的创新模式，既吸引年轻群体，又保留织造工艺的原真性。

通过“文化深植+机制创新+技术赋能+多方共治”的组合策略，既能发挥第三方机构的专业化优势，又能守住“非遗”传承的“根”与

“魂”，最终实现“非遗”保护、教育公平与市场效益的多赢。具体而言，文化深植要求我们在课程设计与实施过程中，深入挖掘“非遗”的内涵与价值，确保“非遗”的精髓得以传承。机制创新则鼓励我们探索适应现代社会的“非遗”保护与教育公平机制，如建立“非遗”传承人与教师合作机制，共同研发适合不同年龄段学生的“非遗”课程。技术赋能则强调利用现代科技手段，如数字化技术、虚拟现实等，提升“非遗”课程的趣味性和互动性，增强学生的学习体验。多方共治则倡导政府、学校、社区、第三方机构等多方共同参与“非遗”保护与教育公平工作，形成合力，推动“非遗”的传承与发展。总体而言，贵州“非遗”融入课后乐童服务中第三方机构承包模式的核心在于将“非遗”从“商业资源”回归为“教育资源”，让每个孩子都能在本真性（authenticity）与创新性（creativity）的平衡中，真正成为“非遗”的传承者与传播者。

第五章　贵州“非遗”融入课后乐童服务评估机制

随着社会的发展，学校积极响应国家“双减”政策，提升了学生的综合能力素养、减轻家长负担，是兼具看护和教学为一体的综合性教育服务形式。总的来说，课后服务“5+2”模式在义务教育学校全覆盖是“双减”工作落实的重要组成部分，与提升课堂教学质量、加强作业管理一起，成为学校减负增效、形成学校主阵地教育生态的关键途径。贵州省在将“非遗”融入课后“乐童服务”方面已取得一定成效，但仍需建立科学的评估机制以确保其可持续性和有效性。将“非遗”融入课后服务，既能传承地方文化，又能丰富学生课后活动的内涵。构建科学合理的评估机制，可实现从“形式融合”到“价值内化”，最终推动“非遗”传承与素质教育的双赢。从不同理论视角多元探讨其评估机制的重要性和复杂性，进而梳理、丰富贵州省在将“非遗”融入课后“乐童服务”的理论支撑。建构多维度和差异性维度的评估指标。需要政府、学校、家庭和社会各方普遍树立城乡教育共生理念、优化城乡教育共生环境、建立城乡教育共生机制。

第一节　评估机制的建构

贵州“非遗”课后服务评估机制的建构是一个系统性工程，通过“理论奠基—多元协同—动态优化—制度保障”四维架构，构建起兼具文化传承深度和教育评估精度的科学体系。“九层之塔，起于累土。”贵州“非遗”融入课后乐童服务需要一个合理、科学的评估机制的理论框架作为“知识基石”，才能搭建起严谨、科学、系统的研究体系。系统阐述贵州“非遗”融入课后服务评估机制的建构，强调理论基石与实践层级的有机统一，为“非遗”与教育的有机融合提供持续优化的科学依据和实践路径。

一、评估机制的理论框架

构建贵州“非遗”融入课后服务的评估机制理论框架，需要结合文化传承、教育评估、协同治理等理论，从而更好地评估贵州“非遗”融入课后乐童服务的实施效果。既遵循评估学的普适规律，又深度契合贵州“非遗”的在地性特征，形成“理论可验证、实践可操作、文化可持续”的完整的理论框架。

（一）机制构建目的

一方面，文化传承与教育融合的双重目标。“育人之本，在于立德铸魂”，强调要注重学生德智体美劳的全面发展。“教育的本质属性是育人，以人的思想观念塑造、知识传递、能力提升、身心素质培养为其根本任务。”① 教育除了能够传授知识和技能外，还是一个良性循环的过程，让人在接受教育的过程中培育独立思考的能力和健全的人格，同时促使人的全面发展。然而，文化传承的发展过程就是推动一个优秀传统文化从被认知、被接受、被喜欢、被认同到被践行的过程。② 贵州“非遗”融入课后乐童服务采取的是将民族地区的“非遗”融入当地的中小学，推动当代青少年对当地的“非遗”的认识、接受、认同和传承发展。在此基础上，将教育与“非遗”传承相结合，进而最大化地提升当代青少年对“非遗”的

① 杜学元. 从教育属性看教育扶贫工作 [J]. 教育发展研究，2017，37 (12)：3.

② 黄汀，李卓群. 文化认同视域下优秀传统文化传承发展的价值、生成与进路 [J]. 湘潭大学学报（哲学社会科学版），2023，47 (04)：177-181.

认同感，并提高他们的动手能力和综合素养。另一方面，整合“非遗”资源与提升服务效能。通过各学段学生的适配性进行“非遗”资源匹配，有利于整合“非遗”资源。如小学低年级可以以传说、故事等民间文学作品为主，小学高年级至初中可以根据地方特色引入蜡染、芦笙制作等传统手工艺，如高中阶段可以进行“非遗”IP开发，进行创新设计。在此基础上，推进学校与家长、学校与“非遗”传承人、学校与政府等多方协同合作，促进学生德智体美劳的全面发展。此外，可以最大限度地提升服务效能。通过创新课程内容与校本研发来增强服务的吸引力，比如将课程内容设计为分层教学模式，分为基础层，“非遗”认知（故事、纪录片学习）；实践层，技艺体验与创作（如制作一件苗银饰品）；创新层，将“非遗”与现代学科融合。从而，真正地将“非遗”从“静态保护”转向“活态传承”，将“非遗”融入课后服务，以此来提质增效的特色抓手，实现“非遗”传承与教育目标的深度互嵌。

（二）理论基础与原则

贵州“非遗”融入课后服务评估机制以文化传承理论为根基，以教育评估和协同治理为枝条，强调“非遗”活态传承的原真性与教育适应性相统一，同时融合建构主义学习理论和多元智能理论，关注学生在文化实践中的意义建构与能力发展。从文化本真性原则、系统协同性原则、动态发展性原则出发，建立“监测—反馈—优化”的循环机制。这一理论框架既守护“非遗”的文化基因，又契合教育规律，通过质性评估与量化评估相结合的方式，实现文化传承准确性和教育成效科学性的双重保障，为“非遗”教育的可持续发展提供系统化、规范化的评估支撑。

1. 文化传承理论

何为文化？目前，对于文化的定义，不同学者有着不同的解释，存在广义与狭义之分。总的来说，文化就是人类在社会发展过程中，在日常的生产生活中，所创造、传承、享用的物质财富和精神财富的总和，是集体智慧的结晶。那何为传承呢？传承即为字面意思，传播和继承。而文化传承理论是指某种文化在不同时代、不同空间、不同群体背景下传递、保存、演变的跨学科理论框架。它聚焦于文化延续的机制、动力和挑战，探讨社会结构、媒介技术、权力关系及个体能动性等因素对文化延续的影响，旨在揭示文化如何在动态平衡中既保持核心价值，又能融入现代语境。

2. 教育评估理论

教育评估是通过收集分析和解释数据，对教育目标、课程、教学、学生表现等进行系统性判断的过程，其核心目的是促进改进或验证成果。本研究采用教育评估理论中由斯塔弗尔比姆（Daniel Stufflebeam）提出的CIPP评估模型，从背景、输入、过程、成果4个维度介入。一是利用CIPP评估模型分析贵州“非遗”资源分布、学校需求、政策支持等。二是利用CIPP评估模型评估贵州“非遗”融入课后乐童服务的课程设计、师资力量、“非遗”传承人参与度等。三是利用CIPP评估模型监测贵州“非遗”融入课后乐童服务的教学实施、学生参与度、资源使用效率等。四是利用CIPP评估模型考量贵州“非遗”融入课后乐童服务的学生文化认同感、“非遗”技能掌握度、社会影响力等。

3. 协同治理理论

协同治理理论是一门新兴的交叉理论。[①] 协同治理理论是一种强调多元主体共同参与，且这一过程是动态的，从信任、对话、联合到调整的循环过程，同时共享信息、技术资源，最终提升治理效能，实现协作解决问题。本研究依托贵州“非遗”资源，鼓励传承人、学校、家庭等多方主体，构建资源共享机制，参与课后服务，形成“家校社”协同机制，从而更好地将教育与“非遗”传承相衔接融合。

二、评估机制的指标

2018年5月贵阳市启动的一项民生工程“乐童计划”，主要针对义务教育学生进行校内课后托管服务，解决“义务教育学校放学时间早于机关、企事业单位下班时间，家长接学生不方便，学生课后无人看护”的问

① 李汉卿．协同治理理论探析［J］．理论月刊，2014，（01）：138-142.

题。贵州“非遗”融入课后乐童服务，以课后服务为抓手，进一步加强“非遗”教育内涵建设，促进学校特色发展，并推动教育的高质量发展。为此，制定科学、严谨的指标体系来考核学校、教师在培养学生“非遗”过程中实施情况，为了保障“乐童服务”的有序开展。“评估指标”实施结果将分为 4 个等级：优秀（90—100 分）、良好（80—89 分）、合格（60—79 分）和不合格（60 分以下）。优秀（90—100 分），全面达标，“非遗”融入效果显著，具有示范性；良好（80—89 分），基本达标，需在个别环节优化；部分合格（60—79 分）达标，需系统性改进；不合格（60 分以下）：未达到基础要求，建议整改或更换机构。

（一）多维度评估指标

1. 课程设计维度

以课后服务为主线，将贵州“非遗”融入办学治校全过程，融入教育课程体系中，嵌入教育教学的全过程，渗透教育教学各环节，不断深化改革创新，积极构建“理论+实践”双重维度的教育模式。通过开设课后服务课程、实践活动，使学生在理论学习和实践体验中深刻地了解“非遗”。多维度评估指标中课程设计维度主要考虑课程体系与内容的适配性、专业性、资源保障，以此保证课程设计科学性和完整性。其一，开展课后“乐童服务”的课程体系与内容。“非遗”主题课程占总课时比例≥20%，注重校本教材开发完整度（图文/视频/实操模块）、教学案例入选省级优秀案例库数量。其二，开展课后“乐童服务”的师资人才队伍建设。教师“非遗”专题培训年均≥16 课时；校外“非遗”传承人聘任比例≥1∶50；建立跨学科教研团队数量。其三，开展课后“乐童服务”的资源整合与保障。一方面，进行多方协作机制。与“非遗”保护单位签约合作覆盖率；企业/社区资源引入种类（材料、场地、资金）；家长参与“非遗”活动满意度≥90%。另一方面，投入空间载体建设。注重校内“非遗”工坊/展馆面积达标率、校外实践基地年均使用频次、数字化资源共享平台访问量。

2. 学生发展维度

“青年兴则国兴，青年强则国强”，学生作为国家发展的主体，社会主义的接班人，对国家的发展起着至关重要的作用。多维度评估指标中课程设计的学生发展维度主要考虑学生参与度、学生技能提升以及文化认同。一是开展“非遗”乐童服务学生的参与度。“非遗”课程出勤率、课堂互动情况；学生课后自主参与“非遗”活动的积极性（如“非遗”社团、家庭“非遗”实践）。二是学生对“非遗”的认知与技能掌握。学生能准确说出3—5项贵州代表性“非遗”项目；80%以上学生掌握1—2种“非遗”基础技艺（如苗绣针法、侗族大歌基础唱腔）；“非遗”知识测试平均分达到良好及以上水平。三是开展课后乐童服务对学生综合素质提升。评估的内容有：学生动手能力、创造力提升的量化指标（作品完成度评分）；“非遗”实践活动中团队协作能力的观察记录；地域文化认同感问卷调查（认同率≥85%）。

3. 社会影响维度

“非遗”融入课后服务作为一种系统性教育活动，依托校园这一重要阵地，将“非遗”保护与传承融入青少年教育体系，培养青少年对传统文化的认同感和自豪感。这一举措带来了产生了重大的社会影响，需要用系统的指标体系监督，主要从以下几点评估：第一，需要和社区进行联动，激活基层文化。换言之，即空间活化机制，依托社区文化站打造“非遗”研习所，定期开展扎染、剪纸等沉浸式体验活动；根据社群培育效应，建立“传承人+志愿者”协作模式，培育社区“非遗”传承骨干队伍改造老旧街区设立“非遗”长廊，将传统技艺元素融入公共空间设计；举办“非遗进万家”社区巡展，形成季度性文化活动日历；组织跨代际工作坊，促进青少年与老年手工艺人的技艺对话，开发社区“非遗”文创市集，形成文化消费新场景。第二，文化传播的影响与文化认同的建构。通过将学生作品进行展演，利用媒体平台进行宣传，扩大“非遗”影响力。同时，用“非遗”唤醒地方文化记忆，增强学生的主体意识，实现文化资源的代际传承。第三，相关政策的支持力度。当地的政府部门对“非遗”课后服务持续性投入，尤其在课本研发、场地等基础设施方面的投入，确保政策落实到位，落到实处。

4. 可持续性维度

“非遗”融入课后服务旨在“保护传承、促进学生成长、合理开发与拓展”的新功能，为可持续发展提供动力支持。① 评估“非遗”融入课后服务对于“非遗”传承的可持续性贡献，包括机制长效性、资源再生能力、创新能力等。此外，需要考虑“非遗”在不同社会背景下的不同表现形式，判断“非遗”融入课后服务是否能够发挥其重要作用。这需要：学校与传承人合作机制的稳定性；“非遗”课程能否形成品牌效应并吸引社会资源；“非遗”内容是否与时俱进，适应学生需求变化。

（二）差异化指标

1. 基于“非遗”类型的分层指标

依据《中华人民共和国非物质文化遗产法》及国务院批准的国家级“非遗”代表性项目名录，根据其表现形式和文化内涵，将“非遗”划分为十大类别：民间文学（口头传统），传统音乐，传统舞蹈，传统戏剧，曲艺，传统体育，游艺与杂技，传统美术，传统技艺，传统医药，民俗。贵州世居少数民族众多，其民族文化资源丰富，拥有国家级、省级、市（州）级、县（市、区）级等“非遗”代表性项目。贵州“非遗”融入课后乐童服务，明确“非遗”的传承核心，制定针对性实施与保护措施。在学校里面根据学生群体的差异性来选择适合的“非遗”融入课后服务，进入课堂，如贵州将传统技艺（蜡染）、传统音乐（侗族大歌）融入学校课后服务教育。根据不同地区不同学生的条件，引入技艺类、表演类、节庆类等。

2. 城乡学校的适应性调整

中国的社会形态呈现城乡二元结构，因各地发展的侧重点不同，在发展过程中出现了偏差，从而导致城乡差距越来越大。从我国县域教育资源

① 周柯宇，汪涛．论“非遗”进校园活动的可持续性发展——以云南省建水县坡头乡民族小学哈尼族《铓鼓舞》进校园为例［J］．遗产与保护研究，2016，1（02）：73-77.

配置实践来看，存在城乡学校建设投入错位、师资力量配置多头匮乏、生活服务设施跟进缓慢等问题。[①] 教育既要因地制宜，又要因材施教。然而，“非遗”属于中华优秀传统文化，与教育息息相关，学生是“非遗”传承的主体，根据培养农村“非遗”传承人与职业教育的内在逻辑。城乡教育一体化是义务教育均衡发展的重要手段和终极目标，是评价义务教育均衡发展的测度标准和基本尺度。所以，在将“非遗”融入课后服务的同时要考虑各地学校是否具备开展此项目的条件，同时也要考虑当地的学生主体是否可以接受。

第二节 评估方法

评估方法是贵州“非遗”融入课后服务效果检验的系统化工具组合，包含质性评估与量化评估两大范式。质性评估通过深度访谈、参与式观察、作品分析等方法，量化评估则采用标准化测试、行为统计、绩效指标测量等手段。这两类方法形成“文化深度—教育广度”的互补验证体系，既通过民族志描绘“非遗”活态传承的微观图景，又借助数据分析监测政策实施的宏观成效，最终实现文化原真性保护与教育目标达成的双重评估价值。

一、质性评估方法

质性评估方法是贵州“非遗”融入课后服务评估机制中深度解析文化传承过程与教育实效的关键手段，其核心在于通过非数值化的方式捕捉参与主体的行为模式、情感体验和文化认知的复杂变化。主要聚焦“文化情境中的意义建构”，运用深度访谈、参与式观察、作品分析等工具，揭示“非遗”技艺传授中的隐性知识流动、学生文化认同的生成机制以及家校

① 雷望红．人口变化趋势下县域教育资源配置问题及调适方向［J］．北京教育学院学报，2024，38（01）：8-15.

社多元主体的互动逻辑，尤其擅长评估传统技艺活态传承的原真性、教育过程的生成性以及文化适应的地方性特征，为量化指标提供深层解释和语境化补充。

（一）课堂观察记录与学生作品分析

采取课堂观察记录的方式，制定课堂观察表，记录学生参与积极性、提问频率、小组合作表现，并用视频和照片进行记录，用于分析学生实践“非遗”技艺的专注度和进步轨迹。这主要是为了记录学生互动、实践环节参与度、学生兴趣表现、“非遗”技艺实践过程。另外，利用作品分析法，制定“非遗”作品评价标准表，从“技艺规范性”“创意性”“文化表达”三个维度评分，对学生的作品进行分析，评估学生“非遗”技能掌握与创新能力，如学生蜡染作品的图案设计是否融入现代元素。

（二）多方访谈与案例研究

采取深度访谈的方式，与学生、家长、教师进行面对面交流，深入了解他们对“非遗”融入课后服务的看法、体验和建议。对学生群体，我们主要聚焦在情感体验，如询问“学习苗绣后，你对家乡文化的看法有变化吗?”对于教师和传承人，我们主要了解他们对课程的难点、资源的需求、改进的建议。如询问“教授过程中，孩子对于‘非遗’的兴趣浓不浓?”对于家长，可以探讨“非遗”教育对孩子成长的影响，如询问“观察孩子行为变化，孩子学习后是否主动分享‘非遗’相关知识?”另外，选取具有代表性的非遗融入课后服务的案例进行深入分析，总结成功经验和存在的问题。可以选择不同类型的“非遗”项目、不同的学校和班级作为案例，如撰写《非遗课后服务典型案例报告》，从课程设计、教学方法、学生参与度等方面进行全面剖析。

二、量化评估方法

量化评估方法通过标准化、可测量的数据指标，客观系统地评估贵州

“非遗”融入课后服务的实施效果与影响力。该方法体系主要采用结构化问卷、标准化测试、行为观测记录及大数据分析等技术手段，重点监测学生“非遗”知识掌握度（如文化常识测试正确率）、技能达标率（如蜡染技法考核通过率）、课程参与规模（如出勤率、进阶班报名量）等硬性指标，同时结合社会传播数据（如媒体报道频次、社区活动参与人数）量化“非遗”教育的辐射效应。

（一）参与率统计与技能考核量表

一方面，通过制定参与率统计表，统计学生参与“非遗”课后服务的频次与持续性反映活动吸引力和学生投入度。主要从以下几个维度来进行设计。

表 5.1　参与率统计表

基础信息	包括学生基本信息（姓名、年级、班级等）、“非遗”项目名称（如剪纸、芦笙、扎染等）
学生参与持续性	是否全程参与
学生参与频次	包括总课程次数，一学期/学年计划总课时，以及学生实际参与次数和缺席次数及原因，如请假、兴趣、时间冲突等
行为表现	学生在课后服务中主动发言和提问次数

另一方面，通过制定技能考核量表，量化评估学生在“非遗”技能上的掌握程度，兼顾过程性评价与结果性评价。主要从以下几个维度来进行设计：知识理解，能否准确描述“非遗”项目的历史背景；基础技能，根据项目特点设计操作考核，分级评分标准［以剪纸为例，优秀（8—10分），图案完整、线条流畅，细节处理精细；良好（5—7分），图案基本完整，部分线条需修正；需改进（1—4分），图案不完整，操作生疏］；创意应用，能否在传统技法基础上融入个人创意。

（二）家长满意度问卷与课程覆盖率分析

制定家长满意度问卷设计，评估家长对贵州“非遗”课后服务的满意度，挖掘文化认同感、课程适配性等核心需求，助力服务优化。本次家长满意度评价主要围绕以下几个核心维度进行展开。

表 5.2　家长满意度评价

核心维度	具体问题
文化认同	孩子是否对贵州“非遗”表现出更浓厚兴趣
	课程是否帮助孩子理解家乡文化
技能学习	孩子在“非遗”技艺上的进步程度
教学方式	教师是否结合贵州本土文化案例讲解，课堂互动性如何
资源支持	材料（如蜡染布料、芦笙乐器）是否充足，“非遗”传承人是否参与教学
时间安排	是否与学业冲突
	课后服务时长是否合理

同时，制定课程覆盖表进行分析评估贵州“非遗”课后服务在区域内的普及程度识别覆盖盲区，从而更好地优化资源分配，实现学生与“非遗”的双向奔赴。

表 5.3　课程覆盖率

核心维度	指标	具体问题
课程覆盖	项目数量	已开设的“非遗”项目数量
	班级数量	开设“非遗”课程的班级数
	学生数量	参与“非遗”课程的学生数
地域覆盖	城乡差异	城区学校 VS 乡镇学校的“非遗”课程开设率
	民族聚居区适配	在苗族、侗族聚居区是否优先开设对应“非遗”项目
时间覆盖	每周课时数	是否满足技能习得需求（如芦笙舞需长期练习）
	学期持续性	是否集中在学期初/末开课
资源覆盖	师资	“非遗”传承人参与比例→ 专业艺人授课课时占比
	材料	是否提供免费/低成本材料包 （如蜡染染料、苗绣针线）

三、多方协同评价机制

通过构建“政府—学校—传承人—家庭—社区—第三方机构”六维联动的评估机制，实现贵州“非遗”课后服务评价主体的多元化和评价视角的系统化。该机制以文化传承的真实性和教育成效的科学性为双重核心，通过明确各主体的权责分工、建立常态化的协商议事平台、设计差异化的评估工具包，形成“过程共监、数据共享、结果共认”的评价生态，既确保评估结果兼顾文化保护的专业性与教育发展的规律性，又通过多方参与的评价反馈循环持续优化课程实施，最终实现“非遗”传承与学校教育的有机融合和可持续发展。

（一）第三方专家评审与社会机构

第三方机构是独立于政府、学校之外，拥有独立的权利和责任的主体。第三方机构是各领域评估新的发展趋势，它将会成为不同领域中一个常态的现象。然而，在贵州“非遗”融入课后乐童服务实施过程中，第三方专家评审作为主体之一，为了更好地保证实施效果。通过邀请“非遗”领域的专家、教育专家等参与评价中，可以为评价提供专业的视角和建议。专家可以对“非遗”教育的质量、深度以及课程设置的合理性等方面进行评估，同时也可以为教师提供教学方法和课程设计的指导。例如，“非遗”传承人可定期与学生进行面对面的交流，传授技能与知识并就教育过程中存在的问题提供专业意见；专家可以通过指导教师的教学、参与文化活动的组织与策划，提升教育的实践性与创新性。

此外，增加优质的社会机构参与。如文化机构、社会组织等可以为“非遗”融入课后服务提供资源支持和实践机会。它们可以对学校与社会的合作效果、学生在社会实践活动中的表现等方面进行评价，同时也可以为“非遗”的传播和推广提供平台和渠道。比如，文化机构可以为学生提供参观、学习和实践“非遗”项目的场所，社会组织可以组织相关的“非遗”活动，让学生参与“非遗”融入课后服务中去，实现学生的自我发展，全面发展。

（二）动态反馈与数据整合平台

将贵州“非遗”融入课后服务，能丰富课后服务内容，提升学生文化素养和综合能力。而构建动态反馈与数据整合平台，可实时收集、分析相关数据，为评估机制提供科学依据，助力课后服务质量提升，推动“非遗”更好传承。动态反馈主要是在平台首页实时展示相关数据和指标，如学生参与度、满意度、课程受欢迎程度等，让相关人员实时了解课后服务情况。并根据不同用户的角色，如学生、教师、家长、学校管理人员等，提供个性化的反馈信息。数据整合主要是通过在线问卷、留言板、评分系统等，进行数据收集，学生反馈、教师反馈、传承人反馈、学校反馈等。将数据收集后，进行数据整合，可分类存储，将收集到的各类数据按照学生信息、课程信息、反馈类型等进行分类存储，建立数据库。

第三节　实施保障与动态优化

建立健全评估工作的相关制度，明确各部门和人员的职责分工，确保评估工作的顺利开展。例如，教育部门负责统筹协调，学校负责具体实施，“非遗”保护机构提供专业支持，建立评估结果的反馈和应用机制，将评估结果作为学校和教师绩效考核的重要依据，激励学校和教师积极参与“非遗”融入课后服务工作，提高教学质量。同时，实时关注反馈结果进行动态优化，更好地保障“非遗”融入课后服务，确保学生学到位学到实处，用中国声音讲好“非遗”的故事。

一、制度保障机制

为了确保贵州“非遗”课后服务评估体系长效运行的基础支撑，通过构建“政策引领—标准规范—资源供给—监督问责”四位一体的制度框架，以地方政府“非遗”保护条例和教育部门课后服务政策为顶层设计，制定相关配套文件，设立专项财政资金和数字化管理平台保障评估资源，通过刚性制度约束和柔性文化引导相结合，确保评估机制在文化传承准确性、教育实施科学性和多方参与协同性等维度形成闭环管理，为“非遗”教育的高质量发展提供坚实的制度保障。

（一）加强政府专项经费与相关政策的衔接

政府部门应给予最大力度的资源保障，确保贵州“非遗”融入课后乐童服务项目能够顺利开展。首先，给予经费保障。政府应设立专项经费，用于支持“非遗”融入课后服务的评估工作，包括评估工具的开发和购置、评估人员的培训、“非遗”资源的引进等。其次，给予场地保障。通过走访贵阳、黔东南、黔南、毕节等地的中小学，发现学校场地限制了很多“非遗”项目的引入。因此，需要提供必要的场地用于“非遗”教学和活动开展，如建设“非遗”工作室、展览室等，为评估工作提供实地考察的场所。最后，给予“非遗”资源保障。加强与“非遗”传承人、“非遗”保护机构的合作，整合当地的“非遗”资源，为学校提供丰富多样的“非遗”课程和活动内容，确保评估工作的资源充足。同时，贵州省应制定明确的政策文件，将“非遗”融入课后服务纳入教育发展规划中，为评估机制的实施提供政策依据和方向指引。如2021年发布的《贵州省“十四五”非物质文化遗产保护规划》强调推进“非遗”普及教育，鼓励学校邀请“非遗”传承人开设“非遗”课程，这为“非遗”融入课后服务奠定了政策基础。教育部门要出台具体的评估标准和指导意见，明确评估的内容、方法、流程等，确保评估工作有章可循。

（二）学校绩效考核中的“非遗”课程权重

教育部《关于在未成年人校外活动场所开展非物质文化遗产传承教育活动的通知》等政策，强调了“非遗”传承教育的重要性，学校应将“非遗”教育纳入教育教学体系。贵州省也积极响应国家政策，推动“非遗”进校园。若学校所在地区有明确的政策要求，如规定学校必须将一定比例的课程设置为“非遗”课程，那么在绩效考核中“非遗”课程权重可适当提高，例如可占课后服务课程总量的20%—30%。从贵州各地学校实践来看，不同学校“非遗”课程开展情况差异较大。如遵义市播州区以“播州陶韵，美在传承”为主题的陶艺制作特色课程在辖区多所中小学落地生根，全区共有20多所学校将陶艺纳入课后服务特色项目，形成了较为系统的课程体系。而有些学校可能仅开展了零散的“非遗”活动，对于“非遗”课程开展系统、深入的学校，可在绩效考核中给予更高的权重，如30%—40%；对于开展较少的学校，权重可设定在10%—20%。

二、动态调整策略

动态调整策略是贵州“非遗”课后服务评估机制中实现持续优化的关键环节，通过建立“监测—评估—反馈—改进”的闭环管理系统，采用大数据追踪、周期性复盘和弹性修正机制，对评估标准、课程内容和实施方法进行迭代更新，持续提升“非遗”课后服务的文化传承效度和教育实践活力。

（一）年度评估与反馈循环

建立定期的评估机制，如每学期或每年对“非遗”融入课后服务的情况进行一次全面评估。通过问卷调查、实地考察、学生和教师访谈等方式，收集相关数据和信息，了解“非遗”融入课后服务的实施效果和存在的问题。及时将评估结果反馈给学校、教师、“非遗”传承人等相关人员，让他们了解工作的成效和不足之处，以便及时调整和改进。根据反馈结果，对“非遗”课程内容进行优化，如果发现学生对某些“非遗”项目的兴趣不高或学习难度较大，可以适当调整课程内容，增加或减少相关项目的教学时间，或者对教学方法进行改进。创新教学方法和手段，引入数字技术，如利用虚拟现实（VR）、增强现实（AR）等技术为学生创造沉浸式的学习体验，提高学生的学习兴趣和参与度。

（二）数字化资源库建设与共享

贵州作为“非遗”大省，“非遗”资源众多，同时贵州拥有大数据库。贵州在数字化资源库建设方面已有诸多成果，如贵阳市建成了“非遗”数据库，含数据存储、展示、数字地图、可视化等功能；“云上贵州”“非遗”数据库实现了3.2万项“非遗”数据跨族群共享。同时部分学校也积极探索“非遗”融入课后服务，如都匀市开发“体育+艺术”特色课后服务项目，将牙舟陶、彩龙等民族传承文化融入课程主题，组建“非遗”社团21个。① 此外，利用数字技术资源采集与整合，对贵州全省的“非遗”资源进行全面普查，运用数字化技术，如摄影、摄像、录音、文字记录等，对“非遗”资源进行数字化采集和整理，将其转化为可存储、检索和传播的数字资源。同时，对已有的“非遗”数字化资源进行整合，消除数据孤岛，实现资源的共享和流通。最为重要的是，将数字化资源库通过互联网向社会开放，让更多的人能够访问和使用“非遗”资源。例如，建立官方网站、手机应用程序等，提供在线浏览、下载、学习等功能，方便公众了解和学习贵州的“非遗”。同时，积极与企业合作，与文化企业、旅游企业等合作，将“非遗”资源与文化产品、旅游项目相结合，推动“非遗”的传播和发展。例如，开发以“非遗”为主题的文创产品、旅游纪念品等，让更多的人了解和喜爱贵州的“非遗”。

---

① 都匀：非遗文化融入课后服务赋能“双减”[N]. 黔南日报，2023-05-12（3）.

第六章　贵州“非遗”融入课后乐童服务案例分析

贵州“非遗”融入课后乐童服务的实践探索，涌现出一批具有代表性的典型案例，集中体现了“活态传承”与“现代教育”的有机融合，通过课程化开发、项目式学习和社区化展演等方式，既实现了“非遗”技艺的代际传递，又培养了青少年的文化认同与创新思维，其成功经验为民族地区“非遗”教育提供了可复制的实践范式，彰显了传统文化在现代教育体系中的生命力和转化潜力。贵州师范大学贵安附属小学、从江县第二中学和贞丰县民族中学在“非遗”课后乐童服务实践中各具特色，形成了梯次衔接的传承模式。贵安附小依托高校资源开发“非遗启蒙课程”，将苗族古歌与音乐课融合，通过“童声传唱”方式实现文化浸润；从江县第二中学立足侗族文化优势，开设“侗族大歌工作坊”，建立“师徒制”传承梯队，学生团队多次在省级“非遗”展演中获奖；贞丰县民族中学则创新“非遗+职业启蒙”模式，将布依族蓝靛染技艺与现代设计结合，学生创作的文创产品已实现市场化。这3个学校呈现了从文化认知到技艺传承再到创新应用的发展路径，充分彰显了“非遗”教育在不同学段的适应性转化，为构建大中小学一体化的“非遗”传承体系提供了宝贵的地方经验。

第一节　贵州师范大学贵安附属小学

贵州师范大学贵安附属小学（以下简称“贵师大附小”）位于贵州省

贵安新区花溪大学城思孟路，是由贵安新区投资建设、贵州师范大学领办的公办小学。贵师大附小致力于建设“高校附属小学高质量发展样板校”，打造“大中小学贯通式人才培养”特色模式，推动教育高质量发展，为强国教育做贡献。为响应国家“非遗进校园”政策和贵州省“乐童计划”（课后服务提质工程），贵师大附小将贵州“非遗”，如苗绣、侗族大歌、芦笙舞、蜡染等融入课后乐童服务课程，旨在传承本土文化、提升学生综合素养，同时也能够弥补传统课堂对文化传承的不足，增强学生文化认同感与审美能力。总的来说，通过聘请“非遗”传承人驻校授课、建设校园“非遗”工坊、举办民族文化节等特色活动，形成了“课程教学+社团活动+成果展示”的全链条育人体系。其创新实践不仅荣获贵州省优秀传统文化传承校称号，更培育了一批兼具文化认同与创新能力的“小小传承人”，为高校附属学校开展“非遗”教育提供了示范性样板。

一、基本情况

贵师大附小由贵州师范大学与贵安新区管委会合作创办，学校依托高校优质教育资源，构建“师范教育+基础教育”协同发展模式，以“传统文化立校、科技创新强校”为办学特色。下文从学校简介、历史沿革、办学定位三方面着手，深度剖析贵师大附小在“非遗”融入课后乐童服务方面所采取的措施以及所取得的成效。

（一）学校简介

贵师大附小总占地面积约 50 亩，校园布局合理，环境优美，绿化覆盖率高，为学生提供舒适的学习和活动空间。总建筑面积约 2.5 万平方米，主要建筑包括：教学楼，配备 36 间标准教室，每间教室均配备多媒体教学设备、空调等现代化设施；综合楼，设有科学实验室、计算机教室、音乐室、美术室、舞蹈室、书法室等功能教室；体育馆，室内运动场地，可进行篮球、羽毛球、乒乓球等活动；行政楼，包含教师办公室、会议室、校务管理中心等；图书馆，藏书量约 3 万册，设有电子阅览区和开放式阅读空间。目前开设 46 个教学班（1—6 年级，每个年级约 6 个班），学校现有教职工 145 人，学生 2233 人。① 实行小班化教学，每班学生人数控制在 40 人以内，确保个性化关注和教学质量。

（二）历史沿革

贵师大附小的创办背景是为服务贵安新区发展，完善大学城教育配套设施，贵州师范大学与贵安新区管委会联合创办，同时也是贵州师范大学基础教育集团在贵安新区设立的首所直属公办小学。

表 6.1　贵师大附小发展阶段

发展时期	年份	发展模式
初创期	2016—2018	首批招收 1—4 年级学生，依托贵州师范大学教育资源，建立“高校+基础教育”联动模式
成长期	2019—2021	获评“贵安新区素质教育示范校”，完成首轮课程体系改革
提升期	2022 年至今	成为“贵州省教师研修基地校”，启动智慧校园建设项目

虽然贵师大附小建校时间不长，但其发展较快，多次荣获称号，2020 年荣获贵州省“国培计划”跟岗实践基地；2021 年荣获全国青少年校园足球特色学校；2022 年荣获贵州省“双减”工作典型案例校。学校学术底蕴深厚，学校会定期开展“师大教授进课堂”“小学生大学实验室体验日”等活动。学校地域文化丰富，开设“黔韵课程”，涵盖苗族蜡染、屯堡地戏等“非遗”项目。学校创新文化新颖，建立“小小科学院”，由贵州师大研究生指导科创项目。

（三）办学定位

贵师大附小的教研具有鲜明的特色，与贵州师范大学建立“双导师

① 贵州师范大学贵安新区附属小学．贵州师范大学贵安新区附属小学 2024 年春季公开招聘临聘教师公告［EB/OL］．（2024－01－12）［2025－6－8］．http://www. gzu521. net/rsrc/2024/01/48273. htm.

制”，由6位高校教授定期驻校指导，共享师大附中优质教育资源。学校的校训为“明德至善 博学力行”，主要是传承贵州师范大学校训精神。办学理念为“大学之道，小学始成”，强调基础教育与高等教育的贯通培养，秉承着“立德树人、全面发展”的宗旨，注重学生综合素质培养。

二、实施措施

通过构建“三维一体”的“非遗”乐童课后服务体系，系统推进传统文化传承教育，从自我发展型、外来植入型、高校联动型三种模式中，根据当地的“非遗”资源，结合当地学生的差异性来选择适合发展模式，更好地推动“非遗”与教育的发展。

（一）自我发展型

在“非遗”进校园的实践中，贵师大附小探索出一条“教师自主发展型”路径，通过培养校内教师掌握“非遗”技能，再由教师主导课程教学，减少对外部传承人的依赖，提升项目可持续性。该模式解决了传承人资源不足、成本高等问题，同时增强了教师的文化传承能力。一方面，定期对学校教师进行“非遗”技能培训：一是校内工作坊，每周固定1—2小时教师“非遗”培训，由校外“非遗”传承人（初期）或已掌握技能的骨干教师（后期）授课。重点培训蜡染、苗绣、芦笙演奏、侗族大歌等易入门、适合教学的技艺。二是暑期专项研修，组织教师赴“非遗”传承基地（如丹寨蜡染合作社、肇兴侗寨）进行5—7天沉浸式学习。同时，教师需通过技能考核（如完成一件蜡染作品）方可获得““非遗”课程授课资格”。教师参与培训、开发课程可折算为继续教育学时，纳入职称评聘加分项。另一方面，学校注重课程开发与校本化。简化技艺，寻找适应教学的模式，例如蜡染教学改用安全染料+简化图案，苗绣改用粗布+大针脚，降低操作难度。另外，将学科融合教案设计，如美术课中，将蜡染中的几何图案与数学对称知识结合；音乐课中，侗族大歌节奏训练与乐理教学结合。

（二）外来植入型

贵师大附小在探索“非遗”传承过程中，采用“外来植入型”模式，即通过邀请本地“非遗”传承人直接进入校园授课，确保技艺的原真性和专业性。该模式适用于技艺复杂、需口传心授的“非遗”项目（如苗族银饰锻造、傩戏表演等），能够让学生接触最地道的文化传承。学校与当地文化馆、“非遗”保护中心合作，建立“非遗传承人导师库”，涵盖蜡染、苗绣、芦笙制作、侗族大歌等领域的传承人，并签订长期合作协议，明确授课时间、内容及报酬标准。每学期评估传承人教学效果，保留受学生欢迎的传承人，优化调整合作对象。采取分层教学模式：针对1—3年级开设入门体验课，以趣味性为主，如剪纸、简易蜡染、民族舞蹈模仿；针对4—6年级开设进阶传承课，进行系统性学习，如侗族大歌演唱技巧、苗绣针法实训。采取“1+N”授课模式，1名传承人主导，搭配N名校内助教，助教形式主要是本校教师跟课学习，辅助管理，负责记录教学过程，逐步积累校本化教学资源。在此基础上，学校设立“非遗大师工作室”，为资深传承人设立校园工作室，每周固定时间开放，学生可预约深入学习。定期举办“非遗文化节”，传承人带领学生进行舞台展演，如傩戏片段、芦笙合奏。同时也设立“非遗小传人”奖项，激励学生持续参与。

（三）高校联动型

贵师大附小创新性地采用“高校联动型”模式，与贵州师范大学建立深度合作关系，充分发挥高校在“非遗”研究、人才培养和教育创新方面的优势，构建“高校专家指导+师范生实践+中小学落地”的三维联动机制。该模式既保证了“非遗”传承的专业性，又为师范生提供了实践平台，同时丰富了小学课后服务内容。

实施高校资源整合机制。一方面，专家智库建设，聘请贵州师范大学“非遗”研究中心教授作为项目顾问，提供课程规划指导，组建由民俗学、艺术教育等专业研究生构成的“非遗教研小组”。另一方面，实施实践基地共建。在贵师大附小设立“高校非遗实践基地”，挂牌运营，高校实验室部分开放给小学师生使用，如民族服饰制作室。此外，采取“双师课堂”模式，高校专家负责理论部分，如“非遗”的传承背景；师范生负责实践教学，如技艺指导；小学教师负责课堂管理和本土化调整。

表 6.2　阶梯式课程体系

年级	课程类型	高校参与形式	示例内容
1—2 年级	认知体验课	研究生助教	民族玩具制作
3—4 年级	基础传承课	本科生主授	简易蜡染技法
5—6 年级	项目研习课	专家指导	“非遗”文创设计

三、实施效果

贵师大附小“非遗”融入课后“乐童服务”实施以来，取得了显著成效，成功将苗绣、蜡染、侗族大歌等“非遗”项目引入贵师大附小，通过“非遗”传承人进校园、开发特色课程和跨学科实践，学生文化认同感增强，形成可持续模式，推动“非遗”教育的长效发展。

（一）学生层面

首先，学生文化认同感显著提升。通过期末问卷调查，95%的学生能准确说出至少 1 项贵州“非遗”项目，如苗绣、蜡染、侗族大歌，较课程实施前 45%提升 110%，可以体现出学生的“非遗”认知有所提高；70%的学生可独立完成简单蜡染图案制作，其中 30%能创作具有个人风格的纹样，体现出学生的实践能力得到提高。① 其次，学生文化自信增强。侗族大歌兴趣小组参与县级“非遗展演”并获得“优秀传承团队”称号，学生自发向家人传播“非遗”知识。再次，学生综合能力多维发展。手工课程苗绣、陶艺，使 85%的学生在“精细动作完成度”和“课堂专注时长”上

---

① 非遗特色课程实施效果问卷调查分析报告［R］. 贵州师范大学贵安附属小学 . 2023：5-8（内部资料）.

有明显进步。① 最后，学生创新思维发展。在“非遗创意设计”活动中，学生能将传统纹样与现代元素结合，如蜡染书包设计。

（二）教师层面

第一，“非遗”教学能力显著提升。通过调查研究发现，80%的参与教师通过“非遗”传承人培训，掌握了至少 1 项“非遗”技艺，如蜡染基础技法、侗族歌谣教学，项目实施前接触过“非遗”的教师还不到 20%，可见“非遗”融入课后乐童服务提高了教师对“非遗”的了解程度。② 同时，学校采取“1+N”传帮带机制，1 名骨干教师带领 N 名青年教师开展“非遗”教研，累计开发 12 节标准化“非遗”课程教案。同时，学校的大部分教师尝试跨学科融合，如将苗绣几何纹样与数学对称知识结合。

第二，校本课程开发与科研成果。实施“非遗”融入课后乐童服务不仅提高了教师编写校本教材的能力，如编写了《贵州非遗小传习》，含 3 大模块、16 个子课题，获 2023 年市级“优秀校本课程”一等奖。此外，学校建立“非遗教学资源库”，包含 50 多个“非遗”示范课视频、200 多件学生作品案例。同时，将教研成果转化，分别拥有 2 篇“非遗”教学论文发表于省级教育期刊，1 项课题“非遗融入小学课后服务的路径研究”获省级立项。

第三，教师职业认同感增强。大部分教师认为“非遗教学对传承地域文化至关重要”，主动参与“非遗”公益活动。同时也加大了跨学科之间协作，音乐、美术、综合实践学科教师联合开发“非遗主题跨学科项目”，如“芦笙舞中的节奏与数学”。

（三）社会层面

其一，家长认可度显著提升。通过满意度调查结果显示，89%的家长

---

① 非遗特色课程实施效果问卷调查分析报告［R］. 贵州师范大学贵安附属小学 . 2023：5-8（内部资料）.

② 非遗特色课程实施效果问卷调查分析报告［R］. 贵州师范大学贵安附属小学 . 2023：5-8（内部资料）.

认为“非遗”课程“有效帮助孩子了解家乡文化”，其中63%的家长表示孩子在家主动分享“非遗”知识，如讲解蜡染工艺、演唱侗族歌谣。[①]72%的家长支持课程长期开展，认为其“兼具文化传承与素质教育价值”。同时，这也有利于家庭互动增强，部分家庭在孩子影响下参与“非遗”体验活动，如亲子蜡染工作坊，社区“非遗”活动参与率同比提升20%。[②]其二，媒体传播与社会关注。吸引主流媒体报道，如《贵州日报》以“非遗种子在校园发芽”为题专题报道该校课程模式，阅读量超10万次。又如，“天眼新闻”发布纪录片《小学里的非遗传承人》，单条视频播放量达25万次，获省文旅厅官方转发。其三，社区与文化机构联动。“非遗”传承人合作深化，与3家“非遗”工坊，如“黔粹行”苗绣工作室建立长期实践基地，开展“非遗文化周”活动。

第二节 从江县第二中学

从江县第二中学（简称“从江二中”）立足黔东南民族文化生态，创造性地将侗族大歌、苗族蜡染、芦笙舞等“非遗”融入课后乐童服务体系，聘请“非遗”传承人进校授课，通过“非遗传承人+学科教师”双导师制构建特色课程群，并结合学科教学（如语文、历史、美术）进行跨学科融合，同时联动社区开展“非遗”文化节和田野调查活动，有效提升了学生的文化认同感和实践能力。基于此，从江二中形成“社团活动—学科融合—社区展演—田野调查”四位一体的实施路径。这一发展模式不仅创新了民族地区“双减”政策下的课后服务模式，有效增强了学生的文化认同与审美素养，更探索出学校教育与“非遗”活态传承的有机衔接机制，为民族地区基础教育高质量发展提供了具有示范价值的文化育人方案。同时，弥补了

① 非遗特色课程实施效果问卷调查分析报告［R］. 贵州师范大学贵安附属小学 . 2023：5-8（内部资料）.

② 非遗特色课程实施效果问卷调查分析报告［R］. 贵州师范大学贵安附属小学 . 2023：5-8（内部资料）.

乡村学校美育资源的不足，还促进了家校社协同传承，成为“双减”背景下民族文化教育与课后服务结合的典型案例，为乡村振兴和文化传承提供了可借鉴的教育路径。

一、基本情况

从江二中是一所位于黔东南苗族侗族自治州的县级初级中学，学校秉承“传承民族文化，培育时代新人”的办学理念，立足多民族聚居的地域特色，逐步发展成为一所以民族文化教育见长的示范性学校。基于此，从学校简介、历史沿革、办学定位三方面着手，深度剖析从江二中在“非遗”融入课后乐童服务方面所采取的措施和取得的成效。

（一）学校简介

从江二中位于贵州省黔东南苗族侗族自治州从江县丙妹镇，是一所县属公办全日制初级中学。学校创建于 1984 年，占地面积约 45 亩，建筑面积 2.3 万平方米。现有 36 个教学班，在校学生 1800 余人（其中少数民族学生占比达 92%），教职工 128 人（专任教师 115 人）。[①] 作为从江县办学规模最大的初级中学之一，学校连续多年中考成绩位居全县前列，2023 年被评为“黔东南苗族侗族自治州教育教学质量先进学校”。从江二中的办学条件，在硬件设施方面，配备标准化教学楼 3 栋、实验楼 1 栋、学生宿舍 2 栋；建有民族文化展厅、“非遗”工坊、多媒体录播教室等特色场馆。在师资队伍方面，高级教师 28 人，一级教师 52 人；拥有省级骨干教师 2 人，州级教学能手 5 人。在特色资源方面，建立校级“非遗”数据库 1 个，收藏民族服饰、乐器等实物展品 200 余件。

（二）发展沿革

从江二中所在地从江县是典型的少数民族聚居区，少数民族人口占总

---

① 从江县第二中学．学校概况［EB/OL］．（2023－12－01）［2025－5－27］．https://www.cjeggw.cn/.

人口的94%，其中侗族占42%，主要分布在西部乡镇；苗族占39%，主要分布在东部乡镇；其他民族占13%，包括瑶族、壮族等。县域内现存国家级“非遗”项目5项、省级“非遗”项目12项，民族文化资源极其丰富，为学校开展特色教育提供了得天独厚的条件。

表6.3　从江二中的发展沿革

年份	发展历程
1984	建校，初期仅12个教学班
2010	启动“民族文化进校园”项目
2018	被确定为“贵州省民族特色学校建设试点”
2022	获评“贵州省“非遗”传承教育基地”
2023	“非遗”教育模式被央视《非遗里的中国》专题报道

（三）办学定位

秉承“传承民族文化，培育时代新人”的办学理念，构建“基础课程+民族特色课程”的双轨育人体系，致力于培养具备扎实文化基础的合格初中毕业生、具有民族文化认同的新时代青少年、掌握“非遗”技艺的潜在传承人。

二、实施措施

从江二中通过构建“课程开发—双师教学—社团活动—展演实践—评价激励”五位一体的实施路径，系统性地将侗族大歌、苗族蜡染等“非遗”融入课后乐童服务。同时，开发特色校本课程体系，聘请“非遗”传承人与学科教师组成双师团队，打造民族文化社团和实践活动平台，定期举办校园“非遗”展演和社区展演活动，并创新建立包含过程性评价和成果展示的多元评价机制，形成“内生型+学校自主模式”和“外引型+政府或社会协同模式”，有效实现了文化传承与课后服务的有机融合。

（一）内生型+学校自主模式

内生型+学校自主模式，学校以“在地化传承”为核心，强调“非遗”项目与本土社区、学校教育的有机融合，主要特征为依赖从江县内现存“非遗”资源体系传承原生性，保持技艺传授的原真性，现代化改编教学主体性的最小化，将“非遗”置于原生文化语境中进行教学。以村寨和学校为中心，由传承人驻校、民俗活动导入、原生素材供给、学生田野调查、创新成果反馈、文化传播赋能等多方面延伸。在校内设立“岜沙文化传习馆”，1∶1 还原苗族吊脚楼建筑元素，设置芦笙制作、苗绣、农耕器具展示区。在寨内设立“二中非遗实践基地”，专设学生采风创作区，配备现代化展示设备。

此外，学校根据自身需求，主动整合本地“非遗”资源开展教学。其一，开发校本课程——以“侗歌课”为例，将侗族大歌的演唱技巧、方言歌词、民俗文化转化为体系化课程，结合音乐、语文、历史学科。这样既传授技艺，也强化文化认同，如歌词中的生态观、伦理观。同时，随时关注课程进度、难度根据学生反馈调整，避免“一刀切”。其二，与社区传承人合作，建立长期教学机制。聘请本地歌师、绣娘作为兼职教师，签订长期协议，确保教学稳定性。传承人获得经济补助与社会认可，学校解决师资短缺问题。学生通过“师徒制”学习原生态技艺，避免“非遗标本化”。围绕学生兴趣进行分层，侗歌社团、刺绣工坊等满足不同学生需求，社团活动与节日展演挂钩，如侗年、萨玛节等。其三，成立“非遗”社团，鼓励学生自主探索。从江二中通过成立“非遗”社团推动学生自主探索“非遗”传承，是“学校自主模式”中激发学生内驱力的关键举措。这一做法不仅弥补了传统课堂的局限性，还培养了学生的创新能力和文化主人翁意识。分层兴趣小组：基础班，面向初学者，由传承人教授侗歌、刺绣等基础技艺如侗族大歌的“声音歌”与“叙事歌”分类教学；进阶班，针对有基础的学生，开展创作与改编，如将流行音乐元素融入侗歌旋律。学生自主管理，社团负责人由学生竞选产生，负责活动策划、物资管理；高年级“小导师”带新生，形成传承梯队，如八年级学生指导六年级学生刺绣针法。①

（二）“外引型+政府或社会协同”模式

“外引型+政府或社会协同”模式，强调通过外部资源注入和政策支持推动“非遗”进校园，形成“政府引导—社会参与—学校落地”的三方联动机制。政府为学校提供制度保障、专项资金，将“非遗”教学纳入学校考核、文旅局“非遗”保护经费定向拨款。如申请县级“非遗”保护经费定向支持，侗歌教材印刷、传承人课时补贴，参照《黔东南州非遗进校园补助办法》，按生均200元/年拨款；借助社会力量，企业赞助物资，刺绣工具包，以及“非遗”机构提供师资培训。如与贵州文旅企业共建“校园非遗工坊”，学生作品通过企业渠道销售，利润30%用于反哺社团。联合高校开设传承人研修班，如与凯里学院“非遗”研究中心合作，高校师生协助开发数字化侗歌教学系统（含方言发音AI纠错功能），每年暑期派驻研究生协助田野调查。坚持学校为主体，负责课程实施与成果转化，如组织学生参与“非遗”博览会。这种模式的发展，有利于实现“教育—文化—经济”三赢，这种“内生为主，外引增效”的路径，尤其适合有一定文化自觉基础但资源受限的县域学校，其关键在于保持对本土文化解释权的主导地位。

三、实施成效

从江二中“非遗”融入课后乐童服务通过系统性开展“非遗”传承教育，学生“非遗”技艺掌握率得到大大的提升，培育出3支县级优秀“非遗”展演团队，建成省级“非遗”传承教育基地2个，开发校本课程12门，形成特色教学案例集。同时也带动200余个家庭重拾传统技艺，促进3项濒危“非遗”项目的活态传承，相关成果获省级教学成果奖2项，学

① 从江县教育局．从江二中：学生自治促传承，非遗教育显特色［EB/OL］．（2023-05-12）［2025-5-29］．https://www.congjiang.gov.cn/zwgk/zdlygk/jyxx/.

校获评“贵州省民族文化教育特色学校”，实现了文化传承、学生发展和学校特色建设的多方共赢，在教育、文化传承、社会等方面的实施成效显著。

（一）教育成效：以“非遗”促五育并举

第一，学生参与度与技能得到很大的提升。根据《从江二中2021—2023年教育实践报告及跟踪调研数据》显示，在课程覆盖率方面，全校92%学生至少选修1门“非遗”课程（2023年校方统计），其中苗绣、侗歌、芦笙制作成为热门选项。在技能掌握方面，47名学生获县级“非遗少年传承人”称号，部分学生可独立完成苗绣图案设计或演奏侗族大歌多声部曲目。[①] 包括七年级15人，八年级22人，九年级10人，其中，女生32人，主要以苗绣为主，男生15人，主要以芦笙制作为主。另外，12名认证学生进入县级传承人培养计划。在跨学科能力方面，通过教授“侗族鼓楼建构中的几何原理”等课程，学生的数学空间想象力测试得分从均值62%提升至75%，增幅为21%。[②] 然而，跨学科也产生了一定的迁移效果，对于语文来说，“非遗”故事采风使记叙文优良率提升15%；对于物理来说，芦笙发声原理教学促进声学知识点掌握率提升18%。[③] 所以，贵州“非遗”融入课后乐童服务让学生参与度和技能得到了很大的提升。例如，八年级的杨同学，从一开始的侗歌兴趣班到校级表演队，再到县级传承人；从一开始的只会单声部演唱到掌握8种侗歌演唱技巧，把音乐课成绩从B级提升至A级。又如，九年级的王同学，将苗绣构图原理应用于平面设计课程，设计出“现代苗绣纹样”，并获省级艺术展评二等奖。

第二，综合素质发展。在美育方面也取得了一定的成效，对于学生综

① 从江县第二中学.2021-2023年教育实践报告及跟踪调研数据［R］. 2023-12：15-18（内部资料）.

② 从江县第二中学.2021—2023年教育实践报告及跟踪调研数据［R］. 2023-12：15-18（内部资料）.

③ 从江县第二中学.2021—2023年教育实践报告及跟踪调研数据［R］. 2023-12：15-18（内部资料）.

合能力的提升具有重要的作用。通过贵州“非遗”融入课后乐童服务的实施，提升了从江二中的美育成效，其中 5 项省级、18 项州级、37 项县级，共计 60 项。[①] 艺术竞赛成果获奖主要分为这几类：传统技艺类，主要是苗绣和蜡染作品；表演艺术类，主要是侗歌和芦笙舞；创新融合类，主要是数字“非遗”和文创设计。此外，在劳动教育方面，根据《从江二中 2021—2023 年教育实践报告及跟踪调研数据》统计，“非遗”工坊累计产出刺绣、竹编、蜡染等实物作品 300 余件，部分已经被纳入校园文化展示体系。

表 6.4　艺术竞赛成果

奖项级别	数量	代表性案例
省级	5 项	《现代苗绣纹样设计》获贵州省青少年创新大赛一等（2023）
州级	18 项	侗歌合唱《蝉之声》获黔东南州艺术展演金奖（2022）
县级	37 项	芦笙舞《丰收乐》获从江县“非遗”展演特等奖（2023）

注：数据来源于学校公众号“从江二中”。

第三，学业态度改善。据统计，从江二中从 2019—2023 年实施“非遗”融入课后乐童服务后，在学生的学业态度方面得到积极的反馈。从到校意愿提升到课堂参与度提高，再到作业完成质量改善。显然，从江二中的“非遗”课程吸引部分厌学学生重返课堂，该校辍学率从 2019 年的 3.2%降至 2023 年的 1.1%。[②]

表 6.5　从江二中 2019—2023 年辍学率趋势

学年	辍学率	同比下降幅度
2019	3.2%	——
2020	2.7%	15.6%

① 从江县第二中学．2021-2023 年教育实践报告及跟踪调研数据［R］．2023-12：15-18（内部资料）．

② 从江县第二中学．2021-2023 年教育实践报告及跟踪调研数据［R］．2023-12：15-18（内部资料）．

续表

学年	辍学率	同比下降幅度
2021	2.1%	22.2%
2022	1.5%	28.6%
2023	1.1%	26.7%

注：数据来源于《2021—2023年教育实践报告及跟踪调研数据》（内部资料）。

如九年级的杨同学，据统计2021年累计旷课38节，濒临辍学。后来学校进行干预，根据学生的兴趣爱好，推出个性化课后服务课程，如芦笙制作课程个性化培养方案，在这一过程中杨同学整体能力都发生了显著的变化，2023年成为校芦笙队队长，成绩提升至班级前50%。①

（二）文化传承成效：激活民族基因

在代际传承方面有了突破。从江二中采取传承人参与模式，由民间艺人和“非遗”传承人（含5位国家级/省级“非遗”传承人，以及10位县级“非遗”传承人）进校授课，累计培养青少年传承梯队200余人。打破了传统的教学形式，以“1+N”带教的模式，由1位传承人指导5—8名学生骨干，逐一进行教授。同时采取双师课堂，由传承人集中演示，教师学习相关知识技能，每周2课时。同时，产生了家庭反哺效应，60%学生能将“非遗”知识传授给家人，如教父母演唱侗族童谣。② 四年级王同学，他家祖孙三代都不会唱完整的侗歌，学校实施“非遗”融入课后乐童服务后，学生掌握12首传统曲目，并由他带动父母学会5首童谣，从而促成家族春节歌会传统复兴。③

① 从江县第二中学.2021-2023年教育实践报告及跟踪调研数据［R］.2023-12：15-18（内部资料）.

② 从江县第二中学.2021-2023年教育实践报告及跟踪调研数据［R］.2023-12：15-18（内部资料）.

③ 从江县第二中学.2021-2023年教育实践报告及跟踪调研数据［R］.2023-12：15-18（内部资料）.

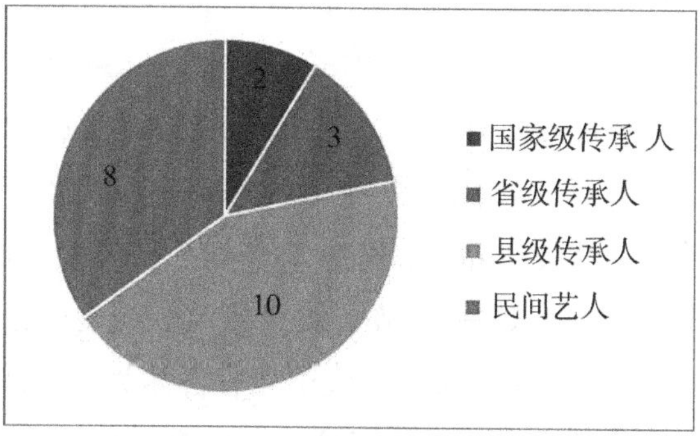

图 6.1　从江二中课后乐童服务“非遗”传承人

在文化认同方面得到了强化。通过三年系统化课后乐童“非遗”教育服务，从江二中的学生本土文化认同度得到显著提升，形成可持续的文化传承机制。一方面，在认知转变方面，学校的学生对本土文化认同度从实施前的 58%提升至 89%，如九年级李同学，之前对苗绣“老土过时”的刻板印象变为自愿设计现代苗纹校服促进量产，并自发成立校园文化传播社。① 他们发生变化主要的心理因素机制为：从文化接触到认知重构，到情感认同，再到行为固化，从而心里对“非遗”发生了变化，增强了文化认同感。另一方面，在语言保护方面，侗语使用率在课外活动中提高 40%，② 部分学生创作了侗汉双语“非遗”解说词。随着社会的快速发展，时代的需要减少，人们对于本民族的方言知之甚少，有的甚至听不懂本民族的语言，这对于保护少数民族多样性无疑是不利的。所以，“非遗”融入课后乐童服务不仅有利于文化的认同，也有利于本民族语言的保护和传承。

在活态传承方面得到了创新。从江二中在“非遗”融入课后服务的过程中，特别注重活态传承，即不仅保留“非遗”的传统形式，还通过现代技术、创意设计等方式推动其创新性发展，使其更符合当代青少年的认知

① 从江县第二中学 . 2021-2023 年教育实践报告及跟踪调研数据［R］. 2023-12：15-18（内部资料）.

② 从江县第二中学 . 2021-2023 年教育实践报告及跟踪调研数据［R］. 2023-12：15-18（内部资料）.

和兴趣，从而实现“非遗”的可持续传承。一方面，在现代转化，将“非遗”创造性表达。从江二中鼓励学生将“非遗”元素与现代文化形式结合，开发具有时代特色的创新作品，例如“苗绣表情包”，学生将传统苗绣纹样（如蝴蝶、花草）转化为数字化表情包，既保留了苗绣的视觉语言，又适应了社交媒体传播需求，其中2项作品获国家版权登记。又如，“侗歌电子乐”学生与音乐教师合作，将侗族大歌的旋律融入电子音乐编曲，在校园艺术节和网络平台推广，吸引年轻群体关注。另一方面，进行数字化存档，用科技赋能“非遗”保护。学校建立校级“非遗”数据库，采用现代技术手段对濒危“非遗”项目进行系统化记录：影音资料，录制800分钟侗族大歌、芦笙演奏等高清视频，确保原真性；数字化纹样库，扫描200组传统苗绣、蜡染纹样，转化为矢量图（AI/SVG格式），便于后续设计应用；3D建模对侗族木构建筑（如鼓楼、风雨桥）进行三维扫描，用于虚拟展示和教学。

（三）社会影响：从校园到社区的辐射效应

一是政策示范价值。从江二中“非遗融入课后乐童服务”的实践不仅在校内取得成功，还通过政策推广、社区联动和经济带动等方式，形成了“校园—社区—区域”三级辐射效应，实现了“非遗”教育的社会价值外溢。首先，从个案到区域标准，实现政策示范价值。从江二中的模式因其创新性和可复制性，被地方政府采纳并推广，成为区域“非遗”教育的政策标杆，2022年获评“贵州省非遗传承教育基地”，成为省内“非遗”进校园的示范案例。同时，其课程体系、师资培养方案被纳入《黔东南州非遗进校园实施指南》，为全州学校提供标准化模板。其次，在财政支持方面，得到有效的扩大化。据相关数据统计，2023年县级财政追加“非遗”教育专项经费至50万元，较2021年增长150%。[①] 且经费覆盖全县12所试点学校，推动模式规模化落地。财政经费的倾斜有助于缩小城乡校际差

① 从江县第二中学.2021-2023年教育实践报告及跟踪调研数据［R］. 2023-12：15-18（内部资料）.

距，使乡村学校也能共享“非遗”教育资源。

二是社区联动成果。从江二中通过深化与周边侗寨、苗寨的协作，将“非遗”教育从校园延伸至社区，形成了“文化传承—经济赋能—社会认同”的良性循环。首先，“非遗”实践基地与民俗活态传承，实施文化共建机制。学校与社区合作建立了6个“非遗”实践基地（如侗族大歌传习所、苗绣工坊），推动“非遗”教育从课堂走向田野。学生年均参与“三月三歌节”“侗年节”等民俗展演20场次，担任歌队、舞蹈队主力，覆盖观众超5000人次；高年级学生与传承人共同编排创新剧目（如侗族大歌+现代舞），吸引年轻群体关注传统节日；基地开设“老幼共学班”，由寨老教授侗语古歌，学生教长者使用短视频记录技艺，解决“语言断代”问题。其次，文创助农与可持续反哺，实现文创带动经济发展。学校将学生“非遗”学习成果转化为社区经济资源，探索“教育赋能乡村振兴”路径。第一，文创产品市场化。学生设计的苗绣纹样（如简化版“蝴蝶妈妈”图案）被社区合作社采纳，开发文创产品（手提包、杯垫等），2023年销售额达12万元，带动30户绣娘增收；侗族靛染围巾、蜡染笔记本等产品通过电商平台（抖音小店、微信商城）销往省外，溢价率达200%。第二，收益反哺机制。合作社利润的15%反馈至学校“非遗”基金，用于设备更新与传承人补助；设立“非遗奖学金”，资助5名家庭困难学生继续深造。

三是媒体与学术关注。从江二中“非遗融入课后乐童服务”的创新模式不仅在实践中取得成效，还通过媒体传播和学术研究的双重路径，实现了社会影响力的扩大与理论价值的深化，成为“非遗”教育领域的代表性案例。在媒体方面，获得主流平台助推，产生较大社会影响力。如央视专题报道，2023年9月，央视《非遗里的中国》栏目以《侗歌校园里的年轻传承者》为题，报道该校将侗族大歌纳入音乐课程、组建学生侗歌队的实践，节目收视覆盖超500万观众，相关话题登上微博热搜（阅读量1200万+）。又如，地方媒体联动，贵州卫视《贵州新闻联播》跟进报道该校苗绣工坊，重点展示学生设计的“苗绣校服”和“数字化纹样库”；抖音、快手等平台“非遗少年”话题下，从江二中相关视频播放量累计突破300万次。在学术研究方面，从江二中的实践被多学科领域学者关注，成为研究

“非遗教育化传承”的典型样本。被《民族教育研究》2023年第4期列为“民族地区校本课程开发优秀案例”；入选《中国非物质文化遗产》年度报告，作为“社区与学校协同传承”的示范模式。

表6.6 成效可视化对比

指标	2019年基线	2023年成效	增幅
“非遗”课程参与率	32%	92%	+188%
学生文化认同度	58分	89分	+53%
社区展演场次	5场/年	20场/年	+300%
传承人参与数量	3人	23人	+667%

第三节 贞丰县第二中学

黔西南布依族苗族自治州在“非遗”融入课后乐童服务实践中，借用了健康营养的概念“营养包”。这是一个形象化的比喻概念，通过“非遗”项目补充传统课堂教育中缺失的地方文化、艺术审美、实践能力等“营养”，以此来帮助学生在课后服务中获得更多的文化滋养和综合素质提升。黔西南布依族自治州“营养包”主要强调通过整合“非遗”资源，利用新的教育方法和政策支持，最大限度地为学生提供“文化营养”的综合服务方案。主要包括以下方面：一是“非遗”项目包，选取适合当地学生学习的本地“非遗”项目，如布依族八音坐唱、苗族蜡染、铜鼓十二调等“非遗”项目，形成一个完整的课程清单；二是工具材料包，为当地学生提供学习“非遗”技艺所需的简单工具，如扎染布料、刺绣针线、民歌乐谱等，从而在一定程度上降低参与门槛；三是师资包。黔西南布依族苗族自治州采取“传承人+教师”双导师制，“非遗”传承人负责技艺传授，学校教师负责课程管理，形成“专业+教育”的双重保障。然而，贞丰县位于贵州省黔西南布依族苗族自治州，是一个多民族聚居地，主要以布依族、苗族为主，拥有丰富的“非遗”资源。贞丰县第二中学积极响应国家“双减”政策及《关于实施中华优秀传统文化传承发展工程的意见》，通过课后乐童服务的方式，将当地的“非遗”资源与特色教育相结合，形成个性化和专业化的教育模式，推动“非遗”传承与素质教育结合。

一、基本情况

学校始建于1973年，是一所全日制公办初级中学，隶属贵州省黔西南布依族苗族自治州贞丰县教育局。学校秉承“厚德载物，重道亲师”的办学理念，致力于培养德智体美劳全面发展的新时代青少年。近年来，学校通过整合地方民族文化资源，将“非遗”融入教育教学，形成“文化立校、特色强校”的发展路径。本研究从学校简介、发展沿革、办学定位三方面着手，梳理贞丰县第二中学将“非遗”融入课后乐童服务优势，为教育发展模式提供新思路。

（一）学校简介

贞丰县第二中学（以下简称“贞丰二中”）地处县城中心地段，占地面积约38亩，建筑面积19808.5平方米。目前，学校现有教职工190人，本科以上学历占96.8%，研究生学历2人；学校教学班共51个，在校学生2452人。[①] 此外，学校在基础设施方面相对齐全，配有图书阅览室、运动场、实验室（生物化）、功能室（音体美）等。建有多个工作室，如贵州省初中语文乡村名师韦显禄工作室、贞丰县初中数学钱保华名师工作室、贞丰县初中英语王蓉名师工作室、贞丰县初中化学张兰欢名师工作室。自建校以来，学校获得多次荣誉。

① 贞丰县第二中学．流年似水漾华彩，贞心不改春自来[EB/OL].(2024-06-19)[2025-6-8].https://mp.weixin.qq.com/s/WEq2bRO1epxmtAdySb0ppw.

表 6.7 贞丰二中荣获奖项

级 别	时 间	荣誉名称
省级荣誉	2019 年 9 月	贵州省“国培计划”教师培养培训基地学校
	2019 年 12 月	贵州省语言文字规范化示范校
	2020 年 5 月	贵州省“模范职工之家”
	2020 年 12 月	贵州省文明校园
	2021 年 6 月	贵州省卫生健康学校
	2021 年 9 月	贵州省劳动基地示范校
	2021 年 11 月	贵州省“减负提质增效”示范学校
	2022 年 3 月	贵州省“三生四爱五心五好”专题教育示范校
	2022 年 6 月	贵州省招生考试工作先进单位
	2022 年 1 月	贵州省卫生学校先进集体
州级	2019 年 10 月	黔西南州防震减灾科普示范学校
	2020 年 8 月	黔西南州教育立州先进集体
	2020 年 11 月	州级诗词校园
	2021 年 4 月	黔西南州示范家长学校
	2021 年 7 月	黔西南州语言文字规范化达标学校
	2022 年 5 月	黔西南州学校安全管理工作先进单位
县级	2021 年 12 月	贞丰县十佳学校
	2022 年 9 月	贞丰县教育教学质量提升优秀学校

（2）发展沿革

贞丰二中成立初期，规模较小，主要以初中教育为主。但随着政府对教育投入加大，学校经历了教学楼扩建、操场标准化改造等工程。通过引进教师、参与县级教研活动，教学质量逐步提高，成为贞丰县义务教育阶段的重要学校之一。目前，学校开展特色教育，如民族文化传承（布依族、苗族等）、社团活动等。贞丰二中始建于 1973 年，办学五十余载，历经曲折的办学历程风，积淀了深厚的文化底蕴，始终坚持对教育本真的坚守和忠诚。

表 6.8　贞丰二中发展历程

时　间	发展历程
1973 年 9 月	由贞丰中学三岔河分校更名而来
1979 年 8 月	迁入县城者马山脚办学
1981 年 9 月	更名为“贞丰县民族中学”
1984 年 2 月	将贞丰县城关区中学与贞丰二中合并办学，校名为“贞丰县第二中学”
2002 年 2 月	并入贞丰一中，2013 年 8 月再次恢复为“贞丰县第二中学”

（三）办学定位

办学思想是“以人为本、五育并举、身心健康、和谐发展”。在“和谐、健康、发展”的愿景下，让学校成为师生收获成功和幸福的地方，为学生的成长奠基，把学校建成“县内领先、州内一流、省内知名”的优质学校。

二、实施措施

贞丰二中构建了系统化的“非遗”教育实施体系，通过“基础普及—技能提升—创新实践”三级课程体系实现分层教学；建立“学徒—能手—传承人”的社团自治梯队；整合校内外资源打造“数字资源库”和“社区反哺”双平台；创新“非遗学分制”和“动态成长档案”的多元评价机制，形成课程教学、社团实践、资源支撑、评价激励四位一体的“非遗”教育生态链，有效促进了民族文化在校园的活态传承。

（一）课程体系：分层赋能，激发内生动力

贞丰二中学“非遗”课程体系“分层赋能”，进一步突出系统性和可操作性。课程体系“分层赋能”分为三层：一是基础普及层，学校所有学生必修课程。采用“双师课堂”模式，让校内的教师负责理论讲解，“非遗”传承人远程直播示范。为了进一步保证学习效果，开发学习 App，且

包含3D“非遗”展馆、方言语音库、纹样AR扫描识别功能。同时，当学生完成6个板块的“非遗”课程学习后，可获得“非遗护照”。“非遗”课程也是根据当地的特色文化结合开设，如结合布依族农历设计节气课程《节令密码》。二是技能提升层，学生根据自己的兴趣进行选修进阶。采取动态课程管理模式，根据学生兴趣选取“非遗”课程进行开设，建立“技能树”设置基础技能节点自主组合学习，实施“学分银行”允许跨年级累积学习时长兑换高阶课程资格，开发“技能徽章”激发学生的自我荣誉感。三是创新实践层，学生根据自我能力创新项目。采取“运行机制”模式，如采用“公司制”的管理模式。此外，学生团队可申报学校文化礼品开发等项目，每件作品附带二维码成长档案。该体系通过分层递进的设计，既保证了“非遗”传承的系统性，又为不同特质学生提供了个性化发展通道，使传统文化教育真正实现从“输血式”传承到“造血式”创新的转变。

（二）社团运营：学生自治，形成传承梯队

自主管理模式彰显了学生的主体作用，学生不再是单纯的被动管理的对象，而是成为主动管理者，有利于学生长远的发展。[①] 贞丰县二中“非遗”社团“学生自治”运营模式的深化设计方案，着重构建可持续发展的传承生态。创新构建了“学生自治型”“非遗”社团运营模式，用“老带新”的传承机制，由高年级的“非遗”社团骨干担任“小导师”，指导新生入门，并定期考核晋升。通过“三级认证体系”，形成“学徒+能手+传承人”的梯队传承机制，配套动态管理的“传承积分榜”和“星级徽章”制度。此外，设立“非遗小市集”，学生自主运营，销售社团制作的蜡染书签、刺绣挂饰等，收益反哺材料采购，形成“传习—创新—反哺”的可持续发展生态。

---

① 戴志伟．实现学生自治 培养自主管理——“一三九”班级自主管理模式的实践与思考[J]．福建基础教育研究，2018，(11)：16-18.

（三）资源整合：内生外联，构建支持网络

贞丰县第二中学通过“内生外联”的资源整合策略，构建了多元协同的“非遗”教育支持网络。在校内资源建设方面，学校创新打造了“非遗数字资源库”，由学生主导拍摄制作《跟传承人学唱布依古歌》《苗绣针法入门》等系列微课视频，采用“讲解+实操+互动”的形式，通过校园云平台实现资源共享。该资源库特别设置了“学习反馈区”，学生可在线提问、上传作业，形成动态成长档案。同时，学校建立“非遗工具体验中心”，配备3D打印、VR等数字化设备，实现传统工艺与现代科技的融合创新。在社区联动方面，实施“双向反哺计划”。一方面定期开展“非遗进社区”活动，组织学生为居民义务培训节日剪纸、竹编等简易技艺，年均服务超500人次；另一方面邀请社区传承人参与校本课程开发，共同编写《贞丰非遗读本》。学校还与县文化馆共建“非遗传承基地”，设立“校园非遗展示角”，定期举办“非遗文化周”，形成“校—家—社”三位一体的传承生态。通过这种资源整合模式，既盘活了校内教育资源，又打通了校地合作渠道，使“非遗”教育从单一的校园活动拓展为区域文化共建工程，有效提升了文化传承的社会参与度和影响力。

（四）评价体系：多元激励，促进持续发展

贞丰二中建立了完善的多元评价体系，促进“非遗”教育可持续发展。学校创新实施“非遗学分制”，将课程参与度、技能等级和文化理解力纳入综合素质评价，设立基础学分与奖励学分的双轨机制，优秀学生可获得“民族文化传承之星”称号。同时构建“动态成长档案系统”，通过文字、图片、视频等形式全程记录学生从入门到创新的学习轨迹，并设置“传承图谱”可视化呈现技艺进阶路径。毕业时根据学习成果颁发分级认证的“非遗传承能力证书”（铜、银、金三级），为优秀学生提供升学推荐通道。这套评价体系实现了过程性与结果性评价的结合，使“非遗”教育

从兴趣活动转变为系统化培养项目。①

三、实施成效

近年来，贞丰二中积极响应国家“双减”政策，开展课后乐童服务，并结合地方特色，将“非遗”融入其中，既丰富了学生的课余生活，又促进了民族文化的传承。贞丰二中“非遗”教育实施成效显著，从“输血”到“造血”的转变，让学生从学习者到传承者的蜕变，促进“非遗”教育生态成型，推动文化反哺与产业联动。

（一）文化基因唤醒

贞丰二中通过将“非遗”融入课后乐童服务，成功实现了“文化基因唤醒”的教育创新实践。通过布依族八音坐唱、苗族蜡染等“非遗”项目的沉浸式习得，促使学生完成了从“文化旁观者”到“主动传承者”的主体性建构，实现了文化认知图式的深层次重构。同时，“非遗”技艺的自身实践不仅激活了青少年对地方性知识的情感共鸣，更在代际之间架起了文化传承的桥梁，形成了“传统—现代”的有机意义联结。这种教育实践超越了简单的技艺传授，而是通过唤醒深植于民族文化中的基因密码，让年轻一代在亲身体验中建立起对传统文化的认同感和归属感。学校创造性地将“非遗”传承与现代教育相结合，使静态的文化遗产转化为动态的教育资源，不仅解决了传统文化传承断层的问题，更培养了学生的文化自觉。在这个过程中，“非遗”项目成为连接过去与未来的活态载体，学生则转变为文化传承的积极主体，实现了教育人类学意义上的文化再生产。这种创新模式为民族地区学校如何有效开展传统文化教育提供了可资借鉴的实践样本，展现了教育在文化传承中的独特价值和重要作用。

（二）教育生态优化

贞丰二中通过将“非遗”融入课后乐童服务，实现了教育生态的系统

① 李婷婷. 非遗教育评价体系的构建与实践［J］. 民族教育研究，2022（3）：45-50.

性优化。在非认知能力培育方面，学校精心设计的“非遗”项目如集体刺绣、民歌合唱等协作性创作活动，通过沉浸式的文化实践显著提升了学生的文化共情力。这种基于地方文化特色的教育创新，有效弥补了标准化教育在情感态度和价值观培养方面的短板，为学生提供了全面发展的新路径。在跨学科素养融合方面，学校创造性地将“非遗”技艺与现代教育理念相结合：蜡染中的几何纹样设计融入数学学科的对称与比例教学，民歌方言吟唱贯穿语言学的声音符号认知，形成了独具特色的教育本土化模式。这种跨学科整合不仅打破了传统学科壁垒，更让学生在真实的文化情境中理解知识的关联性与实用性。教育生态的优化体现在三个维度：其一，教学内容从单一知识传授转向文化素养的立体培养；其二，学习方式从被动接受转变为主动探究与合作共创；其三，评价体系从结果导向拓展为过程性与发展性并重。这种创新实践为民族地区基础教育改革提供了重要启示：当教育根植于地方文化土壤，既能实现传统文化的活态传承，又能促进学生核心素养的全面发展，最终构建起具有文化适应性的新型教育生态。

（三）社会资本增值

贞丰二中的“非遗”教育实践不仅实现了文化传承与教育创新的双重目标，更通过构建多元主体参与的社会网络，实现了显著的社会资本增值。在共同体网络构建方面，学校突破了传统教育系统的封闭性，创造性地建立起“学校—非遗传承人—学生家庭—社区组织”的四维联动机制。学校将“非遗”教育深度嵌入地方社会关系网络之中，学校负责课程设计与教学管理，聘请12位省级“非遗”传承人担任实践导师，通过“家校非遗工作坊”带动286个家庭参与技艺学习，并与社区文化站共建5个校外实践基地。[①] 监测数据显示，该模式使“非遗”项目的社区知晓率从

① 贞丰县第二中学．非物质文化遗产教育实施效果评估报告（2021－2023）［R］．2023.（学校内部资料）．

38%提升至92%,[①] 有效破解了“学校孤岛”的教育困境。一方面，通过抖音短视频、B站等新媒体平台展示学生创作的蜡染、刺绣作品，单条视频最高播放量达53万次,[②] 构建了可观的符号资本；另一方面，定期举办校园“非遗”文创市集，将学生作品转化为环保袋、笔记本等28类文创产品，年销售额突破15万元，利润用于资助贫困学生和传承人津贴。[③] 这种转化不仅实现了文化资本向经济资本的流动，更形成了“文化传承—创意转化—反哺社区”的良性循环机制。其一，激活了濒危“非遗”项目的传承活力，3项技艺入选县级保护名录；其二，培养了青少年的文化创新能力，学生团队设计的“苗绣数学教具”获省级创新大赛金奖；其三，为乡村振兴提供了文化赋能，带动周边村寨发展起3个“非遗”主题研学基地。这种创新实践印证了一个重要发现，当教育机构主动融入地方社会发展网络时，不仅能提升教育质量本身，更能通过文化资本的创造性转化，成为推动社区可持续发展的新引擎，最终实现教育价值与社会价值的协同共进。

---

① 贞丰县第二中学．非物质文化遗产教育实施效果评估报告（2021-2023）［R］．2023．（学校内部资料）．

② 贞丰县教育局．贞丰县“非遗进校园”年度工作报告［R］．2023．（内部数据）．

③ 贞丰县第二中学 非遗文创产品销售统计报告（2023年度）［R］．2024．（学校内部数据）．

第七章　贵州“非遗”融入课后乐童服务存在问题与优化建议

自“双减”政策实施以来，贵州各地中小学积极贯彻落实该政策文件，以多样化的形式开展课后乐童服务，众多学校充分利用贵州丰富的“非遗”资源优势，将“非遗”资源与课后服务教学深入融合，形成了“非遗”有效传承和课后服务质量得以提升的双赢，也取得了一定的成效。但在实施过程中仍存在一些问题，针对这些问题提出相应的优化建议。

第一节　贵州“非遗”融入课后乐童服务的主要瓶颈

贵州在课后服务开展过程中，由于经济、资源、文化等条件因素，导致课后乐童服务开展还面临着师生对“非遗”知识认知不足、课程体系与教学内容碎片化、师资力量与专业培训薄弱、资源整合与保障体系不完善、评价体系与社会参与度不足等问题。

一、师生对课后服务认知不足

由于参与“非遗”课后乐童服务的教师均不是“非遗”专业的教师，进而对“非遗”相关知识的了解不够深入，对“非遗”的认知不足，对课后服务认知弱，同时学生参加“非遗”课后乐童服务的兴趣不高。

（一）教师对课后服务及“非遗”认知弱

一方面，要做好课后乐童服务工作，教师首先要全面了解课后服务要求，教师应深入学习“双减”政策，明确课后乐童服务的相关细则和要求。在调查中发现多数教师对“双减”政策背景并不能全面了解，对课后乐童服务的功能不清晰，课后服务应满足学生多样化需求，但多数学校教师在开展课后乐童服务过程中，还是以辅导学生作业为主，没有真正实现课后乐童服务的效果。另一方面，教师对“非遗”知识的全面认知，是“非遗”课后服务课程顺利实施的关键条件，从整体调查来看，各学校在开展“非遗”课后乐童服务中，师资均由学校自有教师，如语文、数学、英语等课程教师组成，专业背景差异大，因此缺乏对“非遗”知识的系统了解。

一是“非遗”知识储备的先天不足。由于学校教师都不是“非遗”专业出身，对于“非遗”知识的了解较为片面，未能进行系统性深入的学习。根据贵州省教育厅 2022 年对课后服务教师的专项调研显示，参与“非遗”课程教学的教师中，仅有少部分教师接受过系统的“非遗”知识培训。多数教师对“非遗”的认知停留在“传统手工艺”“民族歌舞”等表层概念，对贵州特有的苗族银饰锻制技艺、侗族大歌、水族马尾绣等国家级“非遗”项目的文化内涵、历史渊源、技艺特点缺乏深入理解。“非遗”融入课后乐童服务不只是简单地将“非遗”技艺教授给学生，要让学生了解其中的文化内涵，但调查发现，多数学校教师在“非遗”教学中，只有较少部分教师能准确阐释蜡染纹样中的图腾象征意义，导致教学停留在技法模仿层面。二是培训体系的碎片化问题。部分教师对“非遗”知识的了解主要是从一些培训、讲座活动中获得，且相关培训不具有系统性，都是短期培训，系统课程较少，理论知识学习占比较大，实践教学体验较少，且培训机构与“非遗”传承人的合作多停留在项目制合作上，尚未形成稳定的协同育人机制。此外，由于教师在校有着较多的教学任务，没有足够的课余时间参加相关“非遗”培训，致使教师无法完成系统的“非遗”知识学习。

（二）学生对“非遗”学习兴趣不高

贵州各中小学在开展“非遗”融入课后乐童服务的过程中，发现学生对于学习“非遗”知识的兴趣并不是很高，导致课后乐童服务效果不佳。主要由于几个方面的原因。

一是自身学习压力大。在中小学教育阶段，学校以及家长将分数作为评判学生成绩的唯一标准，无形中加大了学生的学习压力，学生在课余时间也无心学习其他知识。在调查中发现，大多数学生在课后乐童服务实践中，也在写未完成的课后作业，学生想学习参加“非遗”课后服务，但由于堆积的作业未完成，致使学生对“非遗”知识学习兴趣减退。二是文化认同的代际断裂。根据贵州省青少年发展研究中心2023年调查显示，中小学生对“非遗”的认知度较低，年龄在12—25岁的少部分学生能够说出地方3项以上的“非遗”项目，而大多数学生知道“非遗”一词，但是不知道其具体的文化内涵，部分学生仅仅了解相对常见的剪纸“非遗”项目，对其他类型的“非遗”项目则不了解。三是教学方式的适配不足。传统的教学方式减少学生的学习兴趣，在课后乐童服务过程中，多是以传统理论教学为主，实践体验教学方式则较少，不能更好地将学生融入该课程中，学生参与度不高，兴趣减退。“非遗”教学中知识讲授多，学生体验少，且由于多数学校设施不足问题，无法利用相关新媒体技术给学生展示。四是家校联动的支持薄弱。在课后乐童服务实践中，家校未形成联动机制，大多家长由于受教育水平较低，对“非遗”教育认知不足，进而不赞成学生参加学校开展的“非遗”课后乐童服务学习，认为这样会拉低学生的学习成绩。

二、课程体系与教学内容碎片化

课程体系是开展“非遗”课后乐童服务的重要内容，当前贵州中小学在开展“非遗”课后乐童服务实践中，还存在课程体系与教学内容碎片化问题，主要体现在课程服务体系不完善、教学内容与年龄适配性不足方面。

（一）课程服务体系不完善

将“非遗”融入课后乐童服务中，课程设计的重要性不言而喻。合理的课程设计是连接“非遗”与学生的桥梁，能让学生系统、深入地了解贵州“非遗”的独特魅力。通过精心规划课程内容，将“非遗”技艺、故事、精神融入其中，能激发学生兴趣，增强他们对本土文化的认同感与自豪感。同时，科学的课程设计还能培养学生的实践能力、创新思维与审美素养。它为“非遗”传承注入新活力，让古老文化在青少年心中生根发芽。而且，优质的课程设计有助于形成特色教育品牌，推动贵州“非遗”的可持续发展与广泛传播。在贵州“非遗”融入课后乐童服务的课程设计过程中，存在这些瓶颈，制约了“非遗”教育的有效开展与学生的深度参与。“非遗”课后乐童服务实践活动的开展，需要构建完善的课程服务体系，以保证“非遗”教育实践的有效开展。“非遗”课后乐童服务的开展，有助于学校教学内容的丰富、提高教学质量、促进“非遗”的传承。但在具体实践中，所开展工作与课后服务实践目标存在差异。

一是形式化严重。部分学校虽然开展了“非遗”课后乐童服务，并建立了相应的文化社团，但流于表面形式，未真正做实做好。而有的学校开展“非遗”课后乐童服务则是为了打造学校的特色教育，“非遗”课后乐童服务成为学校办学特色的工具，并未发挥其育人价值；还有的学校开展“非遗”课后乐童服务只是为了应付检查，并未实际开展。二是“非遗”课后服务课时安排不合理。课后服务实践目的是让学生在一天的学习之后，通过第二课堂方式加以放松，但是多数学校在课后服务实践中，还是以辅导作业为主，其他社团活动、“非遗”体验实践等课时占比较少，未能实现课后服务多样化，满足学生多样化需求。在课时安排上，作业辅导占据大部分时间，真正的“非遗”课后服务则相对较少，教师主要还是以提高学生学习成绩为主。此外，部分学校安排课后服务时间与家长下班时间冲突，家长接送的难题没有解决，有时家长已到学校接孩子，但是学生还没完成课后服务时间，导致有的家长不愿自己孩子参加课后服务实践。

三是特色课程尚未完善。贵州各地学校积极开展“非遗”课后乐童服务，服务方式多样化，部分学校突出地方特色，服务方式具有其独特性，但是这些特色课程尚未完善。贵州“非遗”融入课后乐童服务的课程缺乏系统性和科学性，没有根据不同年龄段儿童的认知水平和身心发展特点进行合理设计。课程内容随意性较大，缺乏明确的教学目标、教学计划和评价标准，导致教学效果参差不齐，难以形成连贯、有效的“非遗”教育体系。一些学校在设计课后服务时，其设计理念就是将少数民族文化的“非遗”项目融入课后服务中，没有将其与其他项目进行区分，不管该项目是否适合融入课后服务中，应根据学校自身发展进行明确定位，打造出适合学校办学定位的特色课后服务课程。四是课后服务课程教材缺乏。教材是教师进行上课的重要依据，同时也是学生进行学习的重要工具，但目前贵州各地学校在课程教材开发方面较为薄弱，导致课后服务教学缺乏系统性和科学性。贵州拥有丰富的“非遗”资源，各地学校未能充分利用地方“非遗”资源开发地方特色“非遗”课本，部分学校编制有“非遗”课本教材，但是地方特色不突出，不能更好地将地方“非遗”融入课后服务中。

（二）教学内容与年龄适配性不足

贵州在开展“非遗”课后乐童服务实践中，充分将丰富的“非遗”项目引入课堂教学中，如扎染、剪纸、民族舞蹈、水书、香囊、掐丝珐琅、古法造纸、木偶戏、编织等“非遗”项目，课后服务课程内容较为丰富，但教学内容与学生的差异化不适配。

一是教学内容与学生年龄层次不相符。“非遗”课后乐童服务的开展要适应学生发展需要，尊重学生差异化特征，贵州在开展“非遗”课后乐童服务的过程中，存在一刀切的形式，未根据学生年龄层次、学习兴趣等进行差异化区分，例如掐丝珐琅、剪纸技艺“非遗”项目在一、二年级中开设。由于“非遗”手工制作技艺工序诸多，制作较为复杂，这对一、二年级阶段的学生来说难度较大，无法完成这一工艺，会导致课程资源以及相关课程材料的浪费，未根据学生差异特点进行针对性开设课程，这导致“非遗”课后乐童服务效果和质量不高。此外，课后乐童服务内容的选择也要综合考虑学生的经验，但在具体实践中，未能充分考虑学生的经验来选择适合的教学内容。目前，我国的课后服务还处于探索阶段，还未规范化、标准化，因此，多数学校在选择教学内容时没有标准可参考，而是依托地方的特色民族文化资源、“非遗”资源来丰富教学内容，课后服务内容选择未考虑学生的兴趣、经验以及年龄等因素。二是未突出学生的主体性。多数学校开展“非遗”课后乐童服务是以社团活动的形式开展，其目的是满足学生多样化的发展需求，促进学生的个性化发展，学生作为学习的主体，在开展“非遗”课后乐童服务实践中，要突出学生的中心主体性地位，注重教与学的有机结合。但在实践中发现，教师在开展“非遗”课后乐童服务中主要是以讲授法为主，突出教师教的过程，忽视了学生的主体性，未能将教与学有效结合，这导致学生在学习中兴趣不高，缺乏积极性和主动性。三是学生评价重视结果轻过程。部分学校在开展“非遗”课后乐童服务实践中，对学生开展课堂评价以提升学生的积极性，但在此过程中却表现为重结果轻过程的现象，反而未达到课程目标。课堂评价过程目的是引导学生通过自身实践体验，提高自我认知，增强文化认同感和获得感。但多数学校未能注重学生的学习过程，而是采取看最终结果的方法进行评价学生的学习，未关注到学生自主学习的关键过程，对学生参与课堂的具体表现、动态发展缺乏关注。

三、师资力量与专业培训薄弱

师资是“非遗”课后乐童服务开展的重要保障，充足的师资力量才能保障课后服务的持续推进。“非遗”融入课后乐童服务中，师资队伍至关重要。专业且富有热情的师资队伍是推动这一进程的核心力量。“非遗”博大精深，教师若不具备深厚的知识储备和精湛技艺，难以将精髓准确传授给学生。优秀教师能创新教学方法，让“非遗”知识变得生动有趣，激发学生兴趣。他们还能引导学生深入理解“非遗”背后的文化内涵，培养学生的文化自信。此外，师资水平影响着教学质量和效果，高质量教学能吸引更多学生参与，为“非遗”传承储备人才，让贵州“非遗”在课后乐童服务中绽放光彩。目前，贵州“非遗”融入课后乐童服务中师资队伍的发展面临瓶颈。

（一）“非遗”教学师资力量有限

教师是开展课后乐童服务实践的重要主体，在这一过程中，需要大量的教师资源，然而，目前贵州在推进“非遗”融入课后乐童服务工作中，师资方面存在教师数量与质量不足以及相关培训不足的主要问题。

一是师资的组成方面。结构组成层面，“非遗”课后乐童服务实践，对于教师的专业有一定要求，但从实际来看，贵州各学校“非遗”课后乐童服务开展教师主要由校内教师组成，校内教师主要是担任科学、美术等具有一定特长技艺的学科教师，但这部分教师的数量较少，且有的除了上课以外，还兼职学校行政工作、担任班主任等工作，因此加大了校内教师的工作量和压力，部分教师工作热情不高，参与“非遗”课后乐童服务积极性不高。此外，部分学校有外聘教师，通过外聘“非遗”传承人到学校，进入课堂，给学生讲授“非遗”知识，但由于未形成长期合作机制，没有定期开展“非遗”教学，学生所学到的知识较为零散。此外，由于传承人自身也有传承工作，没有充足的时间持续开展教学工作，且学校支付传承人教学经费不高，导致较多传承人不愿到学校开展“非遗”教学，师资力量薄弱。二是数量方面，贵州中小学师资数量不足，缺口较大，部分偏远地区小学有代课教师，其师资量不稳定，且学校外聘的传承人师资不构成学校固定师资，具有流动性，因此，在开展课后乐童服务实践中，教师数量与实际工作开展所需存在不足。三是社会力量参与弱。部分学校通过社会力量的参与开展课后乐童服务工作，但由于未形成长效机制，也无法保证师资力量。如与第三方文化公司合作，还有的学校是与一些高等院校合作，引进高校“非遗”专业的师资进入小学开展“非遗”课后服务实践活动。尽管这样的方式暂时完成了相应的“非遗”教学工作，但只能是相对缓解学校面临的师资短缺问题，并不能实际解决教师缺口问题。四是师资培训方面。由于开展“非遗”课后乐童服务的教师多数为校内教师，其对“非遗”知识了解不足，对教师开展相关的培训对提高教师专业知识尤为重要，但是就目前贵州开展“非遗”课后乐童服务实践来看，缺乏对教师有效的专业培训，大部分教师未参加过相应的培训，有的教师则是在课余时间在网上通过视频自学。一方面，由于教师教学负担过重，没有时间和精力参加相关的“非遗”知识培训，只想完成本职教学工作任务；另一方面，大部分学校存在资金困难，没有资金支持教师参加相关培训，同时学校对教师缺乏一定的引导和鼓励，教师忽视了“非遗”教学工作的重要性，这导致教师专业能力不足，这一定程度上影响了“非遗”课后乐童服务实践活动的开展。五是师资专业能力方面。“非遗”传承人作为“非遗”的直接传承者，其数量有限且大多集中在特定地域，导致许多学校难以邀请到专业的“非遗”传承人进行实地教学。这种地域分布的不均衡性，使得一些地区的学校能够享受到丰富的“非遗”教育资源，而另一些地区的学校则面临资源匮乏的困境。并且专业“非遗”传承人年龄普遍偏大，体力与精力难以支撑长时间、大规模的课后乐童服务教学。此外，具备“非遗”知识和教学能力的专职教师凤毛麟角，现有的学校教师在“非遗”技艺、文化内涵等方面知识储备不足，难以胜任高质量的“非遗”教学工作，导致教学内容可能存在不准确性或片面性。六是师资培养方面。虽然校内教师经过一定的培训，能够在一定程度上传授“非遗”知识，但他们在“非遗”技艺的深度和专业性上仍存在明显的不足。这主要是因为“非遗”技艺往往涉及复杂的工艺和深厚的文化底蕴，需要长时间学习和实践才能掌握。而校内教师由于工作繁忙、时间有限等原因，难以在短时间内达到专业传承人的水平，因此难以满足高质量教学的需求。“非遗”教育不仅需要传承人具备扎实的技艺基础，还需要他们能够将“非遗”与现代教育理念相结合，创新教学方法和手段。然而，目前许多传承人缺乏现代教育理念和教学经验，而校内教师则对“非遗”的了解不够深入，这使得复合型师资队伍的培养面临诸多挑战。培养既懂“非遗”又擅长儿童教育的复合型师资，需要投入大量的时间、资金和精力。目前缺乏完善且成熟的师资培养体系，高校相关专业课程设置不足，培训资源分散，难以形成系统的培养模式。此外，师资培训周期长、成本高，学校和教育机构往往难以承担，导致师资培养进度缓慢。

（二）教师负担与激励机制缺失

在开展“非遗”课后乐童服务实践中，教师作为教学的主体，承担着文化传承者、课程开发者、教学实施者的多重角色。然而，繁重的工作负担与失效的激励机制形成恶性循环，导致教师专业发展动力不足、“非遗”教育质量提升受阻。根据相关调查数据发现，参与“非遗”课后乐童服务的教师，68%表示“工作压力显著高于常规教学”，而极少部分认为现有激励机制“基本有效”。

一方面，课后乐童服务增加教师教学负担。课后服务的实施，教师作为教学的主体，课后服务的开展无形间增加了教师的工作内容，工作时间延长，这对于教师的工作能力和动力都是一种极大的挑战。教师每日上班时间超过国家规定的八小时，工作压力加大，尤其是对于年轻教师来说，课后服务的增加，教师的任务量加大，休息时间相对减少，致使教师的正常生活和工作都受到一定程度的影响。教师在正常下班时间被迫延长工作时长，难免会存在工作动力不足的现象。长此以往，教师职业的吸引力将会逐渐下降，如果教师长期处于脑力和体力超强度运转的状态下，身体健康与教学质量会受到影响。就目前来看，贵州各地中小学教师存在师资力量不足的问题，偏远地区更为突出，课后服务的开展，需要大量的教师参与其中，大多中小学开展课后服务是由本校教师完成的，部分学校与高校合作，有高校教师到中小学开展课后服务工作，尽管如此，本校教师也需要提供教师协助共同完成，组织学生进行课后服务、维持课堂秩序等工作，也需要耗费教师的工作时间，师资服务能力和动力不足。

另一方面，对教师的激励机制缺失。现行制度未能建立正向反馈循环，导致教师内在动力持续衰减。一是专业价值认同危机。由于中小学教师基本都是语文、数学、英语等学科背景，并非“非遗”学科教育，在开展“非遗”课后乐童服务中，部分教师遭遇“非遗教学不务正业”的偏见，对大部分教师开展“非遗”课后乐童服务不予重视和激励，在相关评奖评优以及职称评审中，相关“非遗”教学成果被质疑与其教学工作无关，不予参评的现象，且部分学校就算作为教学成果，其“非遗”教学成果在教师评价中所占比例极低，教师成果不能得以转化，导致大多数教师认为“非遗”课后乐童服务实践是额外的负担，对其教师自身发展没有作用。二是经济补偿较低。通过调查发现，贵州各中小学在开展的课后乐童服务中，由于缺乏资金，因而对教师的课后乐童服务津贴发放额度有限，每节课不高于60元，且是由多位教师共同平分。大多数学校没有设立专项奖励资金，教师在开展课后乐童服务过程中，自主研发教具、采集资源等一系列成本费用需要自费，然而教师开展“非遗”教学所衍生出来的相关论文、课题等成果，纳入绩效考核所占比例低。

四、资源整合与保障体系不完善

“非遗”课后乐童服务开展需要多方完善保障体系，才能保障课后乐童服务顺利开展。目前，在贵州“非遗”课后乐童服务开展中，存在资源分配不均、服务设施不完善、经费不足、相关技术设备滞后等一系列问题，亟待解决。

（一）场地与经费限制

贵州“非遗”相关的教学资源如教材、教具、影像资料等相对缺乏。现有的教材内容陈旧、形式单一，难以满足课后乐童服务的教学需求。教具制作成本高、工艺复杂，难以大规模推广使用。此外，“非遗”传承地与学校之间的联系不够紧密，学校难以获取丰富的实地教学资源和实践机会。资源保障对学校开展“非遗”课后乐童服务至关重要，充足的资源保障能够使“非遗”课后乐童服务长期可持续开展，目前贵州学校在开展“非遗”课后乐童服务实践中，主要面临相关制度不完善、资金不足、基础设施不完善的问题。一是制度不完善。由于课后乐童服务实施还处于探索阶段，相关课后乐童服务制度还未形成统一的标准。如课后乐童服务教师薪酬方面，没有明确的薪酬标准，教师课后乐童服务补贴则是根据学校发展进行调配，由于学校本身经费不足，因此教师薪酬无法得以充足的保障，教师参与课后乐童服务薪酬较低，致使教师在课后乐童服务实践中积极性不高。同时对于外聘传承人教师的相关管理制度混乱，由于没有进行明确课程时间安排以及薪酬标准，“非遗”传承人到学校开展课后服务实践较为随意，导致学校开展课后乐童服务不能形成可持续性，师资极为不稳定，有的“非遗”项目较为复杂，需要专业的“非遗”传承人才能进行教学的课程，如果缺乏传承人，则课后乐童服务就无法开展。此外，人员管理方面也存在缺位，由于中小学本身师资较为缺乏，除一些行政人员之外，能够参与课后乐童服务实践中的教师较少，若长期固定几位教师开展课后服务实践，这对教师来说压力极大，教师存在抵触的情绪，从而导致课后乐童服务实施不理想，学校在人员管理方面要进行合理调配。

二是资金不足。将“非遗”融入课后乐童服务需要大量的资金支持，包括师资培训、教学资源开发、场地建设、活动组织等方面。贵州课后乐童服务资金主要依赖政府拨款和学校自筹，对于“非遗”教育这种特色项目，专项资金支持有限，资金来源渠道单一，难以满足购置“非遗”教学材料、设备以及开展相关活动的资金需求。在不同地区、不同学校获得的资金资源差异较大，经济发达地区或重点学校资金相对充裕，而偏远地区、普通学校资金匮乏，导致“非遗”教育开展水平参差不齐，限制了“非遗”融入课后乐童服务的规模和质量。资金是保障“非遗”课后乐童服务顺利开展的关键，但贵州各学校在开展“非遗”课后乐童服务实践中最大的问题就是经费不足，部分学校处于经济发展滞后的乡村，资金根本无法保障，且地方政府对学校课后乐童服务投入力度不足，经费不足无法聘请“非遗”传承人走进课堂开展教学，由此课后乐童服务效果和质量较差，同时教师也缺乏一定的积极性。此外，部分学校报账经费较为困难，在开展课后乐童服务过程中，需要购买一定的材料和物资，但由于报账困难，导致教师开展课后乐童服务实践面临困难，久而久之，大多数教师不愿意参与课后乐童服务实践。三是基础设施不完善。开展“非遗”课后乐童服务需要固定的场所和设施，否则无法完成。调研中发现，学校在开展“非遗”课后乐童服务实践，没有特定的设施场所，都是利用学校有效的硬件设施，多数学校基本上选择在教室开展，对于一些偏远的农村学校，设施较为不完善，相关音乐教室、美术教室、舞蹈教室等配备不齐全，开展“非遗”课后服务实践极为有限。有些“非遗”项目需要特定的空间场所进行开展，如扎染技艺“非遗”，由于扎染的过程需要用到相关染料、便捷的水资源，在教室开展，一方面染料会污染学生的课桌，造成校园环境破坏，另一方面扎染需要充足的水进行清洗，缺乏充足的水资源，所以不能顺利开展。

（二）数字化与创新技术应用滞后

数字化信息技术的发展，为教育发展带来了机遇，但对于数字化技术的应用并没有得到更好的发挥，导致“非遗”课后乐童服务的开展未达到预期效果。一是城乡教育资源差距大。对于城市学校来说，经济发展相对较好，教育资源较好，但对于乡村学校，由于经济发展相对滞后，不管是教师资源，还是教学资源方面都落后于城市，致使乡村学校在“非遗”课后乐童服务过程中面临专业教师和教学设施缺失的困境。在乡村学校缺乏室内的运动场地，且相关设施也有待完善，上课所需要的设备工具也较为陈旧甚至缺失，更谈不上数字化技术设备。部分乡村学校教室多媒体设施都没有，在开展“非遗”课后乐童服务实践中，需要向学生展示视频等更是不能实现，这导致学校开展课后乐童服务工作较为局限，学生所学到的知识和技艺也有所局限。二是数字技术资源分配不足。尽管贵州部分“非遗”项目（如苗绣、蜡染）已通过数字化生产线实现产业升级（如施秉县苗绣数字化流水线），但这类技术成果尚未广泛渗透到课后服务场景中。许多学校或社区文化中心缺乏 VR、AR 设备、3D 交互平台等基础设施，导致学生难以体验虚拟“非遗”工坊或沉浸式文化空间。例如，黔东南苗族侗族自治州虽在校园开设“非遗”课程（如隆里花脸龙技艺教学），但教学方式仍以传统面授为主，未能结合虚拟现实技术重现“非遗”技艺的复杂流程（如木雕、陶瓷制作等）。这种技术覆盖的区域差异，使得偏远地区青少年难以获得与城市同等的数字化“非遗”教育资源。三是数据整合与资源共享机制不完善。“非遗”数字化需要系统性的数据采集、存储和共享平台支持。然而，当前贵州“非遗”数字化成果存在信息分散、标准不一的问题。“非遗”数字化“缺乏统一标准”，导致不同项目的数据格式和存储方式差异较大，难以整合成适用于课后服务的教学资源库。此外，“非遗”数据库多集中于政府或企业层面，未能与教育系统形成有效对接。学校教师在开发课程时，往往需要自行搜索零散的“非遗”视频或图文资料，缺乏权威、完整的数字化教材支持。四是互动体验创新不足。“非遗”课后乐童服务的开展核心在于激发学生的学习兴趣，而贵州目前开展的“非遗”课后乐童服务实践还停留在知识的单向传递，这让原本已经上课一天的学生感觉枯燥无味，对“非遗”课后乐童服务缺乏兴趣。尽管 VR/AR 技术已被用于“非遗”展示，但针对青少年的互动设计仍显不足。例如，“非遗”课堂中鲜见通过游戏化学习（如非遗知识竞赛）或 AI 生成艺术（如结合苗绣纹样的数字创作工具）提升参与感 。

五、评价体系与社会参与度不足

“非遗”课后乐童服务的推进需要政府、家庭、学校、社会等多元主体共同参与，多方协同汇聚力量，并非学校单方的责任。同时需要建立科学的评价体系，以检验课后乐童服务效果。但就目前来看，贵州“非遗”课后乐童服务实践中仍存在缺乏科学评价标准、家校协同机制不健全问题。

（一）缺乏科学评价标准

科学的教学评价机制是推动贵州“非遗”课后乐童服务工作的重要力量，但贵州在此方面尚未完善。一是缺乏课后乐童服务反馈机制。建立课后乐童服务反馈机制，有利于教师、家长以及学生及时反馈课后服务效果、问题等，以便进一步做出服务调整。学校在具体实践中则忽视了反馈机制的建立，导致学校不能及时了解学生对课后乐童服务实际需求，以及课后服务实践效果、质量、学生满意度等信息，所开展的课后乐童服务的内容与学生的个性化需求相悖，学生未能真正学习到知识，参与课后服务积极性不高，致使课后服务实施效果和质量不佳。同时教师的需求也无处反馈沟通，只能按部就班完成学校所安排的课后服务工作，时间长教师的需求未能得以满足，导致参与“非遗”课后乐童服务的兴趣也逐渐减退。

二是评估体系不完善。课后乐童服务质量的评估是检验课后服务效果的重要环节，进而检验学校开展的课后乐童服务与目标是否一致。第一，评估方式单一化，部分学校主要是采取自我评价的方式开展，通过一些简单的汇报演出检验课后乐童服务效果，这缺乏专业性和标准化，未必覆盖每一位参加课后乐童服务的学生，未能参加演出评估的学生则被忽视，这不利于课后乐童服务对学生培养目标的考察。第二，评价指标不明确，没有标准化、明确的评估指标，对于每一项要有明确的指标体系，如家长对“非遗”课后乐童服务满意度评价，依据什么评价指标，同时对于不同年级层次学生没有进行分开评估，这不利于了解不同层次学生的现实需求和对课后乐童服务的满意度。第三，评估对象的局限性，开展对课后乐童服务的评估应是对所有参与主体的评估，而不是仅对学生和教师进行评估，部分学校没有将家长纳入课后乐童服务评估对象范围，家长的满意度以及意见对学校课后乐童服务有效开展极为重要，若是忽视家长这一评估对象，那所得出的评估结论并非可靠有效。第四，评估细则不够精细，没有制定出较为精准的评估内容，较为笼统，更多是宏观层面进行评估，例如对课后乐童服务这一项目进行评估，但课后乐童服务项目还包括更多方面的内容，评估内容粗略，不够详细，同时还有一些隐性指标也没有进行评估，评估方式有待完善。三是教师奖励考核体系不完善。教师作为主要承担课后乐童服务工作的主体，不仅要承担一定的教学任务，还要兼职部分行政工作，同时要参与课后乐童服务实践，教师工作量的增加，相应教师的待遇、考核评估等方面要得以改善，以激发教师的内生服务动力。但从实践调查中发现，多数学校还未落实教师激励与考核机制，未形成具体的政策文件，对于参加课后乐童服务的教师给予较低课时报酬，但对于教师所开展的课后乐童服务工作以及从中形成的相关成果能否作为年终考核或者职称评审材料则没有进行明确规定。

（二）家校社协同机制缺位

“非遗”课后乐童服务的开展，不单是学校的责任，需要家长以及社会群体共同参与完成，“非遗”课后乐童服务的开始是一个长期的系统工程，因此，家校需要建立长期协同机制，以更好地推进“非遗”课后乐童服务的开展，避免“非遗”课后乐童服务开展碎片化。通过调查发现，贵州开展“非遗”课后乐童服务工作未建立家校协同机制，在其具体实践中面临诸多困境。一是家长对“非遗”课后乐童服务责任意识不强。“非遗”课后乐童服务是学校教育的延伸，是培养学生全面发展的重要途径，不只是简单的看管、辅导学生完成作业，而是具有教育功能的教学活动。然而大多数家长对“非遗”课后乐童服务认识不足，对实施的目的、价值及服务内容不了解，降低了家长的参与度。有的家长认为课后乐童服务就是简单的看管学生、指导其完成作业，这对于一部分需要照看学生的家长来说，他们是乐意的，但是对于一部分不需要照看学生的家长，他们认为花钱买不到相应的服务，从而对“非遗”课后乐童服务认同较低。家长也是“非遗”课后乐童服务的参与者，家长对课后乐童服务的认知不足直接导致家长的缺位，有的家长认为，他们是支付一定的费用让孩子参加课后乐童服务，孩子的作业辅导、品德培养等均由学校和教师负责。由于学校和家长未能达成共识，建立协同服务机制，导致家长对课后乐童服务认识不清，在无形中加重教师的责任，不利于教师的发展。二是家长教育传统思维固化。由于家长传统思维的固化，同时受到教育“内卷化”的影响，多数家长还保持着传统观念即“唯分数”论，认为只有分数是衡量学生的唯一标准，学生主要目的是学习，是把成绩提高。在家长看来，“非遗”课后乐童服务是学校教师辅导学生完成作业，帮助学生提高学习成绩，若是课后乐童服务对学生学习成绩的提升没有效果，相反影响到学生学习成绩，从而家长对课后乐童服务持怀疑态度，加重教育焦虑，进而不愿意参与课后乐童服务实践中。三是家校协同育人未达成共识。由于贵州部分学校主要是在易地扶贫搬迁地区，学校的学生大多是留守儿童，父母长期外出打工不在家，学生则是和爷爷奶奶在家，而爷爷奶奶年纪大且文化水平不高，只管接送学生，并不了解课后乐童服务。然而学校与学生家长未进行沟通，未达成共识，学生家长长期在外忽视了对家庭教育的认识，从而对参加课后乐童服务不管不问。

第二节　贵州“非遗”融入课后乐童服务优化建议

贵州省积极推进“非遗”融入课后乐童服务工作，依托贵州丰富的“非遗”资源融入课后乐童服务中，并取得一定的成效，但在实践过程中仍然存在师资不足、服务机制不完善等问题，亟须解决这些问题，建立长效机制，以保障“非遗”课后乐童服务的可持续开展。

一、强化师生“非遗”认知

教师和学生对“非遗”的认知是开展“非遗”课后乐童服务的基础条件，只有师生在认知“非遗”的基础上，才能更好地开展课后服务工作。因此，要深化师生对“非遗”课后乐童服务的认知，增强文化认同和文化理解。

（一）深化教师对“非遗”课后乐童服务的认知

“非遗”融入课后乐童服务不仅能够丰富学校课后服务的方式和内容，同时是更好地传承传播“非遗”的重要途径。“非遗”作为中华优秀传统文化的重要组成部分，其中蕴含着诸多优秀的伦理道德品质，这对提升教师和学生的文化素养，增强文化自信有重要作用。在推进实施“非遗”融入课后乐童服务工作中，教师作为教育教学的主体，要充分认识到“非遗”课后乐童服务的重要性，能够清晰认识到“非遗”课后乐童服务的目标、价值、内容等，以便更好地开展“非遗”课后乐童服务实践。目前，贵州各学校在开展“非遗”融入课后乐童服务工作中，由于教师对课后乐童服务以及“非遗”知识认识不足，导致“非遗”课后乐童服务实施效果不佳。“非遗”认知的强化是文化传承的根基，是实现“非遗活态化”保护的关键，更是落实“非遗”融入课后乐童服务工作的重要前提。学校作为文化传播的主要阵地，师生群体作为文化传承的中坚力量，其“非遗”

认知水平直接影响“非遗”教育的成效。当前，贵州“非遗”融入课后乐童服务实践中普遍存在师生对“非遗”价值理解浅表化、知识体系碎片化、情感认同薄弱化等问题。因此，需要不断深化教师对“非遗”课后乐童服务的认知，以提升“非遗”融入课后乐童服务的效果和质量。

一是深化教师对“非遗”价值认同和理解。教师对“非遗”的认同和理解关系到教师开展“非遗”课后乐童服务实践，教师是“非遗”课后乐童服务活动的直接组织者和实施者，其认知水平直接决定了活动的质量和效果，要促进教师认知从执行者到文化传承者的转变。对于“非遗”的认知，不能只停留在技艺传承层面，要超越技艺传授，不能将“非遗”课后乐童服务简单视为是一项“手工技能”或“娱乐活动”进行简化教授，应该对参加“非遗”课后乐童服务的教师进行系统培训，如通过专家讲座、实地考察、学术沙龙、“非遗”技能培训等方式系统学习，引导教师深刻理解“非遗”项目蕴含的历史脉络、地域文化特色、族群精神世界、生态智慧、审美观念等深层文化内涵。教师要充分认识“非遗”所蕴藏的多重价值，不仅具有历史价值、文化价值、经济价值、审美价值等，“非遗”还具有育人价值，“非遗”中蕴含着优秀的伦理道德文化，具有育人和化人的作用，“非遗”是一项宝贵的教育资源。教师只有充分认识到“非遗”的育人价值，才能将“非遗”资源转化为教育资源应用到课后服务实践中，向学生清晰阐述“非遗”在课后服务中的独特育人功能，以增强学生的文化自信和认同，提升学生审美素养和文化素养，提升学生实践能力和创造能力。教师应认识到“非遗”的活态传承，而并非博物馆里面的标本，而是活着的、不断发展的文化实践。课后服务是传承链条的重要一环，目标是培养潜在的年轻爱好者和未来的传承者，而非仅仅完成作品。

二是提升“非遗”知识和技能。贵州各学校在开展“非遗”课后乐童服务的过程中，教师均为本校在职教师，专业背景并非是“非遗”专业，因而对“非遗”专业知识了解不够深入，只有少部分音乐、美术等学科的教师对“非遗”相关知识有一定了解，但也不够全面。这就需要加强教师“非遗”专业知识的培训，教育培训是提升教师对“非遗”认识的重要手段。首先，相关政府部门应多组织实施相关“非遗”知识的培训工作，针对贵州省各地学校开展“非遗”课后乐童服务的教师，在寒暑假定期开展“非遗”知识的培训，如贵州省每年举办的“非遗”研修培训计划，培训对象应扩大化，鼓励中小学开展课后服务的教师也参与培训中，培训内容包括“非遗”基础理论知识、“非遗”的应用以及“非遗”实践体验等，教师通过系统的“非遗”专业知识培训，能够亲身体验“非遗”项目，真正认识“非遗”、喜爱“非遗”并传承“非遗”，将“非遗”传承践行于课后乐童服务当中。其次，学校应鼓励教师外出参加“非遗”知识的培训，对积极参加培训的教师给予一定的奖励，如培训所获得的结业证书纳入年度考核或职称评审的考核条件中，激发教师参与外出培训的积极性，加强学校今后“非遗”课后乐童服务的师资保障。同时，学校应邀请相关的“非遗”传承人和文化学者到校为师生开展主题讲座或培训，可定期邀请不同项目的传承人进行“非遗”知识的分享，让师生系统了解“非遗”知识，知道“非遗”传承的意义以及“非遗”教学如何开展教育，将“非遗”更好地融入课后乐童服务教育中。最后，应建立师徒制，学校积极鼓励参与课后乐童服务的教师长期、定期跟随“非遗”传承人进行学习，建立长期稳定的学习机制，在实践中深化理解，解决教学中的具体问题。同时学校应建设资源库，为教师提供易于获取、权威准确的“非遗”数字资源库（如高清图片、视频教程、文化解读、教案案例、专家讲座等），降低知识获取门槛。

三是增强教师教学转化的能力与信心。首先，在开展“非遗”课后乐童服务实践中，鼓励教师开展教学创新，引导教师在尊重“非遗”核心本真性的基础上，结合现代教育理念和学生的特点，探索更多能够激发学生学习兴趣的教学方式，使得“非遗”教学趣味化、游戏化、主题化，让学生沉浸其中，增强文化体验和认知，提升学生参与“非遗”传承的积极性。其次，学校应根据实际，开发标准化的“非遗”教学手册或者工具包，包括教学目标、教学流程、材料清单、所需教具等资料的链接，为教师提供教学所需资料，减轻教师备课的负担。同时，建立教师交流平台，学校应定期组织参与课后乐童服务的教师进行经验交流会、教学竞赛、优秀教学案例展示、问题研讨会，通过开放式的交流讨论，教师之间相互吸取经验，促进相互学习分享成功经验，解决共同难题，增强教学信心。最后，加强对教师的认可和奖励，教师参加课后乐童服务属于教师正常教学之外的任务，一定程度上是增加了教师的工作量，占据教师下班时间。对此，应将教师参与“非遗”课后服务的成效（非单纯课时量）纳入教师评价体系，设立专项表彰奖励，提升教师的成就感和积极性。

（二）多元化方式提升学生“非遗”认知

当前，贵州在开展“非遗”融入课后乐童服务实践时发现学生对“非遗”认知度不高，这不利于“非遗”课后乐童服务的开展。对此，学校需要通过多元化方式加强学生对“非遗”的认知，以保障“非遗”课后乐童服务的有效实施。学生是课后服务的对象，其兴趣、态度和认知深度是活动成功的关键，要促进学生从被动接收者到主动体验或潜在传承者的转变。

一是激发学生学习兴趣与好奇心。对于中小学生来说，学习定力不够。学习的第一印象尤为重要，因此，在开展“非遗”课后乐童服务中，对于初始接受“非遗”知识，应采用有趣、贴近学生生活的方式，例如在进行授课之前通过播放高质量纪录片，或者组织学生先去“非遗”博物馆进行参观、体验，以激发学生对“非遗”的兴趣。让“非遗”连接现代生活，通过展示当今设计、时尚的应用案例，如“非遗”元素的动漫游戏，让学生感受到“非遗”的时尚感、实用性和无限可能性，让学生能够清晰地认识“非遗”。在教学设计中，要注重趣味性和即时反馈，让学生在动手实践中快速获得小小的成功体验，如完成一个简单的绣片、唱会一段简单的侗歌旋律，激发持续参与的动力。“非遗”传承不应局限于“非遗”知识的学习，更要将其融入学生生活的多方面。

首先，学校开展常态化文化活动。由于中小学学生每天的课程学习较多，学习任务和课后作业较重。若是对学生开展专门的“非遗”理论知识课程的教学，不仅增加了学生的学习负担，而且学生对枯燥的理论知识也不感兴趣，因此，学校应通过开展活动的方式提升学生的文化认知。设立校园“非遗”的文化周，每日安排“非遗晨会”学唱少数民族歌曲，“午间工坊”体验传统手工技艺。定期举办“非遗”传承活动，如一周或一个月举办一次“非遗”手工技艺制作大赛，制作优秀的同学颁发相应的证书予以奖励。一方面可以完善学生的“非遗”知识体系，另一方面激发学生学习的积极性和主动性，提升学生的实践能力，让学生感觉到传承“非遗”的幸福感和成就感。其次，打造校园文化浸润机制。校园是学生学习的场所，校园文化的建设影响着学生的学习和行为，优良的校园文化能够帮助学生文化知识和审美能力的提升。贵州是少数民族大省，民族文化极为丰富，在大多数民族地区，可以依托地方优质的民族文化资源打造校园文化，如惠水县布依族枫香染“非遗”技艺极有特色，可将枫香染“非遗”融入各小学校园中，校园文化墙、教学楼、教室等场所可以展示枫香染作品，让学生随处可以看见枫香染“非遗”技艺，增强文化认同。此外，建设“非遗”社团，通过文化社团的方式学习传承“非遗”，同时“非遗”社团作为学生的第二课堂，以活动的形式让学生参与其中，让学生在轻松舒适的环境中学习，减轻学生的学习负担。另外开展“非遗”传承兴趣班，让对“非遗”感兴趣的同学组建班级，共同探索“非遗”知识。

二是深化文化理解和认同。学生对“非遗”的理解和认同提升学校开展课后乐童服务效果十分重要，中小学生爱好实践，对理论知识的学习会感到乏味。因此，应注重情境化体验，尽可能创造沉浸式或半沉浸式体验环境。如在教授学生学习侗族大歌时，首先让学生了解唱歌的鼓楼、风雨桥等标志建筑；学习苗绣时，了解其纹样代表的祖先迁徙路线或自然崇拜。同时，强调“独特性”与“自豪感”，引导学生认识到贵州“非遗”的独特性、丰富性和珍贵性，强调这是他们家乡贵州独有的文化宝藏，值得珍视和传承，从而培养对本土文化的自豪感和主人翁意识。应注重学生体验而并非完整作品呈现，对于中小学生来说，其教学目标应是体验过程、感受“非遗”、激发兴趣，而非追求技艺的精湛或作品的完美。降低对结果的期待压力，鼓励个性化表达。为学生提供多样化的参与方式，除了动手体验之外，还可以让学生进行角色扮演，如扮演“非遗”小记者采访传承人、“非遗”小设计师进行手工产品制作、“非遗”小策划人组织策划“非遗”活动等，满足不同特长和兴趣学生的需求。

三是深度开展研学实践。研学实践是提升学生认识和拓宽学生视野的重要途径，通过研学活动，让学生走出课堂，走进乡村、走进田野，以亲身体验的方式学习文化，不再局限于传统课堂以教师教授知识的学习方式。学校可以自由组织学生外出研学实践，同时也可以与研学旅行社进行合作组织研学实践，旅行社有专门设计好的“非遗”旅游路线，如可以设计“非遗溯源之旅”路线，深入黔东南“非遗”项目较为丰富的地区开展研学实践，能够让学生了解更多“非遗”项目，学习体验“非遗”技艺，深入了解“非遗”历史、内涵、价值等知识，使得学生学习“非遗”知识的过程变得更加生动有趣，进一步培养学生学习“非遗”的兴趣，同时提升学生动手操作能力，增强学生参与“非遗”传承的意愿和欲望。

（三）建立师生认知互动的桥梁

通过建立师生互动认识的桥梁，建构共学共创的文化场域，以促进师生共同认知“非遗”。教师和学生均是学习者，在课后服务实践中，应营造一种良好的学习氛围，教师并非绝对的“权威”，“非遗”底蕴深厚，教师和学生都需要不断探索和学习，教师应带领学生共同学习，向传承人请教，共同研究，让学生体验学习过程是轻松的、有趣的。教师应鼓励学生参与合作探究，设计需要师生合作、生生合作完成的项目，如共同创作一幅大型蜡染壁画、排练一出融合地戏元素的情景剧，在合作中深化理解，建立情感连接。同时，应创设分享平台，学校在开展“非遗”课后乐童服务实践中，应增设分享环节，留出一定的时间让教师和学生分享自己的学习心得、疑惑、感悟、认知等，通过分享交流从中了解学生对课后服务学习效果，同时教师从中总结不足及改进措施，形成认知的碰撞与交流。此外，引入传承人作为“文化导师”，传承人是活态的“文化载体”，其言传身教最能打动人心。应创造条件让传承人常态化、深度化参与课后服务，不仅是技艺指导者，更是文化讲述者、精神感召者，成为连接师生与“非遗”深层内涵的桥梁。

二、构建分级课程体系

中小学在开展“非遗”课后乐童服务实践中，应构建完善的分级课程体系。首先，由于中小学生认知发展的差异，不同年龄阶段学生的认知能力、动手能力、理解深度、兴趣点、注意力时长等都具有显著的差异。课后服务内容统一难以满足各年级层次学生的需求，易导致低年级“听不懂”、高年级“不想听”的情况。其次，“非遗”内涵的层次性，将会影响到不同学生的学习，“非遗”本身包括技艺、历史、文化、审美、科学、伦理等多个维度。分级体系能由浅入深、由表及里地引导学生逐步探索“非遗”的丰富内涵，避免浅层体验。让不同层级的学生能够适应本阶段知识的有效学习。再次，兴趣培养的规律性，兴趣的培养需要从感知、体验理解、认同的渐进过程。分级课程能设计符合年龄特点的“兴趣激发点”和“能力挑战点”，维持学习动力。最后，技能习得的阶梯性，许多“非遗”技艺（如刺绣、蜡染、银饰制作、芦笙演奏等）需要循序渐进地练习。分级课程能科学设置技能训练的梯度，保障学习效果和安全。

（一）建构完善的课程体系

完善的课程体系是有效推进“非遗”融入课后乐童服务的重要保障，要从课程目标、课程内容、课程组织以及课程评价 4 个方面进行改进。一是课程目标需体现出育人价值。贵州各学校开展“非遗”融入课后乐童服务实践中存在形式化问题，未将具体教育真正落实，这主要是学校的课程目标有所偏离，“非遗”融入课后乐童服务同样也是教育工作，课程目标应与育人目标相适应。学校开展“非遗”课后乐童服务实践教育应将学生的需求、学校的教育发展及“非遗”传承作为主要目标，而不是将其作为学校特色的“幌子”。课程目标中应充分体现“非遗”的课程价值，用“非遗”魅力滋养学生，“非遗”是各民族的智慧结晶，“非遗”课后乐童不服务不仅要让学生了解“非遗”外在形态，也要让其深刻了解“非遗”内涵，认知“非遗”中蕴藏的育人价值。二是课程内容要生动有趣。“非遗”与人们的生活、精神、情感、技艺等方面息息相关。[①] 在进行课程内容设计时，要充分考虑学生需求，由于小学阶段的学生容易精力分散，因此要结合“非遗”知识和学生的兴趣爱好设计课程教学的内容，要生动有趣才能激发学生的学习兴趣，应将理论与实践相结合，不能单讲深奥的理论知识，这将会使学生丧失兴趣。兴趣是最好的老师，只有抓住学生的兴趣，才能激发学生学习动力，同时学生只有在兴趣的驱动下，才愿意参与“非遗”学习。如在教授剪纸“非遗”时，可指导学生剪窗花、小动物等图形，将“非遗”知识进行生活化教授，让学生知道“非遗”是源于我们的生活。三是课程组织要动态化。“非遗”课后乐童服务的开展目的是促进学生的全面发展，在“非遗”课后乐童服务教学中不能沿用传统“教师教—学生学”的模式。[②] 在教学组织中要充分发挥学生学习的主体性，让学生去认识、去观察、去发现，不能将课堂教学局限于教室，“非遗”的传承是活态化的，要让学生走出去认知“非遗”，如组织学生体验一项“非遗”技艺，走进博物馆、“非遗”馆等地方参观学习，加深学生对“非遗”的了解，提高学习体验感。四是课程评价要多元化。课程评价是检验“非遗”课后乐童服务实施取得成效的重要手段，多数学校的教学评价主要采用的是教师评价为主，这背离了课程多元评价的原则。“非遗”课后乐童服务课程评价应是多方参与评价，包括学校教师、家长以及学生，同时采用交叉评价方式，如学生对教师教学的评价、家长对教师的评价、家长对学生的评价等形式，相互评价促进教师的教学改进、增强学生学习体验感、提高家长对“非遗”课后乐童服务的认知，促进三者共同发展，这种评价方式保证了课程评价的科学性和结果的真实性。

（二）构建“分级+跨学科”“非遗”课程内容体系

“非遗”课后乐童服务的开展，其目的是促进学生的全面发展，在实

---

① 陈茜. 小学实施非物质文化遗产教育教学的策略分析［J］. 四川戏剧，2019（04）：157-160+168.

② 周星兆. “双减”背景下非物质文化遗产融入小学课后服务的实施现状研究［D］. 青海师范大学，2023.

施“非遗”课后乐童服务中，要明确课后服务对象，了解学生的实际需求，根据学生实际需求选择适应的课后服务内容。面对中小学生，由于其学习能力和实际需求各有差异，在实施课后乐童服务中不能“一刀切”，即针对所有年龄层次的学生选用同样的课后服务内容，这样不仅不能满足学生的实际需要，同时学生在学习过程中不能有效吸收知识，造成课程资源的浪费，因此，需要构建“分级+跨学科”“非遗”课程结构，是破解当前“非遗”教育“碎片化”“浅表化”问题的关键路径。这一结构以学生认知发展规律为内核，以跨学科融合为外延，通过学段分层目标设计和学科联动实践，实现“非遗”的系统性传承与创新性发展。

依据皮亚杰认知发展理论，学生从具体形象思维向抽象逻辑思维过渡的阶段性特征，“非遗”课程需遵循“感知—理解—创造”的认知逻辑。低学段学生以感性接触为主，中学段学生强化实践探究，高学段学生侧重创新转化，形成螺旋上升的学习闭环。“非遗”课程通过分级设计，可精准对接不同学段的核心素养培养目标。例如，低学段学生侧重“文化认同”，中学段学生强化“责任担当”，高学段学生聚焦“创新实践”。第一，低学段（1—3 年级）的学生，认知启蒙，学科渗透。对于低年级的学生，主要是从认知层面让学生认识“非遗”，课程目标主要是建立对“非遗”符号的初步认知，激发学生的兴趣与情感的共鸣。低年级的学生在认知层面相对薄弱，比较喜欢有故事性的知识，因此，可以面对这一层次的学生开展故事化课程，内容就以“非遗”为主题，将“非遗”技艺转化为儿童叙事，例如，在《风筝的旅行》主题单元，语文课学习风筝传说，美术课绘制风筝纹样，音乐课编创放飞风筝的童谣，实现“一物多科”渗透。同时开发游戏化工具，开发“非遗”AR 互动卡片，扫描剪纸图案即可触发动画讲解；使用安全软陶材料制作简化版泥塑，让学生在“玩”中感知“非遗”形态。还可以开发“二十四节气竹编历”，学生每月制作一个节气主题竹编挂饰，同步融入科学课（节气气候）、劳动课（编织技法）、道德与法治课（农耕文化）。第二，中学段（4—6 年级）的学生，体验探究，学科融合。对于中学段的学生，主要以体验为主，这一阶段的学生对“非遗”符号已经有了初步的认识，喜欢探索，因此课程目标要培养他们的实践能力，理解“非遗”背后的科学原理与文化逻辑，培养实践能力与批判思维。

在具体课程教学中，可以教学生动手制作扎染“非遗”技艺，可以教授学生从数学课的角度理解对称轴，从科学角度分析植物染料的提取，指导学生完成一块完整方巾的扎染，让学生能够清晰认识到扎染技艺的制作工艺，同时了解“非遗”与其他学科的相关性。第三，高学段（7—9 年级）的学生，传承创新，学科超越。中学阶段的学生主要以传承创新为主，掌握基本的“非遗”技艺之后，充分发挥学生发散性思维，引导其创新，这一阶段课程目标以掌握“非遗”技艺核心要义，推动传统文化现代转化为主，在具体实践中，引导学生走进社会实践，如开展“非遗振兴乡村”课题，学生调研地方传统工艺生存现状，利用电商平台策划“非遗”产品营销方案（经济学科），撰写“非遗”保护提案（政治学科），拍摄纪录片（传媒艺术）。

（三）明确课后服务对象的精准定位

课后服务的价值取向、功能定位与国家教育方针具有高度一致性，也是国家教育政策落实实施的重要抓手。① 课后乐童服务的具体内容是课后服务目标的重要体现，课后乐童服务的内容应当根据其目标进行设计和创新，不能与课后服务目标相脱离，同时学校要根据具体服务的对象设计课后乐童服务内容，针对不同服务对象开设适合的课程内容，以保证课后乐童服务的高效性和科学性。一是明确课后乐童服务对象。课后乐童服务的对象是义务教育阶段的学生，“课后服务的价值是课后服务作为客体对课后服务主体需要的满足关系”②，课后乐童服务实施的目的是促进学生的多样化发展，那么，在课后乐童服务实施中，要以服务对象——学生这一主体实际需求为主，课程目标的设置、课程内容的实施等围绕学生主题开

① 刘童，贾利帅．发达国家课后服务模式的生成、运转与评价［J］．外国教育研究，2023（03）：37-50.

② 游莎，周先进．弹性离校背景下中小学生课后服务的内涵、价值与目标［J］．教学与管理，2020（09）：31-35.

展。课后乐童服务的教育目标和常规的教育有所不同，课后乐童服务是以缓解学生压力和减轻校外培训负担进行开设，以学生的兴趣爱好作为前提，培养学生兴趣，促进学生身心健康全面发展。学校实施课后乐童服务的出发点和落脚点都是学生，换句话说，学校在开展课后乐童服务这一工作时，要始终以学生主体发展需求为导向。二是针对不同阶段课后服务对象，开发“分龄化”“非遗”教学工具包。“非遗”课后乐童服务的实施覆盖义务教育阶段的学生，但各阶段学生水平差异大，在具体课后乐童服务实施中，学校不仅要明确定位课后乐童服务的对象，更应该精准定位课后乐童服务实施的具体内容，根据不同年级实施“分龄化”课程内容，有利于学生在学习过程中有效地吸收和接受知识。例如，面对年龄层级低的学生，开发低龄工具包，工具包的内容主要是以认识“非遗”为主，包含“非遗”主题的拼图、“非遗”的相关卡片、手工制作材料等，工具包的开发主要是让这一阶段学生深入认识“非遗”。面对中高年级层次的学生，则开发中高龄工具包，提供技艺工具套装（如微型织布机、木工雕刻刀）、“非遗”数字资源库（3D 模型、工艺流程视频）及创新设计手册，支持深度学习。

构建科学合理的分级课程体系，是解决贵州“非遗”融入课后乐童服务现存痛点、实现优化升级的核心策略。科学合理的分级课程体系能够促进“非遗”课后乐童服务开展的精准有效，实现“非遗”课后乐童服务的目标，它立足于学生发展规律和“非遗”传承规律，通过规范化的框架设计、标准化的资源开发、专业化的师资配备、灵活的组织形式和科学的评价反馈，确保“非遗”教育在乐童服务中能够循序渐进、因龄施教、寓教于乐、知行合一、根植于心。这不仅能够显著提升乐童服务的育人效果和文化内涵，更能为贵州“非遗”的活态传承与创新发展注入持久而旺盛的青春力量。其成功实施需要教育、学校、社区、家庭等多方形成合力，共同打造具有贵州特色的“非遗”教育生态体系。

三、强化师资队伍建设，培养“双师型”人才

强化师资队伍建设是开展“非遗”课后乐童服务的关键，是解决当前“非遗”教育核心瓶颈、确保服务质量和可持续性的关键举措。要破解“懂非遗的不懂教学，懂教学的不懂非遗”的困境，需要培养一批兼具深厚“非遗”素养与专业教育教学能力的“双帅型”骨十队伍，为“非遗”在青少年群体中的有效传承与创新提供坚实的人才支撑。

（一）建立健全教师激励机制

教师课后乐童服务的内生动力是教师参与课后乐童服务的关键影响因素，教师发展的内生动力不足，将会导致教师参与课后乐童服务的积极性不高，当前在贵州开展课后乐童服务实践中，教师参与度不高，其主要原因就是相关激励不足。科学的激励机制对教师参与“非遗”课后乐童服务具有重要推动作用，有利于激发教师的积极性和主动性，以保障“非遗”课后乐童服务的开展。因此，贵州在开展“非遗”课后乐童服务实践中，应建立健全教师的激励机制，对教师进行物质和精神层面的激励，注重教师在“非遗”课后乐童服务实践中的幸福感、获得感和成就感。一是给予教师物质激励。物质奖励是最直接的激励方式，绩效工资是义务教育阶段主要的物质激励形式，将教师的劳动报酬与绩效挂钩。[①] 可以将教师参与“非遗”课后乐童服务的工作量以及相关效果和成果作为绩效考核条件的标准，不作为唯一标准进行综合考量，并将这一考核标准制定形成文件，在文件中明确教师报酬奖励标准，以及教师参与课后服务的工作量和所考核的内容等细则。把用于教师课后服务补助的经费额度作为增量纳入绩效工资，对于教师参与课后乐童服务的绩效考核，明确考核标准，根据教师参与课后乐童服务的工作量和工作效果进行衡量。二是增强教师的精神激

---

① 王改英，李帅军．以激励为中心：“双减”驱动义务教育教师的能动性策略［J］．河南师范大学学报（哲学社会科学版），2023（03）：145-150.

励。在工作中，教师的精神激励也极为重要，学校增强对教师的精神激励供给，能够使教师的获得感和成就感提升，从而提高教师参与“非遗”课后乐童服务的积极性，经济激励是重要的手段，但不是唯一手段，教师还希望在精神层面得以满足，即精神激励。精神激励并非利用经济的直接奖励，而是教师参与课后乐童服务过程中希望获得的认同和满足。除了物质激励，学校应该加强教师精神层面的激励，引导教师从教学中家长的认同、领导的认可以及学生的成长获得参与课后乐童服务的成就感，进而激发教师参与课后乐童服务的内生动力。教师的成就感不仅来源于学生学习成绩、文化素养的提升，还有家长对教师教学效果的评价以及学校领导同事对教师的认可，因此，学校对于教师参与课后乐童服务的表现要给予认可，并组织学生以及家长对教师课后乐童服务的成效进行科学反馈和评价，以提高教师的获得感，增强教师参与“非遗”课后乐童服务的热情，进一步激发教师的教学潜能，最终实现“非遗”课后乐童服务师生良性互动机制。三是建立长效师资培养机制。教育部门联合“非遗”保护机构、高校，开设“非遗”教育专业或定向培养课程，提升教师“非遗”素养与教学能力；制定激励政策，提高“非遗”授课教师待遇，在职称评定、评优评先中给予倾斜，吸引优秀教师投身“非遗”教育，让政策保障为“非遗”在课后乐童服务中绽放光彩保驾护航。与高校合作培养“非遗”专业教师，设立省级“非遗”师资培训专项，每年组织2—3期培训，培训对象涵盖中小学骨干教师、校长等。培训内容包括贵州“非遗”历史文化、教学方法、课程设计等，每期培训时长不少于40学时，培训合格后颁发证书，并将培训情况纳入教师继续教育学分管理。同时，创新引进兼职教师，对“非遗”传承人、民间艺人等担任学校兼职教师给予政策支持，由财政按每课时80—100元的标准发放教学补贴。简化引进流程，学校可直接与“非遗”传承人签订兼职协议，无需经过复杂的编制审批程序。

（二）设立“非遗传承人资源库”与驻校机制

教师是开展“非遗”课后乐童服务的主体，学校开展“非遗”课后乐童服务工作，对教师数量、专业能力等都有所要求，面对贵州各学校师资不足、且专业技能薄弱等现状，学校需要充实师资队伍，以保障“非遗”课后乐童服务的有效实施。贵州拥有丰富的“非遗”资源，其“非遗”传承人人力资源也较为充足，“非遗”传承人不仅有扎实的理论知识，同时具有专业的技能，这正是学校开展“非遗”课后乐童服务所缺乏的师资力量，因此，学校可以通过引进“非遗”传承人进校的方式弥补师资不足的现状，以推进“非遗”课后乐童服务的长期可持续。一是建立区域“非遗”传承人数据库。贵州应建立区域“非遗”传承人数据库，按照传承的技艺类型，进行分类，同时按照传承人所在地域或者“非遗”技艺地域特色进行归类，学校可以根据实际需要，从数据库中筛选传承人名单，实施“一校一传承人”结对计划。一位传承人固定进入一个学校开展“非遗”课后乐童服务。二是推行“非遗导师驻校制”，“非遗”导师驻校机制，并非是“非遗”传承人随机到校开展相关活动，而是形成长期合作机制，“非遗”传承人需要定期到校开展教研活动，如固定每月完成 8—16 个课时的教学，同时定期开展相关主题讲座、交流座谈，以帮助学校师生提升“非遗”专业知识。此外，“非遗”传承人应充分发挥自身专业优势，引导并参与学校教师开发“非遗”校本课程，编制“非遗”教材。教材是学生学习的依据，目前多数学校在开展“非遗”课后乐童服务实践中都缺乏教材，没有教材的依据，“非遗”课后乐童服务的开展较为随意，因此，“非遗”教材的编写对开展“非遗”课后乐童服务尤为重要，“非遗”传承人应与学校教师共同编写“非遗”教材，以保证“非遗”课后乐童服务的高质量开展。三是实施本土教师筑基计划。实施“非遗种子教师”培育工程，每年从全省中小学选拔 200 名有艺术教育背景或民族文化兴趣的教师，开展为期 120 学时的系统化培训（含 40 学时非遗传承地实践），考核合格者纳入省级“非遗”教育师资库。建立教师“非遗”学习学分制度，将每年不少于 20 学时的“非遗”课程研修纳入教师继续教育必修模块，与职称晋升挂钩。四是“非遗”传承人引智工程。联合省文旅厅建立“非遗进校园人才库”，分类收录全省 327 项“非遗”项目的 1200 余名传承人信息，按地域建立 10 个片区传承人联络站。推行“双师驻校制”：每个“非遗”项目重点校配备 1 名固定传承人导师（每周驻校 8 课时）+3 名流动传承人（每月开展专题工作坊），财政按每课时150元标准给予传承人补贴。五是社会力量协同计划。面向高校、艺术院校招募“非遗支教志愿者”，与贵州大学美术学院、贵州民族大学音乐舞蹈学院、贵阳人文科技学院等共建志愿者培育基地，每年输送500名以上具备“非遗”特长的大学生志愿者。建立“银龄专家库”，返聘退休的民族学专家、“非遗”研究学者担任理论导师，重点指导课程开发与文化内涵解读。

（三）推行“双师课堂”与弹性工作制

目前，贵州各学校开展“非遗”课后乐童服务实践，其参与“非遗”课后乐童服务的教师主要是学校内部教师，由于自有教师较少，且大部分教师还兼职班主任、行政等工作，工作压力较大，加之自身“非遗”专业知识不足等多方面原因，导致较多教师参与“非遗”课后乐童服务工作的热情不高，因此，需要加强教师能力的提升。一是鼓励教师参加课后服务专业培训。学校应为教师提供外出培训机会，鼓励教师走出去参与课后乐童服务专业技能的培训，学校应制定明确的教师培养发展规划，为教师提供相关培训的机会和资源，让教师能力不断得以提升，增强教师专业技能，进而提升教师在“非遗”课后乐童服务实践中的水平，如每年贵州省举办的“非遗”研修培训等。引进“非遗”专业专家为教师进行系统的“非遗”知识和技能培训，制定相应的计划，每学期定期邀请专业人员开展相关主题的培训，让教师深入认知“非遗”相关文化知识，同时能够学会相应的“非遗”技能，促进教师知识和技能的不断提升。二是明确教师课后服务职责。教师自身职责定位不清是导致参与课后乐童服务教师负担过重的主要原因。教师在课后乐童服务工作中，要厘清自身职责，处理好教学以及与家长之间的问题。对于当前教师参与课后乐童服务积极性不高这一现状，应从教师自身出发，深化教师对课后乐童服务的认知，树立服务意识，明确角色定位，以便更好地投入课后乐童服务当中。课后乐童服务虽是义务教育后学校教育的延伸，但是教师没有直接义务开展这一活动，课后乐童服务的开展遵循主体自愿的原则，而不是硬性参加，因此教师参加课后乐童服务理应获得一定的报酬。但教师也应认识到，参与课后乐童服务就需要对学生、家长以及学校负责，教师要认真备课、上课，同时课后进行教学反思，不断总结经验，创新课后乐童服务教学方式，以提升课后乐童服务水平。

三是实施“双师课堂”，提升课后乐童服务工作的弹性。由于仅凭学校教师开展“非遗”课后乐童服务工作，教学工作量较大，导致课后乐童服务质量不高，因此，学校应建立弹性工作机制。一方面，构建“传承人+学科教师”协作模式。学校教师缺乏专业技能，但在理论教学方面较为擅长，而传承人对教学内容设计方面相对薄弱，因此可以采取“双师课堂”，传承人与学科教师合作教学，学科教师负责完成课程教学设计，讲授课程内容理论教学部分，传承人则主要负责“非遗”技艺的示范教学，这一方式不仅能够减轻学科教师以及传承人的工作压力，而且通过针对性的专业教学，共研跨学科教案，提升“非遗”课后乐童服务的质量和效果。另一方面，建立弹性工作机制，设立“非遗教学弹性工时”，允许传承人按项目周期灵活调配授课时间，配套开发在线协同备课平台。由于传承人工作时间不固定，因此应灵活安排授课时间，同时也可以通过线上教学方式，线上线下相结合的教学模式，保障“非遗”课后乐童服务长期可持续开展。

四、创新资源整合模式，搭建“非遗”数字化平台

为破解“非遗”课后乐童服务中“非遗”资源分散、利用率低、教学转化难、城乡获取不均等，通过机制创新与技术赋能，构建一个开放共享、智能匹配、沉浸体验的“非遗”数字化资源中枢，为课后“乐童”服务提供强大的内容引擎和支撑平台，实现“非遗”资源的活态化保存、教育化转化、精准化供给。

（一）推动“校—社—企”资源共建共享

“非遗”课后乐童服务工作的开展，不仅需要政府的引导和支持，同时也需要社会、企业等多方共同参与。政府要积极发挥其引导作用，引导

学校开展“非遗”课后乐童服务的科学化和规范化，促进“非遗”课后乐童服务的高质量发展。一是整合社会资源。仅凭学校资源开展“非遗”课后乐童服务较为局限，应整合社区、志愿者等资源，将人力资源引进学校，例如大学生志愿者，将师范实习的大学生引入学校，可以发挥这类人力资源价值，增强“非遗”课后乐童服务师资队伍，缓解校内课后乐童服务教师的教学压力。整合企业资源，学校应与相关企业进行合作，建立校企合作机制。企业可以为学校提供“非遗”课后乐童服务所需要的研学实践基地，丰富学校课后乐童服务的形式，学生也可以走出校园开展课后乐童服务，开阔学生视野。同时与加大图书馆、阅览室等场地的合作力度，构建“校—馆”协同的课后服务模式。此外，要加强对“非遗”课后乐童服务的监管，定期对相关的设施、课后服务质量、服务效果进行检查，学校应建立“非遗”课后乐童服务监督反馈平台，鼓励学生、家长、学校等群体积极反馈，根据各方反馈，不断完善“非遗”课后乐童服务，以保障“非遗”课后乐童服务的质量。二是构建“校—社”协同育人。贵州少数民族易地扶贫搬迁社区留守儿童较多，学生家长大多外出务工，孩子主要和老人在家，针对这一问题，贵州相关部门也制定了专门政策，以解决这类群体子女的课业辅导。对此，相关社区可以借鉴安置点解决务工子女课业辅导做法，积极发挥社区有效资源，① 如开展社区“四点半”课堂、活动室，同时积极组织志愿者为有需要的孩子提供课后服务，就依托地方特色民族文化资源，将其纳入课后乐童服务中，培养孩子认识本地区民族文化、传承和弘扬传统文化，增强其文化自信。三是“家—校”协同共育。第一，家长是学校开展“非遗”课后乐童服务的重要参与主体，家长要保持与学校的有效沟通。家长不仅是家庭教育的施教者，也是学校教育的参与者，家长要充分发挥参与学校教育的作用，及时为学校开展的“非遗”课后乐童服务工作提出可行性建议。然而，由于部分家长自身文化水平不高，在家庭中对孩子的辅导能力不足，导致其产生家庭教育参与的“无力感”。② 因

---

① 龙凤．贵州少数民族聚居区小学课后服务的个案研究［D］．贵州师范大学，2024.

② 丁亚东，孟敬尧，马鹏跃．“双减”政策能缓解家长教育焦虑吗［J］．教育发展研究，2022（22）：30-39.

而家长在家庭教育中所产生的低效能感，致使家长在参与学校教育的自信心缺失，害怕甚至不愿意参与学校开展的学校教育当中。基于此，家长应当克服自身心理恐惧，积极参与学校课后乐童服务教育中，通过主动学习的方法，不断提升自身知识水平，主动了解孩子的学习兴趣，为孩子指引方向。如在学校开展的“非遗”课后乐童服务实践中，课后服务学习的是什么内容，多与孩子进行沟通交流，为孩子选课提出一定的参考意见，让孩子感受到父母对孩子学习的关注和重视，增强其学习的自信，同时家长可以通过对课后服务内容的了解，根据自身想法和意见，为学校开展“非遗”课后乐童服务提出宝贵的改进建议。家长要明确学生的教育应该是家校协同共育，并非只是学校的责任，家庭教育与学校教育同等重要，家校共同教育才能更好地促进学生的发展和健康成长，从而进一步加强家校课后乐童服务的合作力度。

（二）打造“非遗”数字化教学平台

贵州多彩的民族文化形成了丰富的“非遗”资源，如侗族大歌、苗族银饰等，然而，“非遗”的传承受限于地域性以及传承人老龄化问题，难以融入学校课后乐童服务实践中，“非遗”数字化教学平台的构建，能够突破时空限制，通过虚拟化、互动化手段，将“非遗”技艺转化为青少年可感知、可参与的教育资源，从而推动“非遗”的活态传承与创新教育融合。当前，国家政策已明确指出，要推动“非遗”融入国民教育体系当中，贵州也积极落实“非遗”传承与教育创新结合，将“非遗”融入学校课后乐童服务中，但在具体实践中存在问题，由于各地学校发展差异化，有部分学校相关教学场地、设施较为完备，学校能够顺利开展“非遗”课后乐童服务实践，但部分学校发展相对滞后，相关教学设施不完善，无法开展“非遗”课后乐童服务实践，因此，亟须解决这一问题，以促进学校“非遗”课后乐童服务的高效实施。一是建立数字化平台。通过数字化平台，“非遗”资源可转化为标准化课程模块，与课后服务的多元化需求形成互补。例如，虚拟现实（VR）技术可模拟“非遗”制作场景，利用这一科学技术将“非遗”技艺制作进行现场还原，学生可以身临其境体验

“非遗”技艺，增强学生的沉浸式体验；此外，对于偏远地区学校，可通过在线互动平台则能实现跨区域资源共享，解决偏远地区教育资源匮乏问题，保证学校“非遗”课后乐童服务的开展。二是技术驱动与场景创新。信息技术的发展，为学校教育提供多样化的教学手段，创新了教学方式。如引入人工智能（AI）辅助教学，通过AI对学生学习进行大数据分析，根据学生学习的个性化差异，推荐个性化的学习路径。此外，利用大数据分析平台优化资源配置，各学校结合地方本土文化特色，开发“非遗+旅游、非遗+研学”等混合场景，“非遗主题旅游路线”可转化为线上虚拟研学项目，学生通过平台提前体验线下活动内容。三是完善学校智能化教学设备。在贵州诸多乡村学校相关教学设备不完善，教学设施、场地等较为简陋，这不利于学校开展“非遗”课后乐童服务，因此政府相关部门应加大乡村地区经费支持，增添智能化教学设备，以保障“非遗”课后乐童服务的开展。如智慧教室、展览室。打造智慧教室，在进行“非遗”课后乐童服务实践时，可以通过视频教学引导，在让学生动手实践体验，可以激发学生的思考能力和动手能力；建设智慧展览室，在展览室内展示地方本土化特色“非遗”项目，并配备历史讲解和技艺视频展示，学生通过点击就可以深入了解每一项“非遗”的文化知识，能够看到“非遗”制作技艺的整个工艺流程，以丰富学生知识体系。

（三）多元合作模式互相协作

为推动贵州“非遗”在课后乐童服务中更好地传承与发展，多元合作模式至关重要。鼓励三方紧密协作，形成强大合力。学校提供场地与教学管理支持，确保活动有序开展；“非遗”传承人凭借精湛技艺与深厚文化底蕴，带来原汁原味的“非遗”教学；社会组织则发挥资源整合与专业策划能力，丰富活动形式。三方各展所长，在合作中相互学习、相互促进，既能保证“非遗”教育的公益性，让更多学生受益，又能兼顾专业性，确保“非遗”得到精准传承，实现共赢发展。构建三维联动合作体系，建立“1校+1传承人+1公益组织”结对模式，由公益组织每年资助5万元用于课程开发，传承人每月驻校4课时，学校配套1名专职教师负责教学辅助。

实施“传承人名师带徒计划”，每位省级传承人需带教2—3名学校教师，带教成果纳入传承人年度考核，优秀师徒组合可获联合创作项目资助。设立“非遗教育创新奖”，对三方协作产生的优秀成果给予奖励；课程入选省级精品课程的，三方共获5万元奖励（学校30%、传承人40%、社会组织30%）；高校与学校联合申报的“非遗”教育课题，立项后额外给予20%配套经费。开展“非遗教育大使”评选活动，从三方协作主体中选拔代表。学校教师代表授予“省级优秀文化传播教师”称号；传承人代表优先推荐申报国家级“非遗”传承人；社会组织代表纳入省级“非遗”保护智库成员。通过构建权责清晰、资源共享、激励有效的三方协作机制，既能通过学校的组织优势保障“非遗”教育的公益性普及，又能借助传承人的专业权威确保文化传承的纯正性，同时发挥社会组织的资源整合能力实现教育形式的创造性转化，最终形成“公益打底、专业铸魂、创新赋能”的“非遗”乐童服务新生态。

五、建立多元评价体系

建立多元评价体系的建议，是确保“非遗”融入课后乐童服务教育目标有效达成、提升服务质量、促进文化活态传承的关键环节。对于“非遗”课后乐童服务的开展，应多元化评价，构建“三维度”“非遗”教育评价体系、多元主体参与、构建过程与结果并重，指向文化理解与能力发展的评价体系，实现对“非遗”教育成效的科学、全面、动态评估，反哺教学优化与“非遗”传承。

（一）构建“三维度”“非遗”教育评价体系

“非遗”课后乐童服务教学评价是最重要的环节，这关系到课后乐童服务的可持续开展，学校要建立科学、规范的“非遗”教育评价体系，才能保障课后乐童服务的质量和效果。学校应强化“非遗”课后乐童服务实施效果评估，注重成果的转化。一是完善“非遗”课后乐童服务评价体系。完善课后乐童服务的评估体系需要厘清由谁来评、评什么内容、如何评的问题。首先，学校应引进第三方评估机构，发挥第三方专业权威机构的作用，将其作为课后乐童服务评价的主体，其评价的方式较为科学合理，主要是第三方评估机构在进行课后乐童服务评价过程中不会受到相关利益主体的影响，评价结果准确可靠，且具有专业性和权威性。其次，完善“非遗”课后乐童服务评估标准。明确课后乐童服务评估的主体后，其评估的内容也尤为重要，直接影响最终评估结果，在课后乐童服务评价体系中，学校评价的对象应包括教师主导、学生发展、学校引领，评价的内容有教师对课后服务的管理安排是否满意，在学习上学生是否主动学习、知识和技能是否得以提升、对课后乐童服务的认同程度如何，在课后服务实施过程中是否注重合作交流、是否积极主动探索教学方式，在课后服务结束后是否积极反思等；而学生角度则是对课后服务的满意度如何，知识的掌握程度、情感养成等效果如何、将学到的知识运用程度如何，作业的完成度、特长的发展等；以及学校课后服务的经费投入、制度保障、目标落实、师资分配、服务特色、服务内容①等评价内容，形成多元化主体参评、评价内容多元化的评价标准。最后，在评价方式上，根据不同的评价对象应采取不同的方式，如对教师的评价要包括教学和课后乐童服务的评价，应当灵活评价；而对于学生的评价应包括学业和非学业两方面的评价，如“非遗”课后乐童服务属于非学业的评价，对学生的评价应当使用过程性和总结性评价，也就是学生参与整个“非遗”课后乐童服务过程的评价；家长参与课后乐童服务的评价，可以通过观察孩子的知识技能是否得到提升，参与课后乐童服务后是否有所改变和进步，以及孩子学习态度等来评价“非遗”课后乐童服务的价值和效果。二是要注重评价的反馈和成果的转化。构建以政府主导的课后乐童服务评价监督反馈机制，根据各学校的课后乐童服务评价结果，对其进行流动扶持。同时学校要重视与评价结果相挂钩，对于在课后乐童服务评价中表现优秀的教师给予相应的表扬，效果较好的项目予以保留，以实现课后乐童服务结果的转化和运用。政府根据各地学校开展课后乐童服务评估后，针对各学校实际开展情况进

① 季丰. 小学课后服务质量评价体系构建研究 [D]. 华东师范大学，2023.

行综合考量，是否需要提供资金的支持，要确保资金得以有效运用，保证资金投入的有效性和针对性。

（二）实施“非遗浸润工程”全域联动

贵州实施“非遗”融入课后乐童服务，不仅是传承保护贵州“非遗”的重要举措，而且也是丰富学生课外活动，提高学生文化素养、推动学校教育高质量发展的重要路径。因此，“非遗”课后乐童服务工作不仅是学校的任务，是全社会共同的任务，需要多方主体的共同参与。实施“非遗浸润工程”全域联动，旨在通过政府、学校、社区、家庭等多方力量的协同合作，将“非遗”融入学生的日常生活中。这种全域联动的方式，可以有效地扩大“非遗”教育的覆盖面，使更多的学生能够接触到“非遗”，从而提高他们对“非遗”的认识和理解。同时，这种方式还可以促进不同地区、不同学校之间的交流与合作，形成良好的“非遗”课后乐童服务教育氛围。一是政府主导，政策支持。在“非遗”课后乐童服务实施中，政府应当充分发挥其主导作用，出台相关政策，鼓励和支持学校、社区、家庭等多方力量参与“非遗浸润工程”全域联动。大部分学校由于资金缺乏，导致“非遗”课后乐童服务开展碎片化，未能持续性推进，因此政府应设立课后乐童服务专项资金，用于“非遗”教育课程开发、师资培训、活动组织等方面。并对资金使用进行一定的监管，以保证专项资金落到实处，同时制定相关标准，对“非遗”课后乐童服务教育的内容和形式进行规范化。二是学校为主，课程融合。学校是开展“非遗”课后乐童服务的主要阵地，学校不仅是要把“非遗”融入课后乐童服务中，同时也应将“非遗”纳入课程体系建设中，开设“非遗”课程，如“非遗”技艺课、“非遗”课等。或者把“非遗”融入现有学科中，如民间文学“非遗”融入语文学科、民族音乐融入音乐学科、手工技艺融入美术学科中。此外，校内外还应组织丰富多彩的“非遗”实践活动，如“非遗”体验营、“非遗”工作坊等，让学生在实践中感受“非遗”的魅力。三是社区配合，资源共享。社区作为学生生活的另一个重要场所，应积极配合“非遗浸润工程”全域联动的实施。社区可以利用自身的资源，如“非遗”传承人、

“非遗”场馆等，为学校提供支持和帮助。例如，邀请“非遗”传承人到学校举行讲座、演示等活动；组织学生参观“非遗”场馆，了解“非遗”知识等。四是家庭参与，亲子互动。家庭是孩子成长的第一所学校，家长是孩子的第一任老师。因此，在实施“非遗浸润工程”全域联动的过程中，家庭的参与至关重要。家长应积极参与学校的“非遗”教育活动，与孩子一起学习“非遗”知识，体验“非遗”技艺。这样不仅可以增进亲子关系，还能提高孩子对“非遗”的兴趣。通过“非遗浸润工程”全域联动的实施，可以促进不同地区、不同学校之间的交流与合作。对于保护和传承“非遗”、提高学生的文化素养具有重要作用。应充分发挥政府、学校、社区、家庭等多方力量的作用，共同推动“非遗”课后乐童服务的顺利实施。

（三）创新课后服务保障机制

“非遗”课后服务的可持续开展，需要建立完善的服务保障机制，课后服务是一项公共服务事务，不单是学校的工作，而需要政府、学校、家庭以及社会共同发力，政府在其中需要发挥更大的作用，为“非遗”课后乐童服务的有效推进提供相关保障政策。政府应持续加强“非遗”课后乐童服务协同推进的制度供给创新，破解各种体制机制障碍。一是建立课后服务多元经费保障机制。财政拨款是当前课后服务经费分担的主要方式，各地学校在开展“非遗”课后乐童服务中都应按照一定的额度，合理分配课后服务生均经费，并将其纳入地区财政预算。对于经济困难的地区，应当由国家财政进行转移支付，以保障课后服务的开展的持续性和公益性。同时，家庭也应承担一定的课后服务经费，根据课后服务所需成本和收费标准进行合理分担，对于家庭较为困难的学生课实施政策倾斜，对其实施减免政策。设立教育专项资金，接受社会捐赠，确保课后服务经费来源渠道多元化。课后服务的可持续性依赖科学合理的经费保障机制，需在坚持公益性原则基础上，创新成本分担与资源撬动模式。构建“财政兜底+家庭适度分担+社会慈善补充”的经费结构，明确各方责任边界。二是完善特殊群体关爱机制。

课后服务应成为促进教育公平的重要载体，通过精准识别与资源倾斜，保障弱势儿童发展权的实现。对于特殊群体应进行精准识别和需求响应，开展入户调查，精准识别儿童需求，同时建立数字档案平台，动态更新儿童状况，为个性化服务提供依据。可为留守儿童建立活动中心，探索“服务券”制度，允许困境儿童凭券选择校外合规机构服务。此外，建立“1+1+1”陪伴机制，1 名教师关注在校适应、1 名志愿者定期家访、1 名伙伴互助学习。

创新课后乐童服务保障机制，本质上是重构基础教育生态的系统工程。通过多元协同机制破解资源约束，分层课程体系实现因材施教，精准经费保障确保可持续性，闭环质量监测驱动持续优化，使课后服务从“看护全覆盖”迈向“育人高质量”。贵州实践需立足多民族文化资源富集的特点，将“非遗”融入课程创新，在解决“三点半难题”的同时，培育少年儿童的文化自信与地域认同。当课后服务成为五育融合的实验场、教育公平的实践地、家校共育的联结桥，便真正实现了从“管住人”到“培育人”、从“看护服务”到“素养服务”的历史性跨越，实现“非遗”融入课后乐童服务长期可持续发展。

参考文献

一、著作类

[1] 达妮莎. 非物质文化遗产的网络传播方式与效果研究 [M]. 北京: 化学工业出版社: 2023.

[2] [美] 霍华德·加德纳, 沈致襄译. 重构多元智能 [M]. 北京: 中国人民大学出版社, 2008.

[3] 纳日碧力戈. 现代背景下的族群建构 [M]. 昆明: 云南教育出版社, 2000.

[4] [美] Edward L. Deci & Richard Flaste, 王正林译 . 内在动机: 自主掌控人生的力量 [M]. 北京: 机械工业出版社, 2020.

[5] 郑晓云. 文化认同论 [M]. 北京: 中国社会科学出版社, 2008.

二、期刊类

[1] 但鸿江, 蔡涵. “乐童计划” 中体育项目进校园策略优化研究 [J]. 产业与科技论坛, 2021, 20 (21).

[2] 王秀红. “乐童计划” 实施现状、问题及破解之策探析 [J]. 科教文汇 (中旬刊), 2019, (11).

[3] 魏莹, 吴玲楠. 贵州非遗技艺融入大学生美育实践课程的路径研究——以毕节职业技术学院为例 [J]. 美术教育研究, 2025, (04).

[4] 王旻昱，王玉洁，龙来．融合与创新：以非遗文化推动创意生产为主题的两岸高校在地研学课程模式探索［J］．装饰，2025，(02).

[5] 韩馨．非遗元素融入民族地区高校设计美学教学改革路径研究——以贵州非遗元素为例［J］．美术教育研究，2025，(02).

[6] 陈诗涵，黄娟，何佳佳．非遗传承融入设计教育研究——以贵州水族马尾绣为例［J］．美术教育研究，2024，(24).

[7] 刘静．基于非遗保护视角的传统技艺融入高校艺术教育教学体系的路径［J］．陕西教育（高教），2024，(12).

[8] 尚华婷．浅谈“非遗进课堂”融入小学美术教育［J］．中国民族博览，2024，(11).

[9] 李姝环，李同果．非遗融入高校思想政治教育的功能与路径探析——以四川省乐山市为例［J］．内江师范学院学报，2024，39 (03).

[10] 董兴平．数字化赋能“非遗文化进校园”的实践探索［J］．学周刊，2025，(14).

[11] 张艺馨．新媒体语境下视觉艺术赋能非遗文化商业化转型的研究［J］．鞋类工艺与设计，2025，5 (06).

[12] 梁梁．广西少数民族非遗文化在抖音的运营策略研究［J］．大众文艺，2025，(06).

[13] 肖阳．基于地域非遗的文创产品开发设计研究——以广东地区为例［J］．大众文艺，2025，(06).

[14] 崔志敏．挖掘黄河非遗文化助推县域文旅融合高质量发展的路径探索［J］．大众文艺，2025，(06).

[15] 王志扬，李鑫宇．非遗文化国际传播的现实图景与因应策略［J］．传媒，2025，(06).

[16] 吴忌．非遗类题材短视频创作中的文化表达研究［J］．今古文创，2025，(12).

[17] 郭洋．非遗文化助推高校团学工作高质发展的创新路径探索［J］．公关世界，2025，(06).

[18] 曾显惠．交互式叙事视角下非遗文化数字化展示设计研究［J］．

湖北第二师范学院学报，2025，42（03）.

[19] 康春季. 数字化场域下的非遗传播探究［J］. 今传媒，2025，33（03）.

[20] 宋菲，易倩文. 非遗短视频传播的瓶颈与策略研究［J］. 采写编，2025，(03).

[21] 沈雅芳，刘林，田思思. 贵州高校非遗文创一体化平台发展问题及对策研究［J］. 绿色包装，2024，(08).

[22] 刘秋雅. 贵州水族剪纸艺术融入高职美术教学的路径研究［J］. 美术教育研究，2024，(03).

[23] 谭阿凤. 土家族摆手舞在贵州非物质文化遗产保护中的新路径探索［J］. 戏剧之家，2024，(16).

[24] 罗春寒，杨玲，蒋友财，彭晓青. “苗绣”“贵银”非遗产业工匠培养模式的创新与实践——以黔东南民族职业技术学院为例［J］. 凯里学院学报，2022，40（02）.

[25] 蒋永彪，王俊菲. 传承多彩贵州非物质文化遗产，抓好铸牢中华民族共同体意识教育［J］. 当代贵州，2024，(34).

[26] 赵祥全. 乡村振兴视域下高职院校非遗通识教学实践助力文旅产业发展的模式探究［J］. 文化产业，2021，(36).

[27] 沈雅芳，刘林，田思思. 贵州高校非遗文创一体化平台发展问题及对策研究［J］. 绿色包装，2024，(08).

[28] 龚卿民，余孙睿炆. 铸牢中华民族共同体意识的非遗集市基本经验——基于贵州的调查［J］. 重庆文理学院学报（社会科学版），2024，43（05）.

[29] 张贺，周樊. 贵州非遗手工艺项目与高职院校艺术专业融合发展研究——以清镇职教城院校为例［J］. 美术教育研究，2024，(09).

[30] 张欢. 非物质文化遗产在高校教育中传承与保护的现状、问题及对策——以贵州为考察中心［J］. 南宁师范大学学报（哲学社会科学版），2023，44（06）.

[31] 龚娜，戎阳. 民族地区生态研学旅游发展模式研究——以贵州

四个世界自然遗产地为例［J］. 贵州民族研究, 2022, 43 (06).

［32］路明. "非遗" 舞蹈在高等教育中的传承与保护——以六盘水师范学院为例［J］. 兴义民族师范学院学报, 2021, (05).

［33］赖小玉. 少数民族非物质文化遗产学校体育教育传承研究——以贵州民族地区为例［J］. 体育科技, 2021, 42 (05).

［34］沈致隆. 多元智能理论的产生、发展和前景初探［J］. 江苏教育研究, 2009, (09).

［35］唐芸芸. 乡土文化视角下乡村学校校本课程开发刍探［J］. 成才之路, 2023, (09).

［36］肖正德. 教育强国建设中县中文化生态重塑的理论意蕴与实践逻辑［J］. 远程教育杂志, 2024, 42 (02).

［37］和虎. 概论实践模式下的族群认同建构［J］. 湖北民族学院学报 (哲学社会科学版), 2017, 35 (02).

［38］李诗隽, 王德新. 社会资本视域下新时代多元化社区治理模式研究［J］. 兰州大学学报 (社会科学版), 2022, 50, (03).

［39］王凌竹. "校园文创" 模式下非遗特色课程的开发与探究——以 "壹枳独绣" 课程为例［J］. 大工, 2025, (13).

［40］喻志和, 闫若婻. 美美与共: 文化共生视角下非遗进校园的困境与化解——以广西为例［J］. 文化创新比较研究, 2025, 9 (12).

［41］陈娟. 地方非遗资源校本课程开发的意义——以贵州省剑河县苗族剪纸为例［J］. 造纸信息, 2024, (09).

［42］谢中元, 陈婉婷. 非遗进校园背景下醒狮文化的教育教学价值与校本课程开发［J］. 林区教学, 2023, (06).

［43］罗吉兵, 蒋建军, 何建宏. 民间艺术在高中美术校本课程开发初探——以黔南惠水将布依族国家非遗 "枫香印染" 融入高中美术校本课程为例［J］. 中国民族博览, 2016, (06).

［44］张梦莉, 尚新宇. 云南省小学民族团结教育推进现状及建议研究——以楚雄州 G 乡村小学为例［J］. 科学咨询, 2024, (16).

［45］海路, 娄馨月. 中华民族共同体视域下民族教育的内涵深化与

功能拓展［J］. 湖北民族大学学报（哲学社会科学版），2024，42（05）.

［46］杨亲云，欧阳胜美. 汉英对比与非遗剪纸融合：跨学科课程建设的实践探索——以仰天湖桂花坪小学“英语+非遗剪纸”课程建设、推进与实施为例［J］. 汉字文化，2025，（10）.

［47］何倩，龙高云，秦义滨. 高中生中华文化认同的跨学科教学实证研究——基于南宁十中的“1+1+N”跨学科教学实践［J］. 广西教育学院学报，2025，40（03）.

［48］贾巧枝，何光全. 生成逻辑与实践进路：从文化认知到国家认同——以“三大文化”赋能国家认同教育的中小学社团课程构建研究［J］. 华夏教师，2025，（10）.

［49］冯晓娟. 本土文化视域下的园本课程建设［J］. 亚太教育，2025，（04）.

［50］杜学元. 从教育属性看教育扶贫工作［J］. 教育发展研究，2017，37（12）.

［51］黄汀，李卓群. 文化认同视域下优秀传统文化传承发展的价值、生成与进路［J］. 湘潭大学学报（哲学社会科学版），2023，47（04）.

［52］李汉卿. 协同治理理论探析［J］. 理论月刊，2014，（01）.

［53］周柯宇，汪涛. 论“非遗”进校园活动的可持续性发展——以云南省建水县坡头乡民族小学哈尼族《铓鼓舞》进校园为例［J］. 遗产与保护研究，2016，1（02）.

［54］雷望红. 人口变化趋势下县域教育资源配置问题及调适方向［J］. 北京教育学院学报，2024，38（01）.

［55］陈茜. 小学实施非物质文化遗产教育教学的策略分析［J］. 四川戏剧，2019（04）.

［56］刘童，贾利帅. 发达国家课后服务模式的生成、运转与评价［J］. 外国教育研究，2023（03）.

［57］游莎，周先进. 弹性离校背景下中小学生课后服务的内涵、价值与目标［J］. 教学与管理，2020（09）.

［58］王改英，李帅军. 以激励为中心：“双减”驱动义务教育教师的

能动性策略［J］．河南师范大学学报（哲学社会科学版），2023（03）．

［59］丁亚东，孟敬尧，马鹏跃．“双减”政策能缓解家长教育焦虑吗［J］．教育发展研究，2022（22）．

三、论文类

［1］吴朝举．“双减”政策背景下贵州黔东南地区小学课后体育延时服务研究［D］．西北民族大学，2023．

［2］陈远凯．G市小学课后服务保障政策执行研究［D］．贵州大学，2024．

［3］王方．贵阳市小学生课后免费托管个案研究［D］．贵州师范大学，2020．

［4］王作娅．小学生校内托管的结构化困境及治理研究［D］．贵州大学，2020．

［5］周星兆．“双减”背景下非物质文化遗产融入小学课后服务的实施现状研究［D］．青海师范大学，2023．

［6］龙凤．贵州少数民族聚居区小学课后服务的个案研究［D］．贵州师范大学，2024．

［7］季丰．小学课后服务质量评价体系构建研究［D］．华东师范大学，2023．

四、报纸类

［1］贵州：大力实施民族文化传承弘扬工程［N］．人民日报，2025-01-05（007）．

［2］张静．贵州：以系统性保护 开非遗之新局［N］．中国文化报，2023-07-19（002）．

［3］都匀：非遗文化融入课后服务赋能“双减”［N］．黔南日报，2023-05-12（3）．

五、其他

[1] 任沙沙，任港丽. 贵安新区依托高校开展“乐童计划”的现状、问题及改善之策探究 [C] //贵州民族大学人文科技学院.《人文与科技》第十辑. 贵阳人文科技学院，2023.

附　　录

贵州“非遗”融入课后乐童服务实施情况评分细则表

（学校部分）

评估要点（一级指标）	评估观测点（二级指标）	评分标准	分值	等级标准	评估方法	得分
1. 课程设计与内容（20分）	1.1“非遗”项目多样性	每融入1项贵州省级“非遗”项目得2分，国家级“非遗”得3分（上限10分）	10	总分≥90分为优秀，80—89分为良好，60—79分为合格，<60分为需整改	资料审查 实地考察 师生访谈 问卷调查	
	1.2 课程系统性与连贯性	有完整教学计划、分阶段目标（5分），零散活动无计划（0分）	5			
	1.3 与地方文化切合度	课程内容结合当地特色“非遗”（如苗族银饰、侗族大歌等）（5分），不相关（0分）	5			
2. 师资与培训（15分）	2.1“非遗”传承人参与度	定期邀请传承人授课（5分），无传承人参与（0分）	5	总分≥90分为优秀，80—89分为良好，60—79分为合格，<60分为需整改	资料审查 实地考察 师生访谈 问卷调查	
	2.2 教师“非遗”知识培训	教师接受“非遗”专题培训≥2次/年（5分），未开展（0分）	5			
	2.3 教学团队写作机制	学校教师与传承人形成固定团队（5分），无协作（0分）	5			

续表

评估要点（一级指标）	评估观测点（二级指标）	评分标准	分值	等级标准	评估方法	得分
3. 活动形式与创新（15分）	3.1 活动形式多样性	包含体验课、实践工坊、展演等（5分），单一讲座式（2分）	5	总分≥90分为优秀，80—89分为良好，60—79分为合格，<60分为需整改	资料审查 实地考察 师生访谈 问卷调查	
	3.2 学生参与深度	学生动手实践时间占比≥50%（5分），仅观摩（2分）	5			
	3.3 创新行融合	“非遗”与现代学科（如美术、音乐）结合（5分），传统模式（2分）	5			
4. 资源整合和保障（10分）	4.1 本地资源利用	与本地“非遗馆”、传承基地合作（3分），未利用（0分）	3	总分≥90分为优秀，80—89分为良好，60—79分为合格，<60分为需整改	资料审查 实地考察 师生访谈 问卷调查	
	4.2 教材与教具支持	开发/使用“非遗”校本教材（4分），无专用材料（0分）	4			
	4.3 资金与场地保障	专项经费及固定活动场地（3分），缺乏保障（0分）	3			
5. 学生参与度与反馈（10分）	5.1 学生出勤率	平均出勤率≥80%（5分），<50%（0分）	5	总分≥90分为优秀，80—89分为良好，60—79分为合格，<60分为需整改	资料审查 实地考察 师生访谈 问卷调查	
	5.2 学生兴趣与满意度	抽样调查满意度≥90%（3分），<60%（0分）	3			
	5.3“非遗”技艺掌握情况	学生能完成基础“非遗”作品或表演（2分），无成果（0分）	2			

续表

评估要点（一级指标）	评估观测点（二级指标）	评分标准	分值	等级标准	评估方法	得分
6. 成果展示与社会影响（15分）	6.1 校内成果展示	定期举办“非遗”作品展览、汇报演出（5分），无展览，演出（0分）	5	总分≥90分为优秀，80—89分为良好，60—79分为合格，<60分为需整改	资料审查 实地考察 师生访谈 问卷调查	
	6.2 校外传播与媒体报道	活动获县级及以上媒体报道（5分），无传播，无展示（0分）	5			
	6.3 “非遗”传承效果	学生对本地“非遗”认知显著提升（抽样调查）（5分），无提升（0分）	5			
7. 持续发展机制（5分）	7.1 长期规划	有3年“非遗”融入教育规划（3分），无规划（0分）	3	总分≥90分为优秀，80—89分为良好，60—79分为合格，<60分为需整改	资料审查 实地考察 师生访谈 问卷调查	
	7.2 改进与反馈机制	定期总结问题并优化（2分），无改进措施（0分）	2			
	综合评估得分					

备注：本“评估指标”实施情况检查结果将分为4个等级：优秀（90-100分）、良好（80-89分）、合格（60-79分）、不合格（60分以下）

贵州“非遗”融入课后乐童服务实施情况评分细则表

（第三方专家评审部分）

评估要点（一级指标）	评估观测点（二级指标）	评分标准	分值	等级标准	评估方法	得分
1. 课程设计与内容适配性（20分）	1.1“非遗”项目选择	结合贵州“非遗”代表性项目（如侗族大歌、苗族蜡染、布依族八音坐唱等），内容具有地域特色和文化深度	5	优秀（90—100分），全面达标，“非遗”融入效果显著，具有示范性； 良好（80—89分），基本达标，需在个别环节优化； 合格（60—79分），部分达标，需系统性改进； 不合格（60分以下），未达到基础要求，建议整改或更换机构。	实地考察 师生访谈 成果展示	
	1.2 课程体系完整性	课程设计系统化，包含教学目标、课时安排、活动形式等，符合学生年龄特点	5			
	1.3 文化传承与创新	“非遗”技艺与现代教育结合，注重活态传承，融入互动性、趣味性元素	5			
	1.4 教材与教具	开发或使用符合“非遗”的教材、工具包、多媒体资源等	5			
2. 教学实施与师资能力（25分）	2.1 师资专业性	授课教师具备“非遗”技艺资质或相关培训经历，熟悉“非遗”内涵	8	优秀（90—100分），全面达标，“非遗”融入效果显著，具有示范性； 良好（80—89分），基本达标，需在个别环节优化； 合格（60—79分），部分达标，需系统性改进； 不合格（60分以下），未达到基础要求，建议整改或更换机构。	实地考察 师生访谈 成果展示	
	2.2 教学方法	采用多样化教学方式（如体验式、项目式学习），学生参与度高	7			
	2.3 课堂管理	课堂纪律良好，安全保障措施到位，学生满意度高	5			
	2.4 课后反馈	定期收集学生、家长及学校反馈，及时优化课程内容	5			